典读元心 ◯

論語心歸

王曙光 著

北京大学出版社
PEKING UNIVERSITY PRESS

图书在版编目（CIP）数据

论语心归 / 王曙光著. —北京：北京大学出版社，2019.12
ISBN 978-7-301-30796-0

Ⅰ.①论… Ⅱ.①王… Ⅲ.①儒家②《论语》–研究 Ⅳ.①B222.25

中国版本图书馆CIP数据核字(2019)第209001号

书　　名	论语心归 LUNYU XINGUI
著作责任者	王曙光　著
责任编辑	于铁红　周彬
标准书号	ISBN 978-7-301-30796-0
出版发行	北京大学出版社
地　　址	北京市海淀区成府路205号　100871
网　　址	http://www.pup.cn　新浪微博：@北京大学出版社 @培文图书
电子信箱	pkupw@qq.com
电　　话	邮购部 010-62752015　发行部 010-62750672　编辑部 010-62750112
印刷者	三河市国新印装有限公司
经销者	新华书店
	660毫米×960毫米　16开本　25.25印张　387千字 2019年12月第1版　2019年12月第1次印刷
定　　价	62.00元

未经许可，不得以任何方式复制或抄袭本书之部分或全部内容。
版权所有，侵权必究
举报电话：010-62752024　电子信箱：fd@pup.pku.edu.cn
图书如有印装质量问题，请与出版部联系，电话：010-62756370

目录

《元典心读》总序：以生命呼应元典，以心灵体悟元典 …… i

学而篇第一 ………… 001

 一 觉悟践履 ……… 002
 二 本立道生 ……… 006
 三 静观内省 ……… 009
 四 重威学固 ……… 013
 五 敏事慎言 ……… 018
 六 切磋琢磨 ……… 023

为政篇第二 ………… 025

 七 为政以德 ……… 026
 八 从心所欲 ……… 032
 九 无违色难 ……… 039
 十 温故知新 ……… 043

十一　学思并进 048
　　十二　庄慎信勇 052

八佾篇第三 059
　　十三　绘事后素 060
　　十四　尽礼从周 066
　　十五　尽善尽美 070

里仁篇第四 077
　　十六　仁者安仁 078
　　十七　士志于道 084
　　十八　见贤思齐 088

公冶长篇第五 093
　　十九　听言观行 094
　　二十　无欲则刚 100
　　二十一　三思后行 ... 104
　　二十二　见过自讼 .. 110

雍也篇第六 115

二十三 居敬行简 .. 116
二十四 孔颜乐处 .. 121
二十五 为学最乐 .. 126
二十六 中庸至德 .. 132

述而篇第七 137

二十七 诲人不倦 .. 138
二十八 义利之辨 .. 144
二十九 困而学之 .. 151
三十 坦荡君子 157

泰伯篇第八 163

三十一 任重道远 .. 164
三十二 守死善道 .. 170
三十三 天下归心 .. 176

子罕篇第九 181

三十四 博学多能 .. 182

三十五　待贾而沽 .. 191
　　三十六　力行不止 .. 197

乡党篇第十 203
　　三十七　尽礼得时 .. 204

先进篇第十一 215
　　三十八　升堂入室 .. 216
　　三十九　春风侍坐 .. 224

颜渊篇第十二 235
　　四十　天下归仁 236
　　四十一　君子德风 .. 243

子路篇第十三 253
　　四十二　名正言顺 .. 254
　　四十三　近悦远来 .. 262

宪问篇第十四 271

  四十四 时然后言 .. 272
  四十五 为己之学 .. 280
  四十六 下学上达 .. 287

卫灵公第十五 293

  四十七 忠信笃敬 .. 294
  四十八 君子求己 .. 300
  四十九 人能弘道 .. 307

季氏篇第十六 313

  五十 均和国安 314
  五十一 直谅多闻 .. 320
  五十二 敬畏天命 .. 325
  五十三 歌诗习礼 .. 330

阳货篇第十七 337

  五十四 性近习远 .. 338
  五十五 好学去蔽 .. 345

五十六　不言之教 .. 353

微子篇第十八 359
　　五十七　避世避人 .. 360

子张篇第十九 367
　　五十八　弘笃致道 .. 368
　　五十九　切问近思 .. 374

尧曰篇第二十 383
　　六十　在予一人 384

　　后　记 391

《元典心读》总序

以生命呼应元典，以心灵体悟元典

每个民族都有自己的心灵"元典"。何谓元典？元，有开端、源头、起点、原初之意，也有根本、本原、根基之意。人类的思想、文化与精神世界，不分种族，都必定有一个源头，此后所有的思想从这个源头发源并拓展延续至今。元典是经典中的经典，是经典的开端，是人类思想之根、心灵之源、文化之基。

在两三千年前的"轴心时代"，两河流域、印度河流域、黄河长江流域、地中海沿岸，几乎同时出现了一批堪称标志人类思想源头的思想巨人，诞生了可以被称为人类思想元典的伟大思想。这些思想，在各自孤立、彼此隔绝的情况下，循着自己的轨迹成长发展。两河流域旧约时代的众先知，印度河流域的释迦牟尼及其弟子，黄河长江流域孕育的诸子百家，地中海沿岸养育的苏格拉底以及古希腊罗马诸先哲，他们所创造的元典性的思想，至今还在深刻地影响着人类。可以毫不夸张地说，我们今天的生命和生活，须臾也不可能离开这些元典性的思想以及创造这些思想的先哲。

人类在几千年的进程中一直倚赖着这些思想，也在流传、诠释、改造着这些思想。一代代人都在诠释元典，并经由这些诠释来创造新的思想，这构成了一个连续的人类思想史。

诠释元典从来不是因为元典必须得到诠释，而是因为一代代人都必须解决现实的问题和困惑。人类虽然在不断前行，但是他们所面临的困惑和挑战，以及人类个体成长所面临的困境与艰辛，数千年来从未改变。先哲面对困惑时所给出的答案，所做出的思考，也必然对我们有参考价值。人类每次面对重大的挑战和艰辛，都不约而同地反观那些民族精神元典，盼望从元典那里得到启示和灵感，从而获得一个民族再出发的力量和智慧。这正是元典的价值所在。一个民族精神的元典，就是这个民族永远的心灵发动机，是永不枯竭的精神的发源地。

更不用说我们无时无刻不生活在既定的"文化"环境中。而这个文化环境，是与先哲的思想密不可分的。不了解祖先的思想，就不可能深刻了解我们时代的文化；不深刻洞察我们时代的文化，就难以适应我们的文化环境，就难以在这种文化中获得精神上的丰满、心灵上的和谐与生命上的成长。从这个角度来说，无论你从事何种事业，元典都是通往幸福之路的起点。

我们还要意识到，这些民族精神元典与我们的生活和生命息息相关。这些元典不仅是文本式的存在，更是真实的存在。就如我们身边的空气，看不见、摸不着，但是不可须臾离之。

如何读元典？我提出"元典心读"的理念。所谓"元典心读"，就是要以生命呼应元典，以心灵体悟元典。其中的关键，在于要用元典来观照我们的自身，观照我们的生存。

我们必须把生命放进去来阅读元典，必须带着自己的生命困惑和感悟来与古人对话。

只有用自己的心灵来体悟元典，以生命来观照元典，才能将死的经典变成活的经典，把死的文本变成活的灵魂，从而把元典变成我们"自己"的心灵的元典，而不是"他人"的或者"古人"的元典。只有把生命放进去来阅读元典，与元典对话，才能获得元典的营养，元典才能与我们的心灵发生深刻的"化学反应"。否则，元典是元典，你是你，无论读多少遍，都是无用功；即使你将元典倒背如流，也只是"言语汉"和"古文箱"。

"元典心读"还有一层含义，就是要"新读"。每一代对元典的诠释都是"崭新"的。数千年前那些伟大先知的思想，一旦注入后来者的心灵之中，就会激起全新的灵感和体悟；每一代人会用自己的方式，结合自己的独特境遇和时代风尚，融会自己所处时代面临的独特命题和困惑，用自己的心灵来碰撞元典，呼应先知。于是，这种超越时空的呼应和对话，就构成了一条不断延伸的民族精神的长河；这条河流淌不息，而且代代常新，因为每一代人都在元典的基础上注入了新的诠释、新的感悟、新的风尚和新的视角。

阅读经典的意义也在于此。有些人说，无数代先贤已经把这些思想元典诠释得非常好了，我们只要读先贤的诠释即可，何必徒劳再去阐释，况且我们的诠释永远不可能超越先贤！这正是对元典的最大的误解。思想元典的意义正在于一代代人的不间断地诠释和发挥，正是由于这些持续的解读和挖掘，元典才有了新鲜的生命，一个民族的思想才可以借此生生不息。在这种意义上，元典就已经不是一个人的思想，而是无数代人的思想的融会和交响，是整个民族精神的结晶。如果一种思想元典没有历代持续不断的解读，也就意味着后人与元典的对话业已结束，这个元典就失去了存在的意义，它就真正成为博物馆的藏品，而不是活的民族精神的载体，此时这个所谓的元典也就丧失了作为民族精神"元典"的资格。因此，只要这个民族、这种文化还存在，对民族精神元典的解读（包括诠释、讨论和对话）

就不会停止。

切忌将元典神秘化、全能化、庸俗化。将元典神秘化,就是故意把元典搞得玄妙缥缈神乎其神,而这种神秘主义的诠释恰恰不是帮助我们理解元典,而是将我们与元典隔离,使我们疏远元典,把元典视为深不可测玄不可言的东西。有些人在解释元典时故弄玄虚,这些人要么根本就没有理解元典,要么是别有用心蛊惑他人。我们还要切忌将元典全能化,以为这些元典带有某种超能力,可以无所不能。殊不知,元典给我们带来的"能量"全在于我们体悟元典的深度,全在于我们能否以生命和心灵来深深切入元典并从中汲取养分。同时又要切忌将元典庸俗化。元典是用来提升我们的生命、完善我们的人格、滋养和澄净我们的精神的,而不是用来满足我们的低级趣味的。

让我们一起来回归元典,回归本原。只有获得元典的滋养,才能使人生更加丰润;只有获得元典的烛照,才能使人生更加光明澄澈;只有经过元典的引领,才能使人生在正确的航道上前行并获得心灵的幸福与安宁。此时你与元典融会为一,元典精华流淌在你身上,犹如祖先遗留给你的血液,元典在其中注入了它强大的文化基因。

王曙光

二〇一四年二月四日

甲午正月初五立春于善渊堂

学而篇第一

一　觉悟践履

1.1　子曰:"学而时习之,不亦说乎?有朋自远方来,不亦乐乎?人不知而不愠,不亦君子乎?"

［释义］孔子说:"学而后能按时实践,不是很愉悦的事吗?有心意相通的朋友从远方来拜访,不是很快乐的事吗?别人不了解不明白,我却不怨恨郁闷,这难道不是有修养有道德的君子的作为吗?"

《论语》是中国古代最重要的文献之一,凡识字者人人必读,而不识字者亦通过社会与家庭的熏染而得其大要。这部纂集孔子及其门生言论的书之所以特别重要,是因为两千年以来中国读书人和社会大众的伦理规范、价值认知、信仰体系、行为准则等皆深受这部书的影响,治国者的国家统治模式和社会组织模式也深受它的影响。即使是生在当世的中国人,只要受过一定的教育(包括学校教育与社会传统教育),也不可能脱离《论语》及其他儒家学说的影响。作为中国最经典的传统文化符号,《论语》中的

观念已经深刻融入了中国人的心理结构当中，潜移默化地影响着我们每个人的思想与行动，可谓"润物细无声"，甚至我们自己都感受不到。《论语》可说是中国人绕不开的"经典中的经典"。

《论语》是一部平实而朴素的语录，它真实灵动，一点也不虚伪，不矫揉造作。从《论语》这部书，你可以体悟儒家的作风与精神，那就是敦厚质实、广大平易，不蹈空，不回避，强调涵养功夫，能够直面现实。然而正由于儒家的作风敦厚质实、广大平易，却让那些热衷哲学体系与逻辑推演的西方哲学家难以领略儒家思想之妙，尤其是难以体会《论语》平实朴素的语言背后所包含的生命厚度与人格力量。所以《论语》受到西方某些哲学家的忽视与嘲讽，却并不能减低《论语》的价值与孔子的精神高度，反而适足以暴露他们在认知东方哲学与言说上的浅陋、偏见、傲慢与无知。

儒家思想极重实践，是一种行动的哲学，而非语言与逻辑的哲学。强调践履是《论语》的重要特征。对于孔子来说，学问的真正精髓在于"行"，而不在于外在的"文"，更不是着眼于思辨体系的建构。孔子说"行有余力，则以学文"（1.6），即强调躬行实践。《论语》的开篇《学而篇》的第一句话，就点出了行动的重要性："学而时习之，不亦说乎？"这里面的"学"，不仅是指普通意义上的学习知识，更是指对世界的"觉悟"。《说文解字》中说："学，觉悟也。"《白虎通·辟雍》说："学之为言觉也，悟所不知也。"而"习"，也不仅是我们平时所理解的"温习""复习"，更是反复"实习""实践""践履"之意。"习"的繁体是"習"，《说文解字》说："習，数飞也，从羽，从白。""数飞"，即是鸟儿频频试飞。郭沫若《卜辞通纂考释》认为，"習，从羽，从日，盖谓禽鸟于晴日学飞"。因此，所谓"学而时习之"，不应理解为"学习知识并常常复习"，而应理解为"追求学问，达到对世界与生命的真正觉悟，并将这种觉悟时时践履，付诸行动"。这样的"学"才是真正的学问，是"究天人之际"的学问，是对内在生命与外在生命的觉悟，同时更是行动着的"学",不是理解层面与逻辑层面的学。《论语》把"学而时习之"作为开宗明义第一句话,不仅极为恰当,而且极有深意:这种建立在生命觉悟与践履之上的"学",是最大的快乐,是最深层次的快乐,是任何人难以剥夺的快乐,也是不依赖于任何人的快乐。

"有朋自远方来,不亦乐乎?"由自我生命体悟的快乐(这种最深层次的快乐,乃可以称为"悦")出发,经由不同生命个体之间的呼应、映照与交汇,遂创造另一种生命的愉悦,即同声相应、同气相求的朋友之乐。这样的"朋"不是简单意义上的朋友,而是精神上的兄弟、生命里的伴侣、心灵深处的知音。《礼记·学记》曰:"独学而无友,则孤陋而寡闻。"没有精神上的兄弟的心灵相通,没有这种不同生命之间的最深切的理解与同情,我们在精神上仍旧是孤独和寂寞的。因此,这个"有朋自远方来",不仅是指地理上的远方,更譬喻人类生命之间遥远的距离与根深蒂固的心灵隔阂。然而,即使在地理上天远地偏的地方,仍旧存在我们精神上的兄弟,可以进行心灵深处最本真的对话,从而达到精神上深度的共鸣。这种快乐,来自精神上的知音与同道,因而极为珍贵。"学而时习之"是由觉悟践履带来的内心深处的自足自乐,而"有朋自远方来"则可以达到心灵契合与生命碰撞的快乐。从某种意义上说,朋友之乐是更纯粹更高级的快乐,是比以血缘为纽带的亲情之乐更本真的快乐,也是比以性为纽带的男女之乐更深刻的快乐。只有从这种朋友之乐出发,才可能使我们衍生出"民胞物与"的大情怀,才可能有"四海之内,皆兄弟"(12.5)的大格局。儒家在父子、兄弟、夫妇、君臣这四伦之外,尤重朋友这第五伦,是看到朋友一端的特殊重要性,即在儒家所理解的世界大同的伦理理想国中,朋友一伦带有奠基性的意义,朋友之乐既基于规则与操守,更基于道义与情怀。一个人平生若得"朋友相契之乐",则其境界远在享受"家庭天伦之乐"之上;而一旦人类皆能达到这种相契之乐,则天下大同之梦或可期矣。

"人不知而不愠,不亦君子乎?"君子这种淡然洒脱的态度,足以显示儒家的境界高远开廓。我们内心的快乐与幸福,来自自我生命的成长,来自自我心灵之满足,这种快乐与幸福,是自足的,内在的,即使不能获得广大的理解与同情,也绝不怨尤,绝不失落,绝不沮丧。君子的态度,是独立不倚,是人格上的自我圆满,而绝非徒然追求他人与社会的表面上的肤浅的赞誉与认同。所以孔子说:"不患人之不己知,患不知人也。"(1.16)你不要埋怨忧虑别人不了解你,要紧的是你要深刻地认识自我,深刻地认知他人。一个人,能在他人与大众不理解、不认同甚至完全误解或批判的情形中,仍能保持一种淡定自得、从容不迫的态度,仍能不辩、不怨、不艾、不怒,有这样的修养才算得上是真君子。

二　本立道生

1.2　有子曰:"其为人也孝弟,而好犯上者,鲜矣;不好犯上,而好作乱者,未之有也。君子务本,本立而道生。孝弟也者,其为仁之本与!"

[释义]有若说:"那些为人孝顺父母、敬爱兄长,却喜欢冒犯上级的人,非常罕见;不喜欢冒犯长上,却爱造反捣乱的,这种人不可能有。君子要追求致力于锤炼自己的根本,根本确立了,'道'才能产生。孝敬父母、敬爱兄长,这就是'仁'的根本啊!"

1.3　子曰:"巧言令色,鲜矣仁。"

[释义]孔子说:"那些花言巧语、装出和颜悦色来取悦于别人的人,他们内心的仁德是何其少啊!"

孔子学说既是一种行动哲学,则其主旨就必定不是从逻辑体系的建构中去解说他的哲学,而是从践行的角度去解释他的哲学。孔子学说的核心

命题是"仁"。"仁"是最高也是最完善的道德范畴，也是一个极其复杂的哲学范畴。"仁"的含义包罗万象，但是归根结底，孔子认为"仁"的"根本"或曰"基础"在于"孝弟（悌）"。也就是说，孔子的社会政治学说与大同思想蓝图，其根基在于家庭伦理的实践；"践仁"（践履仁道）的根本与起点在于践行一个生命个体在其家庭中的责任，担当他在家庭中的社会角色。也可以说，一个君子要践行仁道，要达到身心修养的至高境界，要经过极为漫长的锤炼过程，然而这个锤炼过程的起点是家庭伦理的实践，即孝悌。孝悌并不只是简单地赡养父母敬爱兄长，而是对自身社会价值与角色的自觉与担当。因此，不像老子把"道"看作外在于人的一个独立客观的实在，孔子则把"道"看作一个自觉的生命的实践与修养过程。"人能弘道"，人作为一个生命个体可以弘扬、阐释、践行、体现"道"，契合宇宙的"大道"，而"非道弘人"，不是"道"外在于人的主体而独立存在。

孔子在1.2中提出"君子务本，本立而道生"，即是指明这种经由人性的锤炼而通达"大道"的过程。在这里，"道"不是老子哲学理念中"道可道，非常道"的虚无缥缈的形而上的存在，"道"就是实践，就是一个生命个体自我的完成，"道生"是"本立"的必然结果。

孝悌是人伦之本，是最基础、最牢固的人类情感，是孔子"爱有差等"伦理观的起点。西方基督教伦理强调"爱无差等"，强调"爱人如己"；中国的墨家哲学也强调"兼爱"，即爱我与爱人等同，爱我之亲人与爱他人之亲人等同。基督教哲学与墨家哲学的爱无差等的伦理观的境界是很高的，代表着人类的至高理想，这种理想在孔子的大同世界理想中也有体现。《礼记·礼运》说："人不独亲其亲，不独子其子。"说的是同样的理想境界。但是孔子不是一个单纯的浪漫主义者，也不是一个简单的理想主义者，他深谙中庸哲学，深知要通往这个"道德乌托邦"，必须要深刻洞察人性，必须经由一个循序渐进的轨道。正是从这个意义上讲，孔子的哲学对人性的把握是最准确的,因而其生命力与包容力也是最强大的。

孔子强调孝悌乃"仁之本",是因为由孝可以延展为"忠",此为君子对国家的最高道德准则;由悌可以衍推出"信",这是对朋友、对其他社会成员的最高行为准则。由孝悌而至忠信,由忠信而至"天下为公",这是一条可操作的、符合人类道德演进路径的轨道。孔子的高明即在此,孔子哲学的质实而广大亦即在此。不"孝"何能"忠"?不"悌"何能"信"?无"忠信"何以维系社会伦理秩序,何以达到"天下大同"之理想境界?孔子思想,不蹈空,不骛远,其目光高远而根基深厚,故能行之久远。

三　静观内省

1.4　曾子曰:"吾日三省吾身:为人谋而不忠乎?与朋友交而不信乎?传不习乎?"

[释义] 曾参说:"我每天数次反省自己:为他人办事是否忠于承诺而尽心了呢?与朋友相交往,是否诚实守信了呢?老师传授我的道理是否实践了呢?"

1.5　子曰:"道千乘之国,敬事而信,节用而爱人,使民以时。"

[释义] 孔子说:"治理一个拥有千辆兵车的大国,要极其严肃敬业,谨守信用,节约费用,爱惜民众,役使百姓要在农闲的时候。"

1.6　子曰:"弟子入则孝,出则弟,谨而信,泛爱众而亲仁。行有余力,则以学文。"

[释义] 孔子说:"弟子在父母跟前要孝顺父母,出了自己房门则要敬爱兄长;行事言语应谨慎,持守信用,博爱民众,亲近有仁德之人。如果在实践这些之后还有余力,则可以进一步学习文献知识。"

1.7　子夏曰:"贤贤易色。事父母能竭其力,事君能致其身,与朋友交言而有信,虽曰未学,吾必谓之学矣。"

[释义]子夏说:"用尊贵贤人之心来替代爱好美色之心。赡养父母,能尽力而为;服务于君上,能无私奉献;与朋友交往,说话要有信用。这样的人,虽然说没有学过什么文献知识,但我一定要说他其实早就学到这些东西的精髓了。"

儒家思想特重"修身",即身心的修养。"修"是修养,更是修正,即每天去除于自己身心成长与人格完善不利的东西,修正自己身上的错误,洗去污垢,不断更新。商汤是一个伟大的帝王,他在自己的洗澡盆上刻了一句话:"苟日新,日日新,又日新。"日新就是君子要每日警醒,每日检视,激浊扬清,实现自我人格的超越。

曾子所说的"吾日三省吾身",是儒家身心修养中的重要一环,那就是内心的深刻反省与内在观照。儒家没有基督教精神中基于上帝信仰的自我约束与鞭挞,《鲁滨孙漂流记》中鲁滨孙在孤岛上为内心的恶念而自我鞭挞的行为,在儒家思想中转化为一个君子为自我人格的完善与生命的提升而做出的自觉的反省行为。儒家伦理虽然不注重宗教信仰上的超越性,更不强调每个人死后在上帝那里所遭遇的令人敬畏的审判与惩罚,但是儒家的君子的理想人格中同样包含着这种内心深刻而郑重的自我反省,甚至是严厉的自我鞭挞。这种"一日三省"的修养功夫,儒家看作从此岸(道德上的现实人格)到彼岸(道德上的理想人格)的必要津梁。

曾子所反思于自己的,是一个人在家族伦理之外社会责任的担当以及对价值传统的传承与践履。"为人谋而不忠乎?"此处的"忠"泛指忠于一切职事，忠实履行自己的承诺，恪尽职守，忠诚不二。由忠于一切职事，就会自然过渡到忠于国家与君王，就会忠于一切人类伟大的秩序。有一事而不忠，有一诺而不践，则人格即有亏。"与朋友交而不信乎？"于朋友一伦，诚信守约，培养一种超越于血缘关系的相互之间深刻的信赖，这种信赖，推而广之，即构成现代社会的诚实守信的契约精神。"传不习乎？"则是检视自己是否自觉担当起文化价值传统的传承与实践的重任。老师所教的东西，是代表着我们珍贵的文化道统，是我们赖以维系价值体系的根基所在，这些东西你都拳拳服膺且终生践履了吗？你是否辜负了你本应传承的那个伟大的传统？这种反思，是把一个人的个体生命放到整个人类的文化血脉上去省察，而成就一种自觉的担当意识。

1.6与1.7都强调了在追求学问的过程中行动的重要性。"弟子入则孝，出则弟，谨而信，泛爱众而亲仁。行有余力，则以学文"（1.6）。很明显地，一个人只要自觉地践行了孝悌忠信等伦理规范，能够"泛爱亲仁"，即拥有广大博爱的心灵，内心崇尚伟大的道德人格，这样的人就是一个在道德层面值得敬仰与肯定的人。在这里，首要的是"行动"，是道德实践，若"行有余力"，才需要更进一步"学文"，进行知识系统的构建与逻辑的训练。前后顺序非常明确。1.7中则说："事父母能竭其力，事君能致其身，与朋友交言而有信，虽曰未学，吾必谓之学矣。"也就是说，一个人假如能做到崇仰贤德，孝敬父母，忠于君上，诚信待友，那么这样的人即使没有受过任何知识的训练，然而儒家却认为，他已经达到学问的高境界。

人格的自觉锤炼与伦理实践，比知识建构更要紧，这是孔子教育学说的特点，这个特点深刻地影响了我国传统教育思想与实践。钱穆先生认为，中外教育传统可分为三类。一类是"学统"，即认为教育要着重于纯粹知识体系的传承，教育的目的是传授并创造知识。这类以"学统"为目标的教育模式近代以来在欧美大行其道，一般人认为大学之宗旨即在于知识的创造，在于增进人类各学科的知识。科学之发展即有赖于此种教育传统。第二类是"事统"，即以教人如何做事为宗旨的教育传统。第三类是"人统"，是以全人格培育为宗旨的教育模式，教育的最高目标乃在于培养人格健全的人，培养具有自觉道德意识与道德担当的君子。当代大学教育受到欧洲"学统"教育理念的影响，单纯注重知识创造与传承，而忽略学生的实践能力与行动能力，更严重忽略学生的人格教育与伦理建设。实际上，知道如何做人做事，是更重要的知识体系。儒家所强调的"学"，虽然包含知识上的学习，但更是指道德人格的自我完成。

四　重威学固

1.8　子曰："君子不重则不威，学则不固。主忠信，无友不如己者。过则勿惮改。"

[释义]孔子说："君子如果行止不庄重，就没有威严，学习到的东西就不会牢固。要秉持忠诚与信用之德。不要与不如自己的人交友。有了过错，不要怕改过来。"

1.9　曾子曰："慎终追远，民德归厚矣。"

[释义]曾参说："谨慎地办理父母死后的事，以诚心追念祖先，那么民众的道德自然就归于淳厚笃实了。"

1.10　子禽问于子贡曰："夫子至于是邦也，必闻其政，求之与？抑与之与？"子贡曰："夫子温良恭俭让以得之。夫子之求之也，其诸异乎人之求之与！"

[释义]子禽（陈亢）问子贡（端木赐）说："老师（指孔子）到一个国家，必会听闻那个国家的政事，那他是求来的呢，还是别人主动提供给他的呢？"子贡说："老师是因为在人格上温厚、善

良、恭谨、俭约、谦让，而得到该国人们的信任，从而得闻该国政事的。所以老师的'求'，不同于别人的'求'。"

1.11　子曰："父在，观其志；父没，观其行；三年无改于父之道，可谓孝矣。"

［释义］孔子说："当一个人的父亲还活着的时候，要观察他的志向理想；当他的父亲死后，要考察他的行为；如果他能够长期持守不变他父亲的美德，这就可以说是孝顺了。"

读书修身之要，在改变气质，养成气质。读书久了，其中的思想理念就会渗透到你的精神灵魂之中，涵养你的心灵，并外化为你的气质。然而，读的书不同，养成的气质就不同。因此读书必精择细选，务期对自我身心修养与人格提升有益。中国的经典虽多，其中重要的不外儒墨道法等数家而已，然而读这几家圣哲之书，所塑造涵养之气质相差甚大。儒家的气质宏大质实，崇尚刚健有为，在精神人格上强调厚重、持重，而鄙夷轻浮。道家的精神气象高蹈洒脱，飘逸超俗，强调虚静无为，使人易养成旷达出世之心灵气度。墨家的风范则刻苦朴素，自砺自律，其摩顶放踵而为天下、牺牲奉献一己之私而为大众之精神，使人养成一种大丈夫之伟岸气质，无我无私，不受物质世界之羁绊，而有包罗万物之怀抱。法家崇尚整齐严密之气质，处事缜密，作风谨饬，此种精神气质，于入世接物尤其可贵。因此儒墨道法诸家圣哲，都各有其精神气质之闪光处，若能博采而慎取，必于身心修养大有裨益。

1.8提到"君子不重则不威，学则不固"。一个读书人，若气质轻浮，行为浮躁，必然令人感到缺乏威严，使人不能产生一种尊重、敬畏的感觉。同时，若一个读书人没有养成厚重敦穆的气质，行为不持重，则其所学习到的圣哲之言必然难以实践，即使学到也难以巩固，不能牢固地内化为他身心修养的一部分。因此，儒家认为对先贤往圣嘉言懿行的学习，对那些伟大真理的汲取，其前提是要首先养成一种厚重的精神气质，摒弃浮躁，保持一份内心的敬畏感、庄严感，此修身之要也。这也是宋代理学家所一直强调的"用敬"。"用敬"是身心之学的起点，就是儒家所一直阐扬的八条目中的"正心诚意"。所以宋人一直讲"涵养须用敬，进学在致知"。进学致知的前提是"用敬"，是"正心诚意"。"正心诚意"之后才可以"格物致知"，才可以再谈"修齐治平"。孔子此处所说的"重"，不是表面上装腔作势，故作深沉，而是一种持敬敦穆的内心态度。老子也讲过"重为轻根，静为躁君"，也包含了对一个人养成厚重静笃气质的强调之意。

　　1.8章比较容易令人误解的是"无友不如己者"这句话。从字面意义来解释，"不要与不如自己的人交朋友"，这样的交友原则极容易被人攻击，被人讥为"功利主义的交往理论"。因此有些学人，如南怀瑾先生，便认为此句应理解为"没有朋友是不如自己的"，意即孔子认为，"三人行，必有我师"，每个朋友皆有每个人的长处，因而交友应该学习其长处，而警惕其短处。从逻辑以及孔子本身的人格修为来说，这样的理解固然没有什么根本性的谬错，并且也确实替孔子之被诬"功利主义交往哲学"做了聪明而善意的辩解与洗刷；但是，这种理解仍然不能直达孔子的原意，于古代汉语之语法亦难通。"无友不如己者"，乃孔子所阐发的交友的价值原则，这个价值原则更多地指向一个读书人（君子）的道德人格与生命境界，因而一个君子在交友时应取极为慎重态度，要选择那些与自我心灵追求的精神世界极为相契的人为友，这样的朋友在一起切磋琢磨，能提升彼此的道德人格，能振拔彼此的生命境界。与那些在道德情操方面极为欠缺、精神境界极为卑下的人交友，不仅不能涵养我们的心灵，提升我们的人格，反而有损于我们的身心修养。这种交友观与功利主义没有任何关系，与"三人行，必有我师"的观念亦不相悖。孔子择友观念，以德操为先，以精神共鸣为旨，以提升生命、"见贤思齐"（4.17）为目标。孔子教学生，可以"有教无类"（15.39），反映出孔子博大宏伟、开阔放达的师者风范，然而在交友方面，他却不是"有交无类"，而是主张谨慎择友，务于自身修养有益。

1.9与1.11都谈及"孝"，"慎终追远"是孝，"三年无改于父之道"，也是"孝"。中国人，尤其是儒家，为什么把"孝"提升到"百善孝为先"的高度？其中根本原因，是因为父子一伦是人类心理与生理的最重要维系支柱。中国人的伦理秩序，正如费孝通先生所言，是一种"差序格局"，即由自我出发，依据与自我之社会关系之远近来确定交往秩序与信任关系，从而形成一种由自我而推衍出的一整套的自内而外、自近及远、自亲而疏的伦理秩序。这套伦理秩序形成的根基与原则是基于人类作为自然人与社会人的本质属性来确定的：作为自然人，每个人都是从父母那里获得生理上的存在，因而每一个人从自然属性而言，永远难以脱离对父母的精神信赖与寄托；从社会人的角度而言，每个人所面对的最初也是最基本的社会细胞即是由父母所塑的家族社会，其他的社会组织不过是家族社会的外化与延伸。而西方则是"团体格局"，人类在上帝面前皆平等，每个人都是独立的存在，人结为团体后，团体与团体皆平等，每个团体亦是独立的存在。中国人强调"孝"，是因为从"孝"这种最基本、最本真、最恒久的人类情感出发，可以开发、延伸出其他社会关系与其他伦理原则，如朋友之信、君臣之忠，乃至推衍出"老吾老以及人之老，幼吾幼以及人之幼"的大同世界的伦理哲学；但人类之所以能实现那个"以及人之老""以及人之幼"，之所以能做到"不独亲其亲，不独子其子"（《礼记·礼运》），正是因为他首先做到"老吾老""幼吾幼""亲其亲""子其子"。孔子把"孝"作为人伦之本，其深意在此。"慎终追远，民德归厚"，说的是"孝"对于构建更广大的人类秩序的重要性，提倡"孝"德不仅仅在于"孝"敬自己的父母，更在于"民德归厚"，改善风俗，使民风淳厚，使人类社会秩序有一个坚实的基础。而1.11，则阐述了"孝"的另一面，即对先人懿范的继承性，不能"承前"，则不能"启后"，"三年无改于父之道"，是对自己的先人，更广泛地来说是对自己所处的文化传统，要保持一份应有的敬意，保持一份温情的仰望。

五　敏事慎言

1.12　有子曰："礼之用，和为贵；先王之道，斯为美，小大由之。有所不行：知和而和，不以礼节之，亦不可行也。"

［释义］有若说："礼的功用，其可贵处是使事事都达到最适宜最和谐的地步；古代圣王的治国之道，也是因为恰当地运用'礼'，而达到完美的境界，从而小事大事都适宜和谐。但也有行不通之处，如果简单地为求得适宜和谐而刻意维持表面的适宜和谐，不用礼制（规矩制度）去节制人的行为，那么最终也是很难达到真正的适宜和谐的。"

1.13　有子曰："信近于义，言可复也。恭近于礼，远耻辱也。固不失其亲，亦可宗也。"

［释义］有若说："信守的约定如果符合正义的原则，那么你的诺言就可以实现了；如果你的态度恭敬，合于礼的准则，那么你就可以远避耻辱。如果你所凭借的人中能不摒弃那些与你关系深的人，那么也就算是可靠了。"

1.14 子曰:"君子食无求饱,居无求安,敏于事而慎于言,就有道而正焉,可谓好学也已。"

[释义]孔子说:"作为一个君子,吃饭不追求饱足,居处不追求安适,做事能够行动敏捷,言语能做到谨慎,亲近德行高尚的有道之人,从而时时匡正自己的过错,这样的人可以说是真正好学之人。"

1.15 子贡曰:"贫而无谄,富而无骄,何如?"子曰:"可也。未若贫而乐,富而好礼者也。"子贡曰:"《诗》云:'如切如磋,如琢如磨',其斯之谓与?"子曰:"赐也,始可与言《诗》已矣,告诸往而知来者。"

[释义]子贡说:"贫穷,却不去谄媚奉承,富有却不显得骄傲,您认为这样的人怎么样?"孔子说:"这样的人已经很好了。但还不如虽贫穷却喜乐,虽富有却追求礼义的人。"子贡说:"《诗经》里面说,'就像对待象牙和玉石等物一样,先切开,再锉平,再雕刻,最后磨光',说的也是这样的境界吧?"孔子说:"端木赐啊,我从今天开始可以与你讨论《诗经》了,告诉你已知的事,你就能洞察未来的事了。"

1.16 子曰:"不患人之不己知,患不知人也。"

[释义]孔子说:"不要忧虑别人不了解自己,而应该忧虑自己不了解别人。"

"和"是儒家哲学中最高的境界,"和"既是自我人格修养最高的境界,也是治理天下的最高境界。《中庸》中说:"喜怒哀乐之未发,谓之中;发而皆中节,谓之和。中也者,天下之大本也;和也者,天下之达道也。致中和,天地位焉,万物育焉。""中节",也就是不偏不倚,恰到好处,万物达到最均衡、最恰当、最合宜、最和谐的状态,这就是"和"的境界。"和",古人常指音乐曲调的协调、完美。正如音乐需要诸多音调乐符之间取得协调、和谐一样,人内心的诸种情绪也需要获得协调与和谐;再广而言之,人类社会的诸多人等与诸多民族亦需要获得协调与和谐。"和"是一种最佳状态,"万物并育而不相害,道并行而不相悖"(《礼记·中庸》),各种事物皆各得其所,各种力量所形成的均势恰到好处,既不"过",也不"不及",而是达到一种"中庸"的状态。"不偏谓之中,不易谓之庸","中庸"的状态也就是"和"的境界。"和"意味着一个人内心达到高度的秩序,臻至一种圆满、宁静的境地;"和"也意味着人类社会达到高度的秩序,各群体和谐共处,无争无扰。

1.12 中讲到"礼之用,和为贵"。这里的"和",不宜简单理解为"和谐"。孔子心目中理想的典章制度的代表是周礼,其最根本的宗旨是追求一种均衡的社会秩序,在这种理想的社会秩序中,人人各安其命,各守其分,讲信修睦,没有喧嚣与争竞。礼的功能,就是达到这种最恰如其分。但是儒家所讲的"和",绝不仅仅是表面上的相安无事,不是假造一种和平景象。换句话说,"和"是一种真实的秩序,是一种内在的均衡状态,而不是假造的幻象,不是刻意营造的表象。很显然,在 1.12 中,儒家认为,这种"和"的境界并不是想当然地可以轻易达到的。"知和而和,不以礼节之,亦不可行也",也就是说,如果仅仅追求表面的均衡,而不用"礼",也就是一定的礼义秩序去节制它，这个表面上的均衡也是脆弱的。从这个观点来看，儒家带有很明显的制度主义倾向，所谓"礼"，也就是"制度"，包括各种正式的和非正式的制度。

这种"和"的理念有很强的延展性。它至少包含着内心之和谐、人与人之和谐（团体和谐）以及更广范围的国与国之间的和谐，即天下和谐。内心之和谐源于一个人的人格修养，而团体和谐与天下和谐则一方面取决于制度规范（即"礼"），另一方面也取决于人与人之间、国与国之间、文化与文化之间的相互沟通。人与人之间的"和"，取决于我们到底在多大程度上了解对方。而人与人之间的不和谐，大多来自我们对他人的无知与误解。

1.16中讲到"不患人之不己知，患不知人也"。孔子认为我们的"病"（即"患"）不在于别人不知道自己，而在于我们不了解别人。人类不同国家与不同文化之间的不"和"，也来自不同文化传统之间的无知、隔阂甚至仇恨。如果每一个民族都能在发生隔阂的时候以"不患人之不己知，患不知人也"的思想反省自己，努力去以"同情的理解"去看待属于"他者"的文化，那么文化与民族之间的和谐共处就有了可能，从而亨廷顿所讲的"文明冲突"就可以缓解。费孝通先生讲过"各美其美、美人之美、美美与共、天下大同"，一个"天下大同"的和谐世界，一定是既有"各美其美"，即对于自身文化传统的"自觉"，也有"美人之美"，即对于"他者"文化传统的同情、理解与欣赏，最终达到"美美与共"，即不同文化传统之间的平等、融汇与和谐共存。而今日世界之"病"根，正在于孔子所说的"患不知人也"。

1.13、1.14与1.15都讲到君子的修身标准。值得注意的是，有子讲的两个修身范畴"信"与"恭"，都与"礼""义"这两个道德范畴结合起来。从有子的话"信近于义，言可复也。恭近于礼，远耻辱也"看来，"信"与"恭"都只有与"礼"与"义"联系起来，才显示出其行为价值。"恭"，即对人的恭敬、尊重，要符合"礼"的原则，既不能太过，也不能"不及"，要按照礼义秩序的要求做得恰到好处，才能避免别人的耻笑与羞辱；如果超越了这个"礼"的秩序的规范与标准，单纯的"恭"不仅达不到目的，而且有可能起到反面的消极的后果。也就是说，恭敬的尺度，要受到礼义秩序的约束。如果你对一个平辈朋友的恭敬，甚至超过了对一个师长的尊重，可能会使平辈朋友极其尴尬，也会让师长感到羞辱，这样的行为不符合"礼"的原则，因而并不是真正意义上的"恭"。可见"恭"这一修身原则，在儒家的眼里是动态的，是要遵照礼的秩序去采取恰如其分的行动的。同样的道理，"信近于义，言可复也"，其中明确指出"信"只有符合"义"的原则，你所信守的诺言才可实现（复即履行，实现，复言即践诺）。"义"者，"宜"也，就是合宜，就是符合正义、合宜原则。在这里，"恭"与"信"，是伦理行为，而"礼"与"义"，是伦理规范，一个君子的"恭"与"信"的修养，要达到一种完善的恰如其分的境地，就要完全符合礼义秩序的要求。这里对伦理行为的评价，没有绝对的标准，要动态地按照礼义秩序规范去采取恰当的行动。

　　孔子心目中的好学君子的标准是什么？"君子食无求饱，居无求安，敏于事而慎于言，就有道而正焉，可谓好学也已。"在这里，孔子把对于物质享受的疏离作为衡量君子的不可或缺的标准，但是我们也要注意，"食无求饱，居无求安"中所表现出来的对于物质享受的疏离，是淡然，不计较，不追求，但绝不能理解为绝对的拒斥、摒弃。在整个《论语》中，孔子对于追求财富的行为的价值判断都是极为中庸而恰当的，他并不拒斥基于伦理标准的对富贵的追求，只是他并不把它作为君子的首要追求。一个好学君子，首先要有实践其道德理想的勇气与行动，他要勤勉而切实地行动（即"敏于事"），还要保持内心的敬畏并持守慎重敦穆的操守，不以轻浮的言语妨碍自己的道德追求（即"慎于言"）。他还要善于学习、接近那些高贵的心灵，时时从那些高尚的人格中接受人格的熏陶、锤炼与锻造，勇于修正自己人格上的缺陷，此所谓"就有道而正焉"。

六 切磋琢磨

儒家修养的目的在于使人"成圣成贤",尽管儒家思想不否认每一个人从其"天命之谓性"的角度来说都具有"圣人"的一面,甚至有些儒家学者提出"满街都是圣人"的口号,但是,孔子深知在一个人的人格塑造与道德修炼过程中所需要经受的深刻而复杂的道路。孔子认为这个过程当然是渐进的,这个过程既需要对圣人境界的持续不懈、持之以恒的模仿与追求,又需要不断革除自身与圣人境界相抵触的东西,就像玉石、象牙等的加工过程一样,要经过极其漫长、深刻甚至是痛苦的"切、磋、琢、磨"的过程,才能使一块璞玉变成一件完美的艺术品。在一个人修身的过程中,一定要经过这样的"切磋琢磨"的过程,一个人才能从一个道德境界提升到另一个更高的道德境界。在"此一境界"中,当知"此一境界"之局限,通过对自身的深刻检视("吾日三省吾身")和对圣贤的恒久效仿("见贤思齐"),而渐至于"彼一境界"。因此,一个君子应时时发奋惕励,日新日进,庄敬自强。

在1.15的对话中,孔子即用循循善诱的教学法,指出了不同道德境界的差异所在,从而用极其巧妙委婉的方式为子贡指出了道德实践与生命提升的内在道路,显示出"此一境界"与"彼一境界"之差异,显示出儒家修身之阶梯。子贡自然是一个极会做生意的富人巨商,当他发问"贫而无谄,富而无骄，何如？"的时候，当是有所指的，我们甚至可以读出这个发问背后所隐含的对自我道德修养极为自得与满足的心态。自然，当一个人处于穷困之中，而能够持守自尊，不奴颜婢膝谄媚富贵者；而一个富人能在面对比自己社会地位低与财富少的人时保持内心的谦逊自牧，不骄傲，不骄横，这样的人的人格修养，不是已经很好了吗？我们猜测，子贡的话的重点，是在第二句，即"富而无骄"，想从老师那里获得对自我修养的肯定与褒扬。孔子首先非常淡淡地肯定了"贫而无谄，富而无骄"这种道德境界，"可也"两个字颇堪回味；然而，话锋一转，孔子的点化将子贡提升到另一个更高的层次，他委婉地告知子贡，做到"贫而无谄，富而无骄"的境界虽然已经不错，值得肯定，但是这个层次仍旧是道德修养的较低层次，比它更高的层次是"贫而乐，富而好礼"。

"贫而无谄"，仍然是一种被动的消极的自尊与自我保护，而不是一种主动的、积极的道德自我肯定，它只是守住了一个道德底线，还没有达到一种道德自觉的高度。"乐"不仅仅是"无谄"，而更是一个人在贫困中对自我道德人格的肯定，正如颜回，"一箪食，一瓢饮，在陋巷，人不堪其忧，回也不改其乐"。处于贫困而不改其乐，颜回所乐是他的道德人格的追求。同样，"富而无骄"只是道德底线意义上的不凌视穷人，而远未达到以一种道德自觉意识主动担当"礼"的要求、积极践履"礼"义规范的道德高度。

孔子的回答，简洁而深刻，把两种不同的道德人格境界区分得十分清楚。这个精彩的回答使子贡颖悟，自知其境界不足，并发出了热烈的回应："老师啊，我明白了，《诗经》里所说的'如切如磋，如琢如磨'，就是您老人家所说的境界吧？"老师指出了生命提升阶梯，点化了修养路径，子贡如醍醐灌顶般开悟。孔子此时作为老师，对子贡的颖悟再加赞许："哎呀端木赐啊，你真是一个能举一反三的可造之材。"从这一段孔子对子贡的启发训导来看，孔子不愧是一位教学艺术极其高超的伟大的老师。从游于这样的老师，幸何如哉！

为政篇第二

七　为政以德

2.1　子曰:"为政以德,譬如北辰,居其所而众星共之。"

[释义]孔子说:"以德来治理国家,治理者就好像北极星,它安于其位置,而其他的群星围绕它转动。"

2.2　子曰:"《诗》三百,一言以蔽之,曰:'思无邪。'"

[释义]孔子说:"《诗经》三百篇,用一句话来概括,就是:'思想纯正不邪僻。'"

2.3　子曰:"道之以政,齐之以刑,民免而无耻;道之以德,齐之以礼,有耻且格。"

[释义]孔子说:"用政治管理来引导人民,用刑罚来整顿惩治人民,则人民虽力求免于刑罚,然而却缺乏羞耻之心;用道德来引导教化人民,用礼义秩序来规范人民的行为,则人民不但有羞耻之心而且拥护治理者。"

孔子在《论语》第二篇中开宗明义提出"为政以德"的治国理念。历来学者在理解儒家的治国哲学时，大多把儒家政治理念概括为"德治主义"，而与法家的"法治主义"以及老子的"无为而治"的治国理念相区分。这样的简单区分虽然从理念层面非常清楚，却容易造成诸多思想上的混淆与困惑。实际上，孔子在强调"为政以德"的同时，并非完全排斥与摒弃"法治"，只是在孔子那里，"德治"与"法治"有本末之分，有主辅之分。孔子的治国哲学不是简单的"以德治国"，而是德法并重，政刑相参，只不过德政是根本，法刑是辅助。

"为政以德，譬如北辰，居其所而众星共之"，这句话里包含着两层治国理念：第一层，治国者对民众的凝聚力与感召力来自他的道德人格以及他的政治伦理的实践；第二层，治国者要达到"居其所而众星共之"的治国效果，要使民众顺服归附，不仅需要自身的道德践履与人格修炼，而且需要正确且符合正义原则的治理实践。这两层意思是互相联系的，不能相互割裂。所谓"居其所"，就是政府（治国者）要找到它正确的合宜的位置与治理模式，"居其所"就是"不失其所"，就是政府（治国者）要按合宜的正确的治国原则来行使权力。如果治国者不能"居其所"，而是"失其所"，或常常"变其所"，那么众星如何"共之"（拱之）？北辰的特点就是它能恒居其所（现代天文学已知北极星也不是恒定的，那是另一回事），能按照正确、合宜的方式履行自己的职责。孔子也讲过，"政者正也"(12.17)，实施治理首先要"正"，要符合正义性、合宜性原则，要符合政治伦理原则，也就是要使自己"居其所"。

"众星共之"的前提是民众心悦诚服地顺从归附，也就是"四方来仪"，"天下归心"。这里面"悦"很重要。《孟子·公孙丑上》中说："尊贤使能，俊杰在位，则天下之士皆悦而愿立于其朝矣。市廛而不征，法而不廛，则天下之商皆悦而愿藏于其市矣。关讥而不征，则天下之旅皆悦而愿出于其路矣。耕者助而不税，则天下之农皆悦而愿耕于其野矣。廛无夫里之布，则天下之民皆悦而愿为之氓矣。信能行此五者，则邻国之民，仰之若父母矣。"这里面阐述了儒家的施政作风与治国理念，即宽厚待民，使民欣悦顺服。儒家的仁政，并不是不要管理，而是强调管理要宽严有度，以宽厚为主，"讥而不征"，"助而不税"，皆从"宽以待人"的施政原则出发，务使民众感觉宽舒自在，而不是受到压制胁迫，如此则天下顺服。民"悦"才能甘愿归服，孔子曾说"近者说（悦），远者来"（13.16），近处的人悦服顺从，远处的人归附投靠，则治国者的感召力可想而知了。

2.3 则从更深的层次来阐述孔子德治主义治国理念的内涵，梳理了"政""刑""德""礼"的相互关系。"道之以政，齐之以刑"，即以制度化的管理方式引导人民，以刑罚的严厉手段整治规范人民，以这样的法治主义的治国方式来管理人民，可以使人民老老实实，规规矩矩，使他们做一个守法的顺民，但他们守法的原因是为了外在地消极地规避刑罚诉讼，而不是因为他们树立了内在的羞耻之心。更高层次的治理当然是能够唤起民众的道德自觉，使他们能从内心深处觉悟到"德"，以及建立在"德"基础上的"礼"的重要性与必要性，使内在的道德自觉与外在的礼义秩序约束能够自然达到和谐一致。"道之以德，齐之以礼"，才能使民众产生内心的道德共鸣，使他们不是被动地为逃避刑罚而守法，而是以一种高度的道德自觉主动地遵守法律，这个道德自觉就是"有耻"，就是有了明辨荣辱是非的能力。而且，这种道德自觉使他们更加归服治国者，治国者获得了更大的感召力与凝聚力，这就是"有耻且格"。"格"就是来，就是归附。《礼记·缁衣》说："夫民，教之以德，齐之以礼，则民有格心。教之以政，齐之以刑，则民有遁心。故君民者，子以爱之，则民亲之；信以结之，则民不倍；恭以莅之，则民有孙心。"这里就比较了民众"格心"与"遁心"的区别。"格心"乃自觉的依归，是发自内心的顺服；而"遁心"，是消极的规避，是被压服后的被动遵循。所以治理人民的最高境界，是"子以爱之"。治国者像对待儿女一样爱护子民，则人民自然亲附之；又以诚信来对待他们，凝聚他们，因而人民就不会悖乱。同时治国者在面对人民时能持守敬重、恭谨的态度，而不是骄横跋扈，则人民对治国者也必然谦和顺服。在这里，治国者并不是居高临下的礼义秩序的制定者，更不是盛气凌人的执法者与压迫者，而是以"爱""信""恭"为标准约束自己的行为、对人民宽厚仁爱的治国者。

当然，作为一个深谙政治的思想家，孔子不会天真到认为治理国家可以完全排除刑法制度。实际上，"德"是"礼"义制度的内在依据，而"刑"则不过是对逾越"礼"义制度的行为的消极处置而已。尽管孔子认为理想的治理固然以德治为上，德是根，是源，而刑是末，是流；但是孔子从现实主义一面来看待治理，也深知刑法制度在现实中不可或缺，在现实的国家治理中，一定是德法并举，刑政相参。《孔子家语·刑政》中说："仲弓问于孔子曰：'雍闻：至刑无所用政，至政无所用刑。至刑无所用政，桀纣之世是也；至政无所用刑，成康之世是也。信乎？'孔子曰：'圣人之治化也，必刑政相参焉，大（太）上，以德教民，而以礼齐之。其次，以政焉导民，以刑禁之，刑不刑也。化之弗变，导之弗从，伤义以败俗，于是乎用刑矣。'"在《孔子家语》中，孔子堪称一个理性的德治主义者，他把国家治理模式分为三个层次：最高境界也是最理想的状况是用德来教化民众，用礼义秩序来约束民众行为。第二个层次是用政治法规来引导民众。这里的"政"，更多的是正规的严格政治制度，以与那些往往是软性的礼义秩序相对照，同时设置严刑峻法，用刑罚来震慑不法之徒。第三个层次也是最低的层次，当然是滥施刑罚，因为此时道德教化已经不起作用，政治制度的约束引导也不起作用，整个社会礼崩乐坏，伤风败俗，天下大乱，人心颓坏，此时只好以刑罚来治世。乱世方用重典，而治世多以礼乐教化以及政令制度来引导规范人民。所以孔子说"刑政相参"，是一个现实主义的中庸的政策选择，属于中间层次的治国策略。太上之境过于理想，不必谈，太下之境属乱世，也可不谈，比较可行的是折中的次优选择：以德治教化来改善民心，建立民众的道德自觉，同时以政治规则与制度建设来辅助，使礼义秩序有了制度保障，最后又以刑罚作为最后的安全阀，在非常时期方可用霹雳严酷手段。司马迁在《史记·酷吏列传》中说："法令者，治之具，而非制治清浊之源也。昔天下之网尝密矣，然奸伪萌起，其极也，上下相遁，至于不振。当是之时，吏治若救火扬沸，非武健严酷，恶能胜其任而愉快乎！言道德者，溺其职矣。"也就是说，"武健严酷"之刑罚、狂风暴雨式的霹雳手段是在乱世之中"不得已而用之"的辅助手段，在这非常时期，侈谈道德是解决不了问题的。但是另一方面，也要清醒地认识到"武健严酷"之刑罚手段的局限性，若滥施刑罚，任意用刑，乃至大肆杀戮，必将丧失国基，致使国家崩溃。秦朝的快速覆灭就是一个最好的例证。刘向在《战国策·序》中说："始皇因四塞之国，据崤、函之阻，跨陇、蜀之饶，听众人之策，乘六世之烈，以蚕食六国，兼诸侯，并有天下。仗于谋诈之弊，终无信笃之诚，无道德之教，仁义之化，以缀天下之心。任刑罚以为治，信小术以为道。遂燔烧诗书，坑杀儒士，上小尧、舜，下邈三王。二世愈甚，惠不下施，情不上达；君臣相疑，骨肉相疏；化道浅薄，纲纪坏败；民不见义，而悬于不宁。抚天下十四岁，天下大溃，诈伪之弊也。其比王德，岂不远哉！孔子曰：'道之以政，齐之以刑，民免而无耻；道之以德，齐之以礼，有耻且格。'夫使天下有所耻，故化可致也。苟以诈伪偷活取容，自上为之，何以率下？秦之败也，不亦宜乎！"秦朝二世而亡，其根本原因在于迷信强暴、倚重权力刑罚，滥事杀戮，因而使民心大溃，帝国之根基也就不复存在。因此，从现实的治国理念来看，偏激的法治主义是不可能持久的，法治是重要的，但法治与刑罚要收到长久之效，必以人心为基础，必以道德教化为基础，舍本逐末，必自取灭亡。

2.2中"诗三百，一言以蔽之，曰：'思无邪。'"，讲的就是治国者的教化。孔子评价《诗经》，只用了"思无邪"三个字，谓其思想纯正，无有驳杂，以《诗经》作为道德教化的范本，可以起到端正德行、改易风俗，净化人心的作用。孔子曾经评价《诗经》"乐而不淫，哀而不伤"，即乐与哀都保持一种最合适的度，合乎礼义秩序的要求，中庸而不过分，乐而不放纵，悲而不过分感伤。《史记·屈原贾生列传》说，"《国风》好色而不淫，《小雅》怨诽而不乱"，也是这个意思，即把思想感情控制在合宜的范围内，不逾越礼义的约束，不放纵，不邪僻，不过分。伦理教化也要达到这样的目的。《毛诗序》说："上以风化下，下以风刺上，主文而谲谏，言之者无罪，闻之者足以戒，故曰风。至于王道衰，礼义废，政教失，国异政，家殊俗，而变风变雅作矣。国史明乎得失之迹，伤人伦之废，哀刑政之苛，吟咏情性，以风其上，达于事变而怀其旧俗者也。故变风发乎情，止乎礼义。发乎情，民之性也；止乎礼义，先王之泽也。"所以《诗经》起到教化敦俗的作用，是从两个方面同时展开的：在上位的治国者以诗来教化民众，在下位的民众则以诗来讽谏治国者。《诗经》的"发乎情，止乎礼"，是把人的自然真实的情感宣泄与合乎礼义的行为准则均衡起来，达到一种恰如其分的中庸状态。这就是《诗经》道德教化的目标，即让每一个人既能够发挥其真实的潜能，又使之规范于对礼义的自觉践履，此所谓"正始之道，王化之基"也。

八　从心所欲

2.4　子曰:"吾十有五而志于学,三十而立,四十而不惑,五十而知天命,六十而耳顺,七十而从心所欲,不逾矩。"

［释义］孔子说:"我十五岁而有志于学习,三十岁而自立,四十岁后不再迷惘,五十岁后知道天命,六十岁后就可以听得进不同意见,七十岁后就能够遵从内心的意愿去行事,却不逾越规矩。"

中国古典思想的核心是生命之学,其菁华也是生命之学。无论是儒家还是道家,我们的哲学传统最终的依归仍旧是生命之学,即生命的成长与生命的完成。所谓"生命之学",也就是中国人传统上所说的"成人之学"或者"成人之道"。所谓"成人",不仅是"成为一个人",而且更是"成就一个人","完成一个人"。"成为一个人"是静态意义上的,而"成就(完成)一个人"是动态意义上的。儒家伦理中所谓的"成人",更多地是指一个人生命的不断修炼与完善的动态过程,这个过程是"完成他自己",是一个人的人格与心灵臻至一种最完善的境界。这个过程是漫长的,需要一个人恒

久的忍耐与持续不断、艰苦卓绝的努力，需要经受外界的锤炼与内心的不断反省与觉悟。

理解"成人之学"或"成人之道"的前提是一个人要有清晰而坚实的"生命感"。具备"生命感"的人，能够在生命成长的每一个阶段，知道自己的使命，知道自己在这个阶段需要完成的使命与应该达到的境界。他深知当下的自己应当承担什么样的责任，应当履行什么样的生命义务。他对自己的生命状态有深刻的洞察，有清晰的觉醒，他不是顺着纯粹生物的本能而活着，而是怀着极其清晰而笃定的生命感与使命感活着。有些人茫然度过一生，随波逐流，懵懵懂懂，丧失对自我生命与使命的体察和觉悟，对自己在每一个生命阶梯所应呈现的生命境界与生命状态茫然无知，如同行尸走肉。2.4中孔子对自己生命旅途的描述，正是呈现了孔子作为一个人的"完成"过程，让我们看到一个具有极强大的意志、极清醒的生命意识和极为坚韧笃实的人格修养的人，在极为漫长的人生历程中的自我磨炼过程。

"十有五而志于学。"孔子自言他十五岁开始才有志于学习，但是他有志于学习什么呢？很显然，这个"学"，不可能是简单的记诵之学。中国古代对少年儿童的学习，有相当明确的规定，贵族子弟十岁左右开始学习一般的书写、计算等基础知识，并习练一些初步的简单的礼仪，开启一个孩子最初的智慧，并使其初步熟习人类生活的礼仪秩序，懂得做人的基本规矩。这是一个启蒙的阶段，这个阶段对一个人的内心世界价值观的养成非常重要，《周易》讲"蒙以养正"，即是讲一个人在童蒙时期就养成正确价值观的重要性。但是此一时期一个人的生命尚处于"蒙昧"状态，尚未显示出他的生命的主体性。《礼记·曲礼》说，"人生十年曰幼，学"。这个"学"，是记诵之学，是初级的学。《礼记·内则》说："十年，出就外傅，居宿于外，学书计，衣不帛襦袴，礼帅初，朝夕学幼仪，请肄简谅。十有三年，学乐，诵诗，舞勺（龠）。成童，舞象、学射御。"十三岁的"学乐诵诗"与十五岁的"成童"

之后的"舞象、学射御",仍旧处于初习礼乐、粗知技能的阶段,还没有达到孔子所说的"十有五而志于学"的地步。我体会,"十有五而志于学"中的"学",乃孔子心目中的"成圣成贤"之学,也就是说,孔子在十五岁所立志学习的,乃"大学之道""圣贤之道",而非普通意义上的对"书计射御礼乐"的技术性的学习与操练,因为这些外在的技术层面的训练,谈不上"志",即里面尚未萌发一个人主体性的自觉。孔子所矢志追求的,是对自我生命有所造就与锤炼的"大学",所谓"大学之道,在明明德,在亲民,在止于至善"的"身心性命之学"。《白虎通·辟雍》说的有以近之:"古者所以年十五入大学,何?以为八岁毁齿,始有识知,入学,学书计。七八十五,阴阳备,故十五成童志明,入大学,学经术。""成童志明"四个字,与"十有五而志于学",有相互映照之旨。"小学"与"大学"的区别,在于这个"志"字,"小学"乃属志未明的童蒙时期,是混沌未开,主体性尚在沉睡的时代;而"大学"是独立的主体意志开始觉醒的时代,此时那个具有价值认知能力与判断能力的"自我"开始显露出来,从而与那个混沌而真纯的"本我"区分开来。孔子"十有五而志于学",乃心期大道,追寻成圣之道,是期望"见大节焉,践大义焉"(《尚书大传》),可见孔子自少年时代便立意高远,境界格局很是超群拔俗。

然而,只有到了"三十而立",一个人才有了真正的生命自立与生命自觉。这个"立",不仅是普通意义上的立家室与立业,而是立身、立心、立命。古人二十而弱冠,要行加冠礼,表示成年之意。三十而有室,可以有家室,此所谓立室立家。然而孔子此处说"三十而立",是生命主体的确立,是自我道德人格的奠基。人到了三十岁,经过了少年时的熟习礼乐,经过弱冠之年的感悟成长,此时的生命,已彰显出笃定清晰的自我意象,他坚定、刚毅、饱满、精进,充满自我肯定的豪迈和自信。然而,"三十而立"时代的自立与自觉,尽管笃定豪迈,却仍然带有巨大的不确定性,他的面前,仍然会有巨大的挑战、致命的诱惑和不期而遇的打击。他虽然已然"立"在这世界上，但这个"立"仍旧不稳定的，也就是说，此时的生命人格结构尚面临考验。

"四十而不惑"则标志着一个人的生命人格达到了一种成熟稳健的状态。在这个阶段，一个人才有了高度的生命自觉，他不会被外界的复杂环境所干扰，不会被各种诱惑所迷乱。他达到了孟子所说的"富贵不能淫，贫贱不能移，威武不能屈"的境界，什么力量也左右不了他，改变不了他的独立意志，动摇不了他对自己的清晰的生命定位。公孙丑问孟子，如果任命先生为齐国的卿相，你就可以施展你的抱负，"得行道焉"，"虽由此霸王，不异矣"，那么你"动心否"？孟子非常坚定明确地回答公孙丑："我四十不动心。"孟子的笃定，对自我的坚守，对信念的矢志不渝的遵循，都表明一个四十岁阶段的人内心深处一种强大的自我肯定。他不会轻易被扰乱，不会被外界的压力、诱惑或内心的贪欲所惑。一个人能在巨大的压力、诱惑面前泰然自若、不变初衷，才是大智慧、大勇敢。以往的注释者把"四十而不惑"与"知者不惑"联系起来，认为孔子四十而达到智者的境界。然而我认为，"智者"并不能完全概括"不惑"的境界。孔子所说"四十而不惑"，不仅体现了一种洞察人生的智慧，不再迷惘，不再茫然；而且更体现出一种内心的大勇，无所扰其意，无所动其心，无所撼其志。不受人惑，不受利诱，不屈服于外在的一切压力，只顺从内心的召唤，这需要极大的勇气，需要极强大的意志力，非大智大勇者不办。此时一个人内心的坚守与意志使其生命人格更加坚实，他心无旁骛，心无杂念，"举世而誉之而不加劝，举世而非之而不加沮"，毁誉得失皆置之度外，任何事都不能摇动他，惑乱他。

"五十而知天命。"到了"知天命"之年，一个人不仅达到了内心的生命自觉，而且深刻地领悟来自"天命"的感召。孔子对于超越世俗世界的带有人格意志的"神"或"上帝"很少系统地论及，他刻意避免谈"神"，"敬鬼神而远之"，显示了儒家重视人事、崇尚人自身积极的自我道德锤炼的生命哲学，也充分反映出儒家笃实、平实的行为风范。儒家既不像中国的道家哲学醉心于"道"的形而上的玄妙的求索，也不像西方的宗教哲学那样将人格化的"上帝"置于人类的道德践履之上。儒家更加质实，更加注重人的主体性的发挥。此处孔子讲"知天命"，并不意味着孔子将自我内心的感悟"神秘化"，这个"知天命"与西方宗教中讲的"天启式"的神秘体验完全不相干。"知天命"，并不是知晓自己终极的"宿命"，"宿命"带有消极的、被动接受的意味。"知天命"乃洞察来自（非人格化的）上天的感召，深刻明了自我人生的使命，这个使命虽带有庄严的形而上意味，但并不神秘。孟子说："天将降大任于斯人也。"就是指的"天命"，是"天"赋予的使命，这里面不带有宗教性，而是一个人内心受到庄严感召的表达。这就是一种"使命感"，而不是"宿命感"。孔子虽然"罕言命"，尽管在他的哲学中理性地抛弃了神秘主义，但是当他说自己"五十而知天命"之时候，仍然怀着极其庄严、极其郑重的宗教感，此时内心对自我道德人格的肯定与更高的来自超世俗力量的感召呼应起来，个人的生命感与承启天命的使命感联结起来。这是一个极其重要的心理体验，是"成圣"的心理前提。仅仅把眼光局限在生命人格的自我肯定还是不够的。更高境界的"成人之道"必须经由这样一个与"天命"深刻沟通的路径，如此一个人才可以从自我的道德感知中解脱出来，听到更高的召唤，洞察并担负更庄严的使命。有了这样的心理体验，一个人才可以更加坚毅，勇猛精进，无所畏惧。当孔子困于陈蔡，仍抚弦而歌的时候，就是怀着这样一种"知天命"的使命感，他是担负上天赋予的使命而来，尘世的艰辛与苦难对于他而言就变得微不足道。

"六十而耳顺。"当一个人怀着坚定清晰的使命感与生命感，得失毁誉不能扰动其心，并将内在的精神锤炼与更高的感召联结在一起的时候，他就完全可以做到"耳顺"了。他可以听得进任何逆耳之言,他以一种欣赏的心情倾听和接纳这个世界,可是这个世界却难以改变他。他不去与这个世界对抗,而是选择与这个尘俗之世和谐共存,他理解、宽容并接纳这个现存世界的秩序。儒家从来不回避这个世界,孔子在他六十岁的时候似乎在积极的入世和内心的宁静疏离之间找到了一种完美的均衡。宋儒程颢有诗曰:"万物静观皆自得,四时佳兴与人同。"说的就是这种摆脱了内心冲突的宁静而和谐的从容境界吧。"耳顺"的境界,就是这样一种从容不迫、悠然自得、入世而又保持恰当的疏离感的状态。朱熹在解释"耳顺"时说:"声入心通,无所违逆,知之至,不思而得也。"解得很有味。一个老人,到了六十岁的年纪,一切冲突、矛盾、挣扎、奋斗、争议、纠纷,都在这个阶段消解了,他微笑着,带着极大的宽宏与慈爱观照这个复杂的世界,这个尘俗世界虽然并不完美,然而这个尘世所给予他的锤炼、击打与考验,此时都已成为他内心成就的历史纪念,他不排斥、不摒弃、不回避,但也不眷念,"去留无意,看庭前花开花落",这就是"耳顺"的状态。

"七十而从心所欲,不逾矩。"这是孔子所描述和体验的生命的最高境界。他自言到了七十岁,行动完全遵从内心的意愿,行随心动,随心所欲,达到了一种身心自由之境;此时外在的礼义秩序与他牢固建立的内心道德人格完全融洽、完全契合,他虽然一切行动皆从心所欲,但是却从来不会逾越礼义秩序。到了这个境界,一个人真正达到圣者的解脱状态,他因完全顺从内心的召唤而自由,外在的一切礼义都不是羁束,不是捆绑,不是强制,而是内化为他的道德人格;外在的礼义规矩不是阻碍了他的身心自由,而恰恰是帮助他,促使他臻至这种自由状态。如同一个中国人学习写格律诗的修炼过程一样,初级的写作者亦步亦趋地模仿格律,严格而拘谨地遵守格律,他时刻记诵学习前代优秀诗人的优美格律诗,但是此时格律对于他澎湃的诗情而言,对于他对词句的把握推敲能力而言,还仅仅是一个巨大的束缚，还仍然是一个外在的规矩的制约。但是到了写格律诗的最高境界，格律不仅不是诗人作为优秀的文字舞蹈家手脚上的枷锁与铁链，反而成为诗人写出更优美诗篇的助益，他熟练地驾驭格律，使外在格律要求深深地融化到他内心的诗歌灵感之中，并使他喷涌的诗歌灵感找到一种最合适、最完美的、最和谐的表达形式。作为一个一生追寻"成人之学""成圣之道"的人，孔子在他生命的最后阶段，也是最高的阶段，体会到这种达到道德的自由王国与必然王国的状态，如鸢飞鱼跃，海阔天空，自在超越，无所羁束。这是最高的心灵和谐，也是最高的快乐。这种最高的心灵和谐与快乐，蕴含着无比的丰富性、极其漫长的心灵磨难与自我修炼，也蕴含着极其痛苦的内心与外界的抗争与适应。到了这个境界，一切皆归于平淡，归于和谐，这个圣者的心灵，一片澄明静穆，而又如此灵动而富有生机，如同一条大河最终融入辽阔而蔚蓝的海洋之中，辽远、平和、包容、静美，而又生动、愉悦、澄澈、厚重。

九　无违色难

2.5　孟懿子问孝。子曰:"无违。"

樊迟御,子告之曰:"孟孙问孝于我,我对曰无违。"樊迟曰:"何谓也?"子曰:"生,事之以礼;死,葬之以礼,祭之以礼。"

[释义]孟懿子问孔子什么是孝道。孔子说:"不要违背礼节。"又有一次,樊迟为孔子驾车,孔子告诉樊迟说:"孟孙向我询问孝道,我对他说:'不要违背礼节。'"樊迟问:"什么意思?"孔子说:"所谓不要违背礼节,就是在父母健在的时候,按照礼节来侍奉他们;父母死后,按礼节埋葬他们,并按礼节祭祀他们。"

2.6　孟武伯问孝。子曰:"父母,唯其疾之忧。"

[释义]孟武伯问孔子什么是孝道。孔子说:"做儿子的唯一应该忧虑的是父母的疾病。"

2.7　子游问孝。子曰:"今之孝者,是谓能养。至于犬马,皆能有养。不敬,何以别乎?"

[释义]子游向孔子请教孝道。孔子说:"今天所谓孝道,是说子女能够养活父母。至于狗马,都能得到饲养;如果我们不对父母心存敬重,那么我们奉养父母与饲养狗马有何区别呢?"

2.8 子夏问孝。子曰:"色难。有事,弟子服其劳;有酒食,先生馔,曾是以为孝乎?"

[释义]子夏问孔子什么是孝道。孔子说:"在父母面前能容色和悦,是很难的。有事,年轻人承担劳苦;有酒饭,年长者先吃,仅仅做到这些竟也能被称为孝吗?"

孝道是儒家礼义秩序之根基,也是维系乡土社会稳定和谐的最重要因素。《论语》里面讲孝道极多。孔子讲孝道,往往把作为礼义秩序的道德规范与一个人对父母亲情的内心自觉结合起来讲,很少单方面强调礼义秩序。后来中国传统孝道中宣扬的《二十四孝》,往往极重礼义秩序与人伦规范,但是对于孝道的内心自觉反而忽视了,甚至编出一些与人类情感相违背的荒诞故事来强调形式上的"孝",如"郭巨埋儿"之类,令人匪夷所思,亦难以模仿,反而丧失了人伦教化的意义。当代中国社会对传统孝道的重新检视与反思,就是要挖掘孝道当中真正发自人类情感的有价值的道德资源,而摒弃那些仅在形式上宣传孝道但实质上却反人伦的部分,使孝道真正回归人类本真的情感,回归孝道的本来意义。

在儒家观念中,"孝道"首先是传统礼义制度的一部分,因而遵从"礼"的规定来显示"孝"的行为,把孝道纳入"礼"的范围中,是孔子一贯强调的观点。"礼"的原则是适度,是中庸,是恰如其分,而"郭巨埋儿"式的愚孝，恰恰是过度，是反中庸，因而，不是真正意义上的"孝"。孔子对答孟懿子的"无违"，并不是强调不违逆父母之命，而是强调不违背"礼"的秩序。在这里，"礼"不仅约束子女，同样也约束父母，以"礼"事父母则为孝，不以"礼"事父母则为不孝。对于僭越"礼"的规定的过分的"孝"的行为，儒家是明确反对的。孔子说："生，事之以礼；死，葬之以礼，祭之以礼"，明确表示礼义规范是"孝"的前提。但这个"礼"，是不是仅仅是关于孝的教条与规矩？从儒家的观点来看，当然不是。如果不能调动人类内心深处最本质、最真实的情感，那么关于孝道的任何说教与规矩都是无效的。

因此，孔子特别强调"敬"字。这个"敬"，是为人子者在面对父母（无论是面对生时之父母还是面对已逝之父母记忆）时所具备的内心虔敬、敬顺、亲密、诚挚、郑重的情感。孔子驳斥了仅仅是动物意义上的"养"的概念，认为如果只是以对待动物一样的方式来奉养父母，虽然给他们衣食供养，却缺乏内心的虔敬与爱，这种"养"，根本不是"孝"，与饲养牲畜没有什么区别。奉养父母，不是基于外在的礼义的规定性，不是形式上的足给衣食，而是要"敬"，要使父母感受到一种基于亲情的内心愉悦。如果仅仅是肉体上的奉养，而父母感受不到任何幸福、快乐，"孝"就失去了意义。《礼记·祭统》中说："是故孝子之事亲也，有三道焉：生则养，没则丧，丧毕则祭。养则观其顺也，丧则观其哀也，祭则观其敬而时也。""顺"也是敬。《礼记·祭义》说："君子生则敬养，死则敬享，思终身弗辱也。""敬养"是一个比形式上的"养亲"更高的层次，所以《礼记·祭义》中又说："亨（烹）孰（熟）羶芗，尝而荐之，非孝也，养也。……众之本教曰孝，其行曰养；养可能也，敬为难。"因此，在儒家看来，单纯的"养身""养口"是不够的，要达到"孝"的境界，还要"养志"（《孟子·离娄上》），即由"敬养"而使父母心态愉悦。孟子还说："食而弗爱，豕交之也。爱而不敬，兽畜之也。"而且这种"敬"，不仅是父母生时必有的态度，而且要贯穿一个人生命的始终。《礼记·内则》引曾子语："孝子之养老也，乐其心，不违其志；乐其耳目，安其寝处，以其饮食忠养之，孝子之身终。终身也者，非终父母之身，终其身也。"一个真正孝的人，终其一生都对父母怀有一种虔敬、真挚的情感，老而益殷，至死不渝，这是真正的"孝"。这里面又强调了"乐"。"孝"的目的，是达到"乐"，使父母内心充满和乐幸福之感受，这比给父母好食物大房子更重要。孔子说："色难"，是非常深刻的话，"敬"比"乐"还低了一个层次，只是"敬"，而不能使父母"乐悦"，还不是最佳的孝的状态。《礼记·祭义》中说："孝子之有深爱者，必有和气；有和气者，必有愉色；有愉色者，必有婉容。"《礼记》把这种在父母面前的"悦色婉容"提高到了"成人之道"的高度。《吕氏春秋》说："和颜色，说言语，敬进退，养志之道也"，而"熟五谷，烹六畜；和煎调，养口之道也"，"养口"是低层次的"孝行"，因为此时尚未唤醒一个行孝道的人内心道德自觉，尚未使他把奉养父母的外在义务与责任转化为敬养父母的内在自觉追求；而"养志"之"孝"乃儿女以最本真的深爱的情感，履行自己的道德使命，并将这种道德使命的履行看作自己生命成长与生命完成的一个必不可省的阶梯。所以《礼记·祭义》说，一个人的孝行从本质上来说"非所以事亲也"，而是"成人之道也"，只有以深爱履行了孝道，才算完成了"人之为人"的必要的功课与修行。

十　温故知新

2.9　子曰:"吾与回言终日,不违,如愚。退而省其私,亦足以发,回也不愚。"

[释义]孔子说:"我和颜回整天讲论,他从不提出反对意见,就像愚人一样。然而当他退下堂,我再观察他私下里的言行,感觉他也能够发挥我讲论的道理,可见颜回并不是真愚啊!"

2.10　子曰:"视其所以,观其所由,察其所安,人焉廋哉?人焉廋哉?"

[释义]孔子说:"看一个人做事所用的方法,观察他行事所经由的路径,考察他所愿意做、乐于做的事,那么这个人的品性如何能隐藏呢?隐藏得了吗?"

2.11　子曰:"温故而知新,可以为师矣。"

[释义]孔子说:"温习旧的知识传统,从而洞察启发新的思想与感悟,这样的人可以做老师了。"

2.12 子曰:"君子不器。"

[释义]孔子说:"君子(要博学多能),不要像一件器皿一样,(只限于一种用途)。"

2.13 子贡问君子。子曰:"先行其言,而后从之。"

[释义]子贡问孔子如何做一个君子。孔子说:"在言说之前,先践行你的言说,然后再把它说出来。"

读《论语》,令人激赏之处往往是孔子对其弟子简洁而精彩的点评。孔子的弟子性格各异,颜回之敦厚持重,子路之直率勇猛,子贡之睿智多才,都各具特色,各有长处。孔子深刻地洞察每一个弟子的情趣、性格、禀赋、才干,对每一个弟子性格中所反映出来的人性的弱点与光芒都了如指掌。可以说,孔子阅人无数,是洞察人性的大师,是深谙识人之术的大师。读《论语》,于识人之术不可不察,要学习孔子于细微之处洞察人性的本事。古人所谓"世事洞明皆学问,人情练达即文章",你要"世事洞明,人情练达",就要深刻地领悟人性,阅人识人。

颜回是孔子最得意的弟子,道德高尚,志操高洁,不随流俗,虽壮年早逝,却对后世读书人有极深远的影响。孔子观察颜回,总是那样木讷厚重的样子,寡言少语,从不轻易提出对老师的质疑或反对意见,好像很愚笨的样子。可是当孔子更深地观察颜回,却发现颜回的语默动静皆能继承并发挥老师的学问,深得圣学之精髓。他对老师的教导默识于心,形之于践履,于生命上起变化,而非停留于表面的言语讲论。颜回"刚毅木讷",在孔子看来,才是真正的仁人君子的表现,因此说"刚、毅、木、讷,近仁"（13.27）。颜回厚重而敦穆，从不浮躁、多言、好辩，颇合孔子"君子不重则不威，学则不固"（1.8）的告诫。颜回把聪明睿智以及对老师所教导的生命真理的感悟深体于心，他大智若愚，大巧若拙，博大深远，达到了道德修养的极高境界。颜回字子渊，这个"渊"字，实在是颜回性格的最好写照。渊者，深远也，深藏也，渊深而不浅薄，善积蓄而不轻易显露，这是中国儒家与道家都极为推崇的品格（老子亦言"心善渊"）。

因此，孔子识人，不看表面，而是洞察其本质。他深刻洞察人性，于语默动静的细微之处来评判一个人，使任何人在他面前都无所遁其形。"视其所以，观其所由，察其所安，人焉廋哉，人焉廋哉？"这句话反映出孔子对自己阅人识人之能力的高度自信。"视其所以"，就是看他做事所用的方式，也就是他的行事风格。有的人行事光明正大，磊落直率，有的人行事善用阴谋，狡诈虚伪，阳奉阴违，表里不一，就像孔子批评的"乡愿"之人（17.13）。对第一类人可以坦诚相待，无话不谈，甚至成为终生挚交，对于第二类人则要小心提防，因其人格扭曲，心灵险恶善变。有的人行事风格原则性强，刚正无私，大刀阔斧，有阳刚之气，而有的人行事风格偏于柔性，迂曲柔和，和风细雨，中规中矩，不越雷池，这两种人皆有可取之处，可委以不同的任务，放在不同的位置上。孔子所说的"狂者进取，狷者有所不为也"（13.21）。人做事风格不同，要知人识人，就要从他的行事作风洞察他的人格、人品。

所谓"观其所由"，就是仔细观察一个人所由行之路径，即平常所谓"取径"者也。人为了达到一目的，会采取不同的路径，而人之"取径"之异，正可以深刻反映一个人的内心品质与生命姿态。遇到患难灾厄，有的人取一种昂扬进取之姿态，愈挫愈奋，在人生的灾难面前不屈服，不丧失节操，不失去信心，此所谓"临难不苟"者也。而有的人在生命的挫折与苦难面前，自弃自艾，沦落失意，甚至纵容自己的堕落，抛弃自己的道德操守，使自己的人格与生命陷于万劫不复之境地。前者的"取径"是一种大丈夫人格的表现，在穷厄之中坚持操守，所谓"贫贱不能移"者也（《孟子·滕文公下》），也就是孔子褒扬颜回时所说的"人不堪其忧，回也不改其乐"（6.11）的人格境界，后者乃小人之人格表现，因此孔子说："君子固穷，小人穷斯滥矣。"（15.2）

所谓"察其所安"，是深刻洞察一个人所愿乐之事，所安心而为之事。"安"，有两层意蕴。"安"者，"静"也，"止"也。一个人在一件事上若能静憩他的身心，能使他的灵魂"止息"，不再猛躁、不再飘摇，那么这件事便可以做他的终生事业。"安"的另一层意蕴是"安放"，"安"者，"放"也，即栖居也。海德格尔说"人诗意地栖居"，就是要寻得心灵的最终的"安顿"。孔子"察其所安"，就是要看一个人"安于何处"，"愿乐何事"。有的人乐于隐栖山林，在隐居中求得心灵之畅适自由，求得生命之解脱；有的人则乐于积极的入世有为，在入世的浮沉中修为自己的道德人格，出世与入世的选择不同，但皆可安身立命，安顿自己的身心。

阅人、知人、识人，乃大学问，观人之道，关乎生命之成败，不可不学也。孟子曾说，看人要看人的眸子，"眸子不能掩其恶"（《孟子·离娄上》），可以从眼神洞察一个人的内心世界。古人曾讲到"观诚之道"："富贵者观其有礼施，贫贱者观其有德守；嬖宠者观其不骄奢，隐约者观其不慑惧。其少者，观其恭敬好学而能悌；其壮者，观其廉洁务行而胜私；其老者，观其思慎，强其所不足而不逾。父子之间，观其慈孝；兄弟之间，观其和友；君臣之间，观其忠惠；乡党之间，观其信诚。省其居处，观其义方；省其丧哀，观其贞良；省其出入，观其交友；省其交友，观其任廉。设之以谋以观其智，示之以难以观其勇，烦之以事以观其治，临之以利以观其不贪；滥之以乐以观其不荒。喜之以观其轻，怒之以观其重，醉之酒以观其恭，从之色以观其常，远之以观其不二，昵之以观其不狎。复征其言以观其精,曲省其行以观其备。此之谓观诚。"(《逸周书·官人》)此"观诚之道",在于从各种试炼、各种境遇、各种挑战中来洞察一个人的言行品格,观人的大智慧不仅是知人、识人,而更是自知、自识,乃自我人格修养的另一面。

2.11讲到"温故知新",也就是"告诸往而知来者"(1.15)。"知新"的前提是"温故",是深入地探求、熟谙旧有的文化传统,对自己的文化传统保持一种温情与敬意。孔子对文化传统持一种崇高的敬畏与同情态度,他赞美他心目中的伟大的传统:"郁郁乎文哉!吾从周"(3.14),他赞美对于伟大先贤传统的继承而非割裂的态度,他强调"温故",但并不是泥古不化也不是因循守旧,而是在"温故"的同时做到"知新"。"新"采自"故",但"新"不是对"故"的复制,而是对"故"的超越与扬弃。蔡元培先生于20世纪20年代,曾手书"温故知新"四个字,以警示时人。华夏文化传统,一脉相承,生生不息,绵延五千年,亦旧亦新,既充满了活力与调适力,又具备内在的稳定性。"温故"保证了稳定性、连续性、继承性,使古今血脉相连,而不是中断与割裂;"知新"则保证了华夏文化的自我更新、自我扬弃、自我嬗变、自我反省能力。中国的文化,乃四大文明中唯一一个未被中断,五千年持续至今的文化,所谓"周虽旧邦,其命惟新",正是彰显了中国文化的亦旧亦新的特质与历久而弥新的能力。"温故而知新",既不是守旧主义,也不是历史虚无主义,而是传承中有创新,这是对于中国文化传统的正确态度。

十一　学思并进

2.14　子曰:"君子周而不比,小人比而不周。"

[释义]孔子说:"君子用道义来团结人,但并不以私利相勾结;而小人只知以利益关系来拉帮结派,却不会以道义为纽带来达到真正的团结。"

2.15　子曰:"学而不思则罔,思而不学则殆。"

[释义]孔子说:"只学习而不思考,就会感到迷惘;光空想而不学,就会感到疲殆。"

2.16　子曰:"攻乎异端,斯害也已。"

[释义]孔子说:"攻击批驳那些不正确的思想,那么其祸害就可以停止了。"

2.17　子曰:"由!诲女知之乎!知之为知之,不知为不知,是知也。"

[释义] 孔子说:"仲由啊!我告诉你什么是知吧!知道就说知道,不知道就说不知道,这才是真正的知。"

学问的进境有次第。孔子说:"学而不思则罔,思而不学则殆",拈出两个非常关键的范畴,即"学"与"思"。"学"与"思"是追求学问、洞悟人生的互为表里的两个方面。"学"是对先贤的知识积累与知识创造的系统的修习过程,是一个对历史文献与学术传统的接触、感知、熟谙的过程;而"思"则是运用自己的心智,对自己所学的知识进行系统而深刻的反思与检视的过程,是将自我的感悟与先贤所遗留的伟大思想相互对话,从而更加清晰地确立自我主体性的过程。如果说"学"尚是一个对外在的"他者"的知识体系的知晓博览过程,则"思"才是内在的更具主体性的解悟通达的过程,是对自我创造与自我判断与主体意识的觉醒。"学"更多的是"温故"的过程,而"思"更多的是建立在反思探索基础上的"知新"的过程,因此"学而不思则罔,思而不学则殆"与 2.11 所说的"温故而知新"说的是同一理。一个人光学习先贤之伟大知识传统,而不懂得发挥自己的主体创造过程去反思、去探索、去省视,则其收获的学问必是外在的、肤浅的、记诵式的,而非内在的真正的通悟,不是对先贤伟大知识传统的真正的深刻的解悟。这样的"只学不思"的人,学得越多,记诵得越多,虽然在表面上显得更加博学多闻,但是实质上先贤是先贤,圣人是圣人,与他的生命毫不相干,他仍然是一个掉书袋式的"未了汉"。这种"只学不思"的人,即使学富五车,也不过是一个书囊,称不上是一个悟者。佛经读遍几万卷,也不会必然成佛,因为"佛"首先是一个"觉悟"的人,你内心不觉悟,那几万卷佛经只是废纸,一堆概念。只通读四书五经,而没有内心深处对圣

贤之道的解悟，你也不可能成圣成贤，因为真正的成圣成贤是在生命之道上起变化，在自我内心处有通悟。所以孔子讲"温故而知新"，是教我们摒弃记诵之习，而重视主体的通悟达解。杨树达先生在《论语疏证》中说："记问博习，强识之事也；温故知新，通悟之事也。孔子之教，以通悟为上，强识次之。故温故知新可以为师，记问博习无与于师道也。""学而不思则罔"，讲的正是记问之学的深弊。

然而，虽孔子反对"记问之学"，但他所讲的"学"与"思"的关系不仅强调主体的通达解悟，同时也并不偏执地主张"只思不学"的方式，在追求学问的"学思并进"的模式中，孔子主张一种均衡的学问之道。"学"与"思"相互促进，不可偏颇。"只学不思"则流于固循、平庸，这样的人只是成为一个博闻强识的腐儒，而不可能成为一个悟者、智者。"只思不学"则流于狂妄、空想，一个人不从先贤的伟大传统中汲取智慧，没有系统的学养，不下苦功夫进行知识的积累，而陷于空想，则愈空想离真理愈远。须知，"知新"是建立在"温故"的基础之上。孔子说"思而不学则殆"，这里的"殆"，既是指终日只事空想的"疲殆"，也是指由狂妄空想所带的"危殆"，一个陷于狂想而不能扎扎实实地修习先贤之学，不仅是"迷惘受欺"而已，而且是一件极为危险的事，会流于虚诞、荒谬，越是狂想，越是陷于妄谬。《卫灵公篇》中说："吾尝终日不食，终夜不寝，以思，无益，不如学也"，讲的正是"思而不学"之弊。因此追求学问之次第，须是先有"学"，而后有"思"；学中有思，思后再学，学思俱进，才可臻于大成。儒家总是将学思并提，不偏执于一端。《中庸》说："博学之，审问之，慎思之，明辨之，笃行之。""博学"是前提，然而"博学"之后，还要"慎思""明辨""笃行"，这三件事还是"思"的功夫（行动践履也是广义上的自我之"思"的组成部分），是自我感悟、践履得道的过程。《子张篇》说："博学而笃志，切问而近思"，也是同一意蕴。

"攻乎异端,斯害也已",讲的是学问不可偏执。所谓"异端",皆是为学不能得中庸圣道所形成的流弊。"中",就是"不偏";"庸",就是不易,君子学问之最高境界,就是这种"中庸"的状态,中正而不偏执,得天地之大道,而非孔子所抨击的"索隐行怪"(《中庸》)之流。孔子讲"温故知新",但反对"索隐行怪"的"异端",君子亦应中和通达,而不是流于荒疏怪诞。"知之为知之,不知为不知",讲的是对于学问的老实态度。学问不以欺诈得之,而是以真正踏实的探索践履来求得。君子立身亦当如此,"知之为知之,不知为不知","能之曰能之,不能曰不能"(《荀子·子道》),才能在智慧德业上踏实渐进,而不至于陷于虚妄自欺。君子之立身,当求光明磊落,存意精诚,方能在生命上有长进。

十二　庄慎信勇

2.18　子张学干禄。子曰："多闻阙疑，慎言其余，则寡尤；多见阙殆，慎行其余，则寡悔。言寡尤，行寡悔，禄在其中矣。"

[释义] 子张向孔子学求得官俸的方法。孔子说："要多听，对于有疑问的地方，则持保留意见，对于尚有把握的其余部分，则应谨慎地说出来，这样就可以减少失误；要多看，对于有疑问的地方，要持保留态度，对于有把握的其余部分，则谨慎地实践，这样就可以避免悔恨。言语和行动能避免失误悔恨，则官俸自然在里面了。"

2.19　哀公问曰："何为则民服？"孔子对曰："举直错诸枉，则民服；举枉错诸直，则民不服。"

[释义] 鲁哀公问："怎么做才能让老百姓心服呢？"孔子回答说："推举那些正直的人，把他们放于品行邪僻的人之上，这样老百姓就心服；而你如果把品行不端的人推举出来，放在正直的人之上，那么老百姓就不会心服。"

2.20　季康子问："使民敬、忠以劝，如之何？"子曰："临之以庄则敬，孝慈则忠，举善而教不能则劝。"

[释义] 季康子问："要使百姓尊重我们、忠于我们、相互劝勉为善，应该怎样做才能达到这样的目的？"孔子说："你对老百姓的事严肃庄重，则老百姓自然敬重你；你为人孝顺仁慈，则老百姓自然忠心于你；你能推举良善之人，而教导那些才能差的人，那么老百姓自然互相劝勉为善。"

2.21 或谓孔子曰："子奚不为政？"子曰："《书》云：'孝乎惟孝，友于兄弟，施于有政。'是亦为政，奚其为为政？"

[释义] 有人对孔子说："你为什么不从政呢？"孔子说："《尚书》上说：'孝道，唯有遵守孝道，友爱兄弟，并将这种孝悌之情推及于政治'，这也是从政，为什么只有当官才叫从政呢？"

2.22 子曰："人而无信，不知其可也。大车无輗，小车无軏，其何以行之哉？"

[释义] 孔子说："人没有信用，不知道这如何可以。大车没有装横木的輗，小车没有装横木的軏，那么车如何才能走呢？"

2.23 子张问："十世可知也？"子曰："殷因于夏礼，所损益可知也；周因于殷礼，所损益可知也。其或继周者，虽百世可知也。"

[释义] 子张问："未来十代的事情能预先知道吗？"孔子说："殷商继承了夏朝的礼制，它所增减的是可以知道的；周朝继承殷商的礼制，它所增减的，是可以知道的。如果将来的朝代有继承周朝之礼的，即使是今后一百代的礼仪制度，也是可以预知的。"

2.24　子曰:"非其鬼而祭之,谄也。见义不为,无勇也。"

[释义]孔子说:"如果不是你应该祭祀的鬼神而去祭祀,那就是谄媚虚伪。见到正义之事而不去做,这是没有勇气的表现。"

儒家的主体精神是入世而有为,道家的主体精神是出世而无为。孔子在年轻的时候即有远大的政治抱负,奋发有为,在政治上大刀阔斧,颇有政治建树。中年后出走,周游列国,遍干诸侯,虽然没有多少发挥政治才华的实际机会,却在几十年中积累了丰富的政治经验与政治智慧。老子很少讲到具体的政治智慧与从政手段,只是比较形而上地讲到"我无为而民自正","以无事取天下"等治国哲学;可是孔子却不回避谈政治,他所揭示的从政经验富于操作性,充满了世俗的智慧,对我们今天从政、施政、治国都有极高的参考价值。《为政篇》即集中操作为政治国之道,其中主要是五个字:慎、直、庄、信、善。

善政之人必"慎"。中国人讲"慎始",就是在做事情的初期要审慎,有一个好的巩固的奠基,任何事都不要仓促行之。中国人还讲"慎终",任何事往往是"功败于垂成之际",越是到事情要成功之时,越要以全副精神,谨慎为之,务使事情圆满成功,不可在即将成功之际粗心大意。子张问孔子干禄之道,孔子的回答很简单,你能做到"慎",慎言、慎行,"禄"就自然有了,你如果不"慎",有了禄也会失去。"多闻阙疑,慎言其余",要多听周围人的建议与观点,"多闻"才能对事物有全面的判断,才能全面了解他人的立场与倾向,如此才能最终确定自己合宜的思想与行动。"多见阙殆,慎行其余",要多观察周围的人和事,在没有系统考察周围的人和事之前,不要轻易下结论,不要过于鲁莽和盲目地做决策,不要贸然采取行动。

孔子赞赏的是那种"多谋善断"之人，而反对那种莽撞行事、凭一时冲动做决策的人，反对"暴虎冯河"（7.11）的冒冒失失的人。一个人从政而不能谨言慎行，则祸患至矣。

善政之人必能"举直错诸枉"，也就是要任用忠直之人，而摒弃道德低劣、品性邪曲之人。"直"是忠诚、正直的贤能之人，一个治国领袖（乃至于任何团队的领导者）如果身边能凝聚一批忠诚、正直之贤士，则其国必安，其民必服。领袖能任贤举直，就给国民一个积极的信号，使民众亦追求、效仿贤能正直之士，从而扭转人心，敦化民风，使整个国家有好的风气。一个大学、一个企业，亦是如此。团队领袖身边如果聚集的都是鸡鸣狗盗之徒，都是令人唾弃的奸佞邪恶之辈，那么领袖的威望必然下降，真正的贤能正直之士必然远避之，他所带领的团队必丧失凝聚力。

善政之人必心存"庄敬"。"庄敬"，就是庄重、庄严、虔敬、肃穆，不轻佻，不轻浮，不放纵，不怠慢。治国者要得到民众的敬仰，要使民众忠诚待之，必须首先以庄敬的姿态对待人民。领导者外貌不庄严、行动不持重、言语轻慢放肆，则属下必生慢易之心，久之则失去对领导者的尊重。领袖可以平易近人，但绝不可轻佻狎匿。《礼记·祭义》说："致礼以治躬则庄敬，庄敬则严威。……外貌斯须不庄不敬，而慢易之心入之矣。……乐极和，礼极顺，内和而外顺，则民瞻其颜色而不与争也，望其容貌而众不生慢易焉。"领袖应有清晰的角色感，因为他处于领袖的位置，被领导者对领袖自然会产生一种基于角色的期待，他们既期待一个仁慈而和蔼的领袖，但是同时又期待一个庄重威严、有长者风范的领袖。因此领袖必须对自己的社会角色有深刻的自我认知，从而对自己的言语行动加以约束，达到慈蔼与威严的均衡。孔子讲过："近之则不孙（逊），远之则怨。"（17.25）因此，领袖的行为艺术就是要把握一个合适的、恰到好处的"度"，言行庄敬而仁爱，既使民众归服喜悦，又使民众敬重崇仰。有些领袖过于轻浮好动,不够持重庄严,则百姓就易生侮慢之心,此为从政者之大忌。

善政者必信。孔子讲"四教",即"文、行、忠、信"(7.25)。又讲"民无信不立"(12.7)。儒家讲"仁义礼智信",其中的"信",不仅是对被统治者的"信",也是指治国者的"信"。民众讲"信",则人与人之间相互信任,从而达到社会之和谐,因此《礼记·礼运》说:"大道之行也,天下为公,选贤与能,讲信修睦。"讲信用,守信用,诚实不欺,心存诚敬,这是一个人的生命之基,也是圣道之本也。孔子说:"人而无信,不知其可",认为"信"是一个人在社会上得以立足的根本。"信"就是"言必行,行必果"。《韩非子》讲到曾子宰猪的故事:"曾子之妻之市,其子随之而泣。其母曰'女(汝)还,顾反,为女杀彘。'适市来,曾子欲捕彘杀之,妻止之曰:'特与婴儿戏耳。'曾子曰:'婴儿非与戏也。婴儿非有知也,待父母而学者也,听父母之教。今子欺之,是教子欺也。父欺子,而不信其母,非以成教也。'遂烹彘也。"《韩诗外传》也讲到类似的"孟母买肉"的故事,强调的都是教导儿童守信,此乃中国儒家传统中"成人之教"的核心部分。民众守信,则社会和谐;领袖守信,则百姓宾服。

善政者必"勇"。"勇"不是"暴虎冯河"式的盲目的"勇",而是建立在内心对正义的追求与自觉基础上的真正的勇敢。在一般人的心目中,孔子的样貌谦恭、柔顺,我们现在所看到的相传是吴道子所作的《孔子行教图》以及汉画像砖中的孔子像,均是两手置于胸前,身躯微前倾,显示出孔子的恭谨庄敬之貌。因此,一般以为孔子循规蹈矩,恭顺儒雅,甚至有些人会认为儒者都是那种老实顺服以至于怯懦的形象,实则大谬不然也。真正的孔子的精神,是勇毅而敢于担当的,他欣赏的亦是一种大丈夫的勇于承担的豪气,是"虽千万人吾往矣"的英雄气象,是"当仁不让"(15.36)的道德担当。孔子说"勇者不惧"(9.29),但是孔子所强调的"勇",是面对正义的勇敢行为,而不是不顾道德正义的"愚勇"。《阳货篇》讲到子路与孔子关于"勇"的一段对话。子路以好勇而著称,性格鲁莽直率。子路问:"君子尚勇乎?"看来子路是想套取老师的嘉奖。但孔子却不正面肯定"君子尚勇"这个命题,反而更深刻地指出何者为真正的"勇"。孔子说:"君子义以为上。君子有勇而无义为乱,小人有勇而无义为盗。"孔子的回答是很高明的。"勇"并不是一个绝对的圣高无上的道德范畴,"勇"的道德前提是"义",即合宜、正义,是合乎礼义的要求,如果一个贵族(有文化教养的人)有勇而不顾礼义,那么他就会犯上作乱;如果一个老百姓有勇而不顾礼义廉耻,他就有可能成为一个贪暴的强盗。因此君子之"勇",是"见义而勇为",是合乎礼义要求的真正的勇敢,是追求道德人格的内在的大勇,而不是摒弃礼义的作乱为盗的小人之勇。《礼记·聘义》说:"故所贵于勇敢者,贵其敢行礼义也。故勇敢强有力者,天下无事,则用之于礼义;天下有事,则用之于战胜。用之于战胜则无敌,用之于礼义则顺治。外无敌,内顺治,此之谓盛德。故圣王之贵勇敢强有力如此也。"勇敢,是践行道德人格的勇气。孟子说"杀身成仁",此乃大丈夫之勇也。

八佾篇第三

十三　绘事后素

3.1　孔子谓季氏:"八佾舞于庭,是可忍也,孰不可忍也?"

[释义]孔子议论季氏时说:"季氏用天子才能使用的六十四人舞蹈奏乐,如果这样的僭越礼制的行为都可以容忍,那么还有什么事不可以容忍呢?"

3.2　三家者以《雍》彻。子曰:"'相维辟公,天子穆穆。'奚取于三家之堂?"

[释义]仲孙、叔孙、季孙三家,祭祀结束时唱《雍》诗来撤掉祭品。孔子说:"《雍》诗里说:'诸侯在那里助祭,而天子庄严地在那里主祭。'这样的祭礼怎么能出现在这三家诸侯的堂上呢?"

3.3　子曰:"人而不仁,如礼何?人而不仁,如乐何?"

[释义]孔子说:"一个人如果没有仁,那么光有礼有什么用?一个人如果没有仁,光有乐有什么用?"

3.4　林放问礼之本。子曰:"大哉问!礼,与其奢也,宁俭;丧,与其易也，宁戚。"

[释义]林放问孔子何为礼的根本。孔子说："这个问题意义重大！礼，与其外表奢华而没有实质，不如俭朴，而有礼的本质；举办丧礼时，与其礼仪周到，还不如内心有悲伤之情。"

3.5　子曰："夷狄之有君，不如诸夏之亡也。"

[释义]孔子说："有些夷狄之国还有贤明之君，不像有些中原诸国却没有贤君。"

3.6　季氏旅于泰山。子谓冉有曰："女弗能救与？"对曰："不能。"子曰："呜呼！曾谓泰山不如林放乎？"

[释义]季氏到泰山去祭祀。孔子对冉有说："你难道不能挽救这件事吗？"冉有回答说："不能。"孔子说："唉！难道说泰山之神还不如林放懂礼义吗？"

3.7　子曰："君子无所争。必也射乎！揖让而升下而饮。其争也君子。"

[释义]孔子说："君子没有什么争的。如果要说有争的话，那一定是竞争射箭了！两个人互相作揖谦让，进入大堂；比赛完后走出大堂，一起饮酒。这样的争，是君子之争。"

3.8　子夏问曰："'巧笑倩兮，美目盼兮，素以为绚兮'，何谓也？"子曰："绘事后素。"曰："礼后乎？"子曰："起予者商也！始可与言《诗》已矣。"

[释义]子夏问："'有酒窝的笑脸多美啊，漂亮的眼睛顾盼多媚

呀，素白的底子上画得多绚烂呀！'这是什么意思？"孔子说："要先有素白的底色，然后才可以去描绘。"子夏说："这话是不是说先有仁义之心而后有礼仪制度呢"？孔子说："能启发我的还是卜商呀！从现在开始可以同你讨论《诗经》了。"

3.9　子曰："夏礼吾能言之，杞不足征也；殷礼吾能言之，宋不足征也。文献不足故也。足则吾能征之矣。"

[释义]孔子说："夏代的礼制，我能讲得清，然而其后代杞国则不足以引证；殷代的礼制，我能讲得清，然而其后宋国则不足以引证。主要是文献不够的缘故。如果文献充足的话，我就可以引证了。"

孔子和老子所处的时代是一个礼崩乐坏的时代，传统的礼乐秩序被僭越、被抛弃，社会结构崩塌混乱，道德伦理沦丧失序。面对这样的道德乱世，社会上有道德感的知识分子纷纷出来呼吁抗争，希望这个社会恢复已有的秩序与安宁。孔子慨叹"泰山其颓乎，梁木其坏乎，哲人其萎乎"（《礼记·檀弓上》），在礼崩乐坏的大变革时代面前，他感到忧心忡忡。老子亦深感"大道废"的时代道德沦丧之危机，呼吁这个社会要重新回到纯真简朴的时代，要"复归于婴儿"（《道德经》二十八章）。可以说，无论孔子还是老子，他们在这大变革的时代面前，都是清醒的，都能够洞察他们所处时代的遭遇与挑战。但是他们应对的方式不同。这反映了道家哲学与儒家哲学处世方式的差异。道家因看破世事而洒脱出尘，与世无争。儒家则因看透世事而慨然担当，奋起疗救。道家的精神是超脱，故富于超越性；而

儒家的精神是担当，故富于悲剧性。

孔子面对礼崩乐坏的局面，心情是沉痛的，反应是激烈的。在《论语》中，多处记载孔子对那些僭越礼制的行为进行极其坦率的评论，时而猛烈地抨击，时而大声地斥责，时而痛心疾首地慨叹，时而无可奈何地感喟。他看到季氏僭用天子的八佾乐舞仪式，激愤地说："是可忍也，孰不可忍也？"他看到仲孙、叔孙、季孙三家僭用天子的歌《雍》而撤祭之仪，尖锐地反问："它们怎么能出现在三家的厅堂之上？"他看到鲁国君僭用禘礼，极其失望地说："我实在看不下去了（吾不欲观之矣）"；他看到季氏僭用天子礼仪去祭泰山，作为季氏宰臣的冉有又不能阻止，因此长吁短叹，甚至说出"难道泰山之神还不如我的学生懂礼吗"这样的激愤之语。孔子在修身上提倡"温良恭俭让"，注重谨言而慎行，但是从以上这些极其激烈的言辞来看，他对礼崩乐坏的现实的批判是痛彻和不留情面的，这反映了他内在的刚直不阿的性格和他企图救世疗世的勇毅精神。从超越的历史观点来看，孔子对道德秩序的坚守和对逾越伦理之行为的抗争精神，都反映出儒家积极入世、"知其不可而为之"的品质。

然而，我们不要将孔子误解为一个顽固倒退的文化保守主义者。孔子所极力坚守并全心维护的，并不是表面上的礼法制度，而是要坚守作为一个人所必备的内心的仁慈、正义、俭朴与纯真。在他看来，礼法制度是外在的东西，而仁心是内在的东西；礼法制度只是"仁心"的外化而已，只是维持呵护"仁心"的外在手段而已。如果我们不去追求人类心灵本身内在的道德自觉，不去构建人类内在的本真的仁义与真诚，而反过来舍本逐末地追求外在的完美的礼仪制度，那么，无论这些礼仪制度多么华丽，多么繁缛，多么完备，也是于世无补的，这些虚假的礼仪制度挽救不了人心的堕落，挽救不了这个礼崩乐坏的世界。可以说，在这一点上，孔子是极为深刻的，他抓住了"人心"这个根本。所以当林放问"礼之本"的时候，孔子说:"你弄那么多奢华的礼仪有什么用,还不如朴朴素素但内心却充满仁爱;你办丧事搞那么多繁文缛节有什么用?还不如仪式简简单单,而内心充满对逝者的悲哀思念之情。"他对虚浮的、表面的、铺张奢华的"假礼制"深恶痛绝,而希望人们在内心深处葆有一颗真心,这才是真正的礼制的精髓。从这个角度来说,孔子的学说与老子的"返璞归真"实有异曲同工之妙。孔子说:"人要是丧失内心的真正的仁慈之心,那么外在的礼乐制度有什么用处呢?"("人而不仁,如礼何?人而不仁,如乐何?"[3.3])

因此,在孔子看来,应当是先有仁义之心,再有礼义制度。仁义之心是本,礼乐制度是末。仁义之心是内在的精髓与目的,而礼乐制度是外在的手段与表现。这个理念,非常好地体现在孔子与子夏关于《诗经》的解读的问答之中。子夏问:"'巧笑倩兮,美目盼兮,素以为绚兮',这里面有什么深意?"孔子的回答颇有味道:"绘事后素。"从表面上看,孔子的回答并没有什么精彩之处,不过是说了一个绘画中再平常不过的事实:绘画应该在纯白的底子上来进行。但是子夏却即刻颖悟到老师的回答包含着很深的意蕴。他感悟到,礼乐制度与人心的关系不也跟绘画与素白底子的关系一样吗?布面素白才可以作画,人心纯正无瑕才可以发挥礼制的真正作用。布面脏了,怎么能够绘画呢?人心堕坏了,那么礼制有什么用呢?孔子对子夏大加赞赏,因为子夏窥破了老师内心深处的忧虑和挽救人心的努力,在这一瞬间,师生成了心灵相通的知音。

任何礼法制度,如果没有"人"去切实践行,如果没有"人"以内心的道德自觉去遵循,也是形同虚设的。对父母只是尽礼节之孝,而没有发自内心的深爱,那么这个"孝"礼就虚置了。对兄弟朋友如果只是尽礼节上的尊重,而没有发自内心的友爱,那么这个"悌"的礼也就虚置了。《礼记·礼器》说:"君子曰:甘受和,白受采,忠信之人可以学礼。苟无忠信之人,则礼不虚道;是以得其人之为贵也。""礼不得人",则礼是"虚礼""空礼",甚至沦为"伪礼",足以使世道更加堕落。这也是老子说"大道废,有仁义"的原因,因为这里的"仁义"并不是人的道德自觉,而是表面上的装饰。"礼得其人",就是"绘事后素",这样礼乐制度才会带来社会真正的和谐与秩序。

十四　尽礼从周

3.10　子曰:"禘自既灌而往者,吾不欲观之矣。"

[释义]孔子说:"禘祭自第一次献酒以后的(仪式),我不想再看下去了。"

3.11　或问禘之说。子曰:"不知也。知其说者之于天下也,其如示诸斯乎!"指其掌。

[释义]有人问关于禘祭的说法。孔子说:"我不知道。知道禘祭之理的人,如果治理天下,就好像把东西放在这里一样简单吧。"边说边指自己的手掌。

3.12　祭如在,祭神如神在。子曰:"吾不与祭,如不祭。"

[释义]孔子祭祀祖先的时候,如同祖先在那里一样;祭祀神,就好像神就在那里。孔子说:"我如果决定不去参加祭祀,就不去祭祀,(而绝不请别人代祭)。"

3.13 王孙贾问曰:"与其媚于奥,宁媚于灶,何谓也?"子曰:"不然。获罪于天,无所祷也。"

[释义]王孙贾问道:"与其讨好房子西南角的奥神,不如讨好灶神,这是什么意思?"孔子说:"我不同意。一个人若是得罪上天,祈祷是没有用的。"

3.14 子曰:"周监于二代,郁郁乎文哉!吾从周。"

[释义]孔子说:"周礼继承了夏商之礼,这些礼制度实在是文采斐然而有深意!我愿归依周礼。"

3.15 子入太庙,每事问。或曰:"孰谓鄹人之子知礼乎?入太庙,每事问。"子闻之,曰:"是礼也。"

[释义]孔子进入太庙,每件事的细节都要询问。有人说:"谁说这个鄹人的儿子知道礼?他进了太庙,每件事都要问。"孔子听到这话,说:"(对每个礼仪都谨慎弄明白)这恰恰是礼啊!"

3.16 子曰:"射不主皮,为力不同科,古之道也。"

[释义]孔子说:"比赛射箭,不是看谁能射破靶皮,(而是看谁能射中准靶心),因为人的力气不一样,这是古代的比射之道。"

3.17 子贡欲去告朔之饩羊。子曰:"赐也!尔爱其羊,我爱其礼。"

[释义]子贡想去掉每月初一祭祖庙用活羊的规定。孔子说:"子贡啊,你爱惜那只活羊,我爱惜的却是礼制。"

3.18　子曰："事君尽礼，人以为谄也。"

［释义］孔子说："服务于君王，一定要恪尽礼制，别人却以为这样做是一种谄媚行为。"

3.19　定公问："君使臣，臣事君，如之何？"孔子对曰："君使臣以礼，臣事君以忠。"

［释义］鲁定公问："君王使用臣下，臣下服务于君王，应该怎么做？"孔子回答说："君王使用臣下要依照礼制，臣下服务于君王要秉持忠诚。"

孔子内心深处热切地向往已经慢慢消失的周代的礼乐制度。无疑地，在他的心目中，周礼是一种理想的完美的制度，他把周礼理想化了。这种理想化，当然是他与当时"礼崩乐坏，僭越礼制"的行为"反其道而行之"的表现，也是他因激愤而做出的极具道德担当的举动。当孔子以热烈赞扬、深心服膺的口吻说出"郁郁乎文哉！吾从周"（3.14）的时候，他是冒着极大的政治风险的，他的"吾从周"的宣言，是对当时各诸侯国君王以及臣子僭越礼制行为的批判书，而这些人实际上掌握着巨大的政治权力，足以决定孔子的政治生命、社会声誉以至于肉体生命。如果没有高度清醒的使命自觉、勇毅的道德担当、追求人类幸福梦想的理想主义精神，是不可能做出这样的行为的，从这个意义上说，孔子的道德人格很像那个怀抱理想与整个世界作战的堂·吉诃德。这种弘毅而担当的精神，对中国读书人的影响是极为深远的。

在孔子看来，礼首先意味着一种秩序，是维系天下人心的一套制度安排。他反对僭越礼乐秩序。他批评"管仲之器小哉!"(3.22),是因为管仲在很多地方行为过度,僭越礼制,因此孔子认为他目光不够远大,胸怀不够开阔,是"小器",而非担当重任的"大器"。他赞赏晏子,是因为晏子恪守礼制,自律甚严。他对那些僭越天子礼仪的行为深恶痛绝,有人问他天子禘祭的礼仪,他不做正面回答,说:我哪里知道什么禘祭;知道禘祭的人,如果要治理天下,不是易如反掌吗?在孔子看来,知礼是治理天下的前提。这个观点是发人深省的。即使放在今天,这个观点对于建构一个和谐的世界秩序,也具有极其重要的启发意义。"礼",在今天的天下格局来看,就是世界政治伦理。

孔子还强调"礼从心"。"祭如在,祭神如神在",孔子强调祭祀时心思精诚,祭祖祭神如同祖先神灵就在眼前。这种在祖先神灵面前极其精诚而敬畏的心态,当然不能简单地与西方基督教中的宗教感相类比,但是"祭神如神在",与西方基督教的"神与我同在"的心态有相似之处。在这里,孔子强调的是礼乐制度中的"正心诚意",这不同于宗教感,但却是"礼"的根基。孔子还强调"礼重行"。礼不是用来作摆设的,而是用来践履的,如果你不能践履仁义,不能用自己的道德实践来印证"礼",坚守"礼",那么"礼"就是无用之物。孔子说:"获罪于天,无所祷也",你在道德实践与人格操守上有缺陷,得罪了上天,就是你用再奢华、再周全、再摆谱的仪式去祭神,也是于事无补的。

十五　尽善尽美

3.20　子曰:"《关雎》,乐而不淫,哀而不伤。"

[释义]孔子说:"《诗经》中的《关雎》一诗,快乐而不过度,悲哀而不过于伤痛。"

3.21　哀公问社于宰我。宰我对曰:"夏后氏以松。殷人以柏。周人以栗,曰使民战栗。"子闻之,曰:"成事不说,遂事不谏,既往不咎。"

[释义]鲁哀公问宰我关于社木的事。宰我回答说:"夏代社木用松,殷商用柏,周朝用栗木,意思是使人民战栗。"孔子听说后,说:"已经做成的事不用再讨论了,已造就的后果就不用再挽救了。已经成为过往的事不用再追究了。"

3.22　子曰:"管仲之器小哉!"或曰:"管仲俭乎?"曰:"管氏有三归,官事不摄,焉得俭?""然则管仲知礼乎?"曰:"邦君树塞门,管氏亦树塞门。邦君为两君之好,有反坫,管氏亦有反坫。管氏而知礼,孰不知礼?"

［释义］孔子说："管仲的器量很小啊！"有人说："管仲节俭吗？"孔子说："管仲娶三姓女，收了很多市租，政府人员不兼职，怎么能说是节俭？"有人又问："那么管仲知礼吗？"孔子说："国君在宫殿前立塞门，管仲也在门前立塞门。国君宴请外国君主时设有放酒杯的器具，管仲宴客时也用。管仲要说是懂得礼制的话，那谁还不懂得礼制呢？"

3.23 子语鲁大师乐，曰："乐其可知也：始作，翕如也；从之，纯如也，皦如也，绎如也，以成。"

［释义］孔子与鲁国大师讨论音乐，说："音乐是可以理解的：刚开始的时候，非常热烈高亢；接着，音乐纯正、清晰，绵延柔和，最后结束乐章。"

3.24 仪封人请见。曰："君子之至于斯也，吾未尝不得见也。"从者见之。出曰："二三子何患于丧乎？天下之无道也久矣，天将以夫子为木铎。"

［释义］仪地的守官请求见孔子。他说："君子凡是到我这里的，我从没有不见的。"孔子的随从让孔子接见了他。他出来之后说："你们这些人为什么老忧虑自己的丧失呢？天下无道的时间很久了，上天要把孔夫子当作启发民众的导师。"

3.25 子谓《韶》尽美矣，又尽善也；谓《武》尽美矣，未尽善也。

［释义］孔子在评论《韶》乐时说："已经美到极致，又完善到极致了。"在评论《武》乐时说："已经美到极致了，但是还不够完善。"

3.26　子曰:"居上不宽,为礼不敬,临丧不哀,吾何以观之哉?"

[释义]孔子说:"如果居于上位的人不宽宏,施行礼仪的时候不肃穆诚敬,参加丧礼时心里不悲哀,那么我怎么能看得下去呢?"

"诗"与"乐",在中国文化传统中不可分离,诗歌往往是配着音乐来诵唱的。孔子经常喜爱用《诗经》和音乐来表达他对生命和社会的看法,这是孔子教学法非常有趣的一面。他可能在与学生上课论讲的时候经常诵唱《诗经》,并配以音乐,因此他在读《诗经》和奏音乐的时候常常对学生随时点拨,发挥他对人生、政治的思想观点,每每精彩入胜,使人叹绝。如在《学而篇》中,子贡谈到"如切如磋,如琢如磨",孔子就大为褒扬:"赐也,始可与言《诗》已矣,告诸往而知来者。"在《为政篇》中,孔子说:"《诗》三百,一言以蔽之,曰:'思无邪。'"赞美《诗经》纯正无邪的美感。《八佾篇》中与子夏谈"诗"则讲到"绘事后素"。可是我们要知道,孔子所内心服膺且叹赏的,并不仅仅是《诗经》文字音韵之美与音乐中的优美音调,更是因为《诗经》以及音乐中寄托了他的政治与人生理想,使他与《诗经》及其音乐产生了深度的共鸣,他是借《诗》与音乐来抒他的胸臆。

《述而篇》说:"子在齐闻《韶》,三月不知肉味。"《韶》是一种什么音乐,有如此大的魔力,能使孔子如痴如醉,几达废寝忘食、朝夕难离的地步?《韶》是舜时的音乐,尧舜是孔子心目中古代圣贤的代表,舜时代的礼乐是中国古代音乐的典范。而舜后来将天子之位禅让给了禹,这种禅让于贤者的风范也令孔子向往歆羡。这就是孔子所赞赏与向往的大同之世,是"天下为公,选贤与能、讲信修睦"的至治之世。而禹将天子之位传给自己的儿子启,破坏了中国古代禅让之风,而开"家天下"之风,从此以后开启了中国"天下为家"的时代,此乃"小康之世"。"大同之世"是"人不独亲其亲,不独子其子,使老有所终,壮有所用,幼有所长,矜寡孤独废疾者皆有所养",是"谋闭而不兴,盗窃乱贼而不作,外户而不闭"的升平和谐之世。而"小康之世"则是"大道既隐,天下为家,各亲其亲,各子其子,货力为己,大人世及以为礼,城郭沟池以为固。礼义以为纪,以正君臣,以笃父子,以睦兄弟,以和夫妇,以设制度,以立田里,以贤勇知,以功为己"。在这个"小康之世","谋用是作而兵由此起,禹汤文武成王周公,由此其选也"(以上《礼记·礼运》)。可见,在孔子心目中,舜以及舜之前的上古之世乃"大同之世","天下为公",此时不用什么礼乐制度,但是那种社会自然就是一个完美的社会。自禹之后,人们才开始崇尚礼义,但这个"小康之世"私欲充斥,已不再是一个天然完美而朴质的世界。所以,孔子在评价《韶》乐与《武》乐时,他所持的态度是不一样的,他认为《韶》乐"尽美矣,又尽善也",既在音乐艺术上具备优美悦耳的特质,又在音乐内容上反映了舜时和谐礼让的"天下为公"的社会风俗,符合孔子心目中完美的政治理想,乃人类社会之理想范式。而周朝的《武》乐在孔子看来,尽管在音乐艺术上不乏优美的特质,但是在音乐内容上却不能算是"尽善",因为《武》乐中隐含着一种征伐之气。尽管武王伐纣是正义之战,但是在孔子看来,与舜时的禅让天下不可同日而语。《白虎通·礼乐》说:"合曰大武者,天下始乐周之征伐行武。故诗人歌之曰:'王赫斯怒,爰整其旅。'当此之时,乐文王之怒以定天下,故乐其武也。"孔子评价《韶》与《武》,不是单从音乐的艺术之美这一个维度,而是把音乐的艺术性与政治内容结合起来进行评价,这种艺术标准与艺术观念,深刻地影响了中国人的艺术思想。在中国儒家传统理念中,艺术(文字、美术、音乐、书法等)是形式与内容的统一,学习与传播艺术是为了达到"教化天下"的目的,即"教以人文,化成天下"。那种单纯从形式观点评判艺术的方法,在儒家来看是不可取的。

　　孔子的艺术观与政治观及人生观是一致的。他赞赏诗歌与音乐艺术中所包含的和谐的特质，最高境界的诗歌与音乐定是中庸而和谐的，即儒家所倡导的"中和之美"。在孔子看来，那些不符合"中和"原则的、极端而混乱的艺术形式，足以扰乱人的心灵，于人的精神和谐与道德修养没有任何益处，适足以伤风败俗。他说：《关雎》这首诗，是乐而不过度，哀而不伤痛。欢乐与悲哀都控制在适度的范围内（也就是孔子心目中"礼"的范围内），不纵容自己的情绪与欲望，不使自己的情感宣泄破坏心灵的平衡，此之谓"中和"。达到这种"中和"之境，"天地位焉，万物育焉"（《中庸》），人的精神世界与人格结构也达到极其安定和谐的境界。

　　孔子一生不离音乐，他上课的时候，弟子也在摆弄乐器，所以才有曾点"舍瑟而作"（11.26）的记载。他在极其困顿、极其窘迫、极其危急的时刻也不曾忘记音乐，困于陈蔡之时，他仍"弦歌不辍"（《淮南子·主术》），大难之际，抚琴而歌，显示出孔子临难而从容坦荡的哲人风度。孔子更善于从音乐感悟人生，感悟生命与心灵的成长轨迹。3.23这一段极为精彩："乐其可知也：始作，翕如也；从之，纯如也，皦如也，绎如也，以成。"这难道不是一个人心灵成长史的生动写照吗？"翕如"，乃音乐开启时张扬、热烈而高亢的音调。当人生大幕开启之际，尤其当一个人在少年时期，志向初立，雄心勃勃，英姿焕发，对未来的生命走向充满自信，犹如一只已扬起帆的船，向未来的大海昂然驶去。这个时代，可称为孔子所说的"吾十有五而志于学"的时代，虽志向初定，充满自信与热烈的梦想，但是一个人的生命理念还不是完全清晰，价值观还没有完全坚定与巩固。而接下来的"纯如"的境界，则象征着生命的理念与追求变得纯正而不驳杂，他已经确立了他的生命信仰，并且不再动摇。这大约相当于孔子所说的"三十而立"的阶段。音乐到了"皦如"的时候，变得极为清晰，犹如一个人对自己的生命追求与整个世界看得清清楚楚,他对于自己的使命已然清晰,不再迷惑,不再彷徨,心境廓朗澄澈,这大约相当于孔子所说的"四十而不惑"的境界。而当音乐到了尾声的时候,"绎如也",音乐绵延、悠长、不绝如缕,从容柔和,荡气回肠,这不就是一个人到了老年的从容淡定、万物勘破而内心波澜不惊的境界吗?此时的生命,历经内心的争斗与追寻,饱尝人世的悲欢,到此生命成熟和收获的时日,他在微笑中静赏时日与世界,无所挂念,无所烦扰,生命变得如此沉着、庄穆、柔美而富于韵味!这大致相当于孔子所说的"六十而耳顺,七十而从心所欲,不逾矩"的境界。

  孔子从音乐感悟生命,品味生命的美学,令人神往而赞叹。而到了那个最高境界,个人已然无所谓得失,无所谓名利,无所谓荣辱,我们又"何患于丧乎"?为什么还在歧路上彷徨,在得失上计较,在尘俗中挣扎呢?"天下无道也久"(3.24),而内心充满光明,有了生命中"木铎"的引领,就可以在生命里感悟更多的丰盈与诗意。

里仁篇

第四

十六　仁者安仁

4.1　子曰："里仁为美。择不处仁，焉得知？"

[释义] 孔子说："居处有仁德之人才算是好的。选择居处而没有邻近仁德之人，怎么才能说是明智呢？"

4.2　子曰："不仁者不可以久处约，不可以长处乐。仁者安仁，知者利仁。"

[释义] 孔子说："没有仁德的人，不能够长久忍受俭约的生活，也不能够长久处于安乐的生活。有仁德的人以践行仁德为心安，而有智慧的人从践行仁德中得到利益。"

4.3　子曰："唯仁者能好人，能恶人。"

[释义] 孔子说："只有仁德的人才能够以正确合宜的方法去喜欢一个人，厌恶一个人。"

4.4　子曰："苟志于仁矣，无恶也。"

[释义]孔子说:"如果一个人有志于践行仁德,他就可以避免恶行。"

4.5 子曰:"富与贵,是人之所欲也,不以其道得之,不处也。贫与贱,是人之所恶也,不以其道得之,不去也。君子去仁,恶乎成名?君子无终食之间违仁,造次必于是,颠沛必于是。"

[释义]孔子说:"富贵,这是每个人都向往的,但如果不能以正道获得,我宁可不要;贫贱,这是每个人所厌恶的,如果不能以正道脱离它,我宁可不摆脱贫贱。君子如果离开了仁德,怎样才能成就自己的声名呢?君子不会在两餐饭之间的时间违背仁德,即使是在仓促狼狈的时候也要坚守仁德,在颠沛流离之际也要秉持仁德。"

4.6 子曰:"我未见好仁者、恶不仁者。好仁者,无以尚之;恶不仁者,其为仁矣,不使不仁者加乎其身。有能一日用其力于仁矣乎?我未见力不足者。盖有之矣,我未之见也。"

[释义]孔子说:"我没有见到喜好仁德厌恶不仁的人。那些内心喜好仁德的人,是再好不过了;那些憎恶不仁的人,他们践行仁德,只是不让不仁之人影响到他们自己的行为。世上有哪怕是在一天之内用力践行仁德的人吗?我没有见到能力不足以践行仁德的人。大概世上有这种人吧,我却没有见过。"

4.7 子曰:"人之过也,各于其党。观过,斯知仁矣。"

[释义]孔子说:"人的错误,各类各样都有。仔细考察一个人的过错,也就知道他是否具有仁德了。"

"仁"德是如何产生的？"仁"是每个人内心深处的道德自觉。儒家认为，每个人天生就有"仁"心，所谓有"天命之谓性"。这个"性"，就是人类与生俱来的仁心。而按照这种先天赋予的本性仁心去生活，就能体悟大道，此所谓"率性之谓教"。"率性"就是坦坦荡荡，无忧无虑，无遮无蔽地按照内心仁德的吁求去生活，不被世俗羁绊和沾染。可是这样"率性而为""直道而行"，是需要极大的勇气与胆识的。因为"率"与"直"必然在世俗当中遭遇各种误解、打击、羁束与非议，导致人的心灵势必受到扭曲，先天之仁德必然受到沾染，真正能够"率性而为"从而体察大道的人可谓寥若晨星。也正因为如此，人类才会逐渐忘记初心，忘记那个与生俱来的仁心，丧失了自己原本具备的"天命之性"。人类丧失初心，也就使人类走出了理想的伊甸园，也就是人类已经不能再在那个人人按照"天命之性"来生活的"大同之世"生活了。此时的人类，就需要道德的教化，需要心灵的引导，需要摒除心灵的遮蔽，洗去世俗的沾染，回到自己的初心，返归人类的纯真年代，这就是"修道之谓教"。这个"修"很重要。当仁心丧失，再要捡回来，这个过程实际上是一个极其艰苦、极其漫长的过程，不是像"本来无一物，何处惹尘埃"（惠能）说得那样诗意与轻易，而事实上的过程可能更是"时时勤拂拭，勿使染尘埃"的谨慎而艰辛的自我道德锤炼。

孔子一生特别重视这种渐进的、基于艰辛道德砥砺的"仁心"的塑造，这个过程就是"博学、笃志、切问、近思"的功夫。在孔子看来，修"仁"并不是一个人的能力与禀赋的问题，每个人都有修"仁"与体"仁"的能力，所以孔子说："我未见力不足者。"哪有一个人是因为能力、见识、禀赋、才华不够而不能践"仁"与体"仁"呢？"仁"不过是回归本心，摒除内心的遮蔽而已，因此"践仁""修仁""体仁"对一个人的要求，就不是一个人才能与知识的高度，而是一个人内心深处对"仁心"的强烈而深情的向往，也就是他内在的意愿问题。很显然，孔子对当时的人丧失仁德，而又不愿修习践行仁德的状况，是极为失望的。他颇激愤地揶揄说："吾未见好德如好色者也。"（15.13）也曾极其悲观地下了一个不太"中庸"的结论："我未见好仁者、恶不仁者。"（4.6）他带着失望而焦急的语气反问："有能一日用其力于仁矣乎？"（4.6）我们当然听得出，这是孔子出于内心的激愤而说出的过头话。在孔子看来，仁德是须臾不可离开的东西，它根植于我们的实践，融化并渗透在我们的洒扫应对、日常生活中间。所以一个君子，应该朝于斯，夕于斯，时刻进行道德的自我锤炼，在日常生活的修习反省中使自己的内心更加纯正，并逐步回归那个"天命之性"。所以孔子说："君子去仁，恶乎成名？"这里的"成名"，不是单指成就一个人的世俗荣誉与名望，而更是一个人生命的成长与壮大，是最终达到"成人"的目标：完成作为一个人的使命，并成为一个真正的人。

一个人终生践仁、体仁，当然需要极大的道德担当与勇气。孔子说："君子无终食之间违仁，造次必于是，颠沛必于是。"一个人在风平浪静、顺遂平和的生活状态中，当然是可以以积极的心态去修习德业的，因为此时他的心灵尚未遭遇任何挑战，他的生命也没有碰到任何坎坷甚至危机，也就是说，从严格的意义上来讲，他还没有碰到真正的生命的问题。也正因为如此，一个人在此种顺遂的人生境界中所进行的"仁德"的修习践行，尽管不能说毫无进境与价值，但是可以肯定的是，这样的修习践行是较为肤浅的，因为那些真正深刻而凝重的人生命题还未向他展开。一个人真正理解并践行仁德，恰恰是在遭逢忧患之时，恰恰是在人生低谷之中，一个人没有经受苦难的铁砧的锻炼，而妄称觉悟，是不太可信的。当孔子讲"造次必于是，颠沛必于是"的时候，他是怀着极其勇敢的情感的，你从中可以看到一个光明磊落而有担当的君子的人格,看到一个敢于"直道而行",有浩然之气,能够在任何逼迫、诱惑、苦难面前保持操守的大丈夫人格、英雄人格。

孔子并不完全是一个道德理想主义者。他对人性的理解很深,对现实中人性的境况有极切实的体会与同情。他不会理想主义地、一厢情愿地让所有人达到同样的一个境界。他深刻地懂得,现实中人性复杂,人追寻仁德的层次也有差异,修习仁德的目的也不尽相同。孔子并没有贬低,更没有拒斥那些层次比较低的仁德追随者,也不会对那些带有功利主义目标的修仁者嗤之以鼻。他说:"仁者安仁,知者利仁","安仁"与"利仁"就是两个不同的境界。"安仁"就是安于仁德,以仁德为安,这样的"仁者",只有在践行仁德时才能够心安,他"安身立命"的根本是"仁德",时时念兹在兹,不可须臾离之,忧患中安于仁,苦难中安于仁,"仁"成为他生命中的倚靠与支柱。而"知者利仁"则要低一个层次,这样的"知者"(应该理解为"聪明人"),践行仁德的目的是从仁德的践行中得到利益与好处。初看起来,"知者利仁"的境界是功利主义的,这种境界与"安仁"的境界是有距离的,"利仁"之"知者"还没有达到道德自觉的境界,对于他而言,"仁"还是外在的东西,可以换得世俗社会中的可见利益,而不是内在的道德觉醒。但是孔子并没有简单地贬低拒斥这样的"利仁"之行。功利主义的"利仁",尽管目的并不纯正,但是对于社会仍旧是有益的。这些"知者"遵循人类社会的底线伦理,通过履行仁德,使他在社会中得到良好的声誉,从而使他可以获得令人羡慕的利益。孔子对这种行为是宽容的,甚至是鼓励的。这也可以印证儒家所提出的两个义利观命题之间的区别,一个是"见利思义",另一个是"义以生利"。"义以生利"与"知者利仁"的意蕴是一致的,一个人能够从仁义的践行中获得利益,就能激励更多的人去按照道德礼义的要求去行动,包括社会交往与商业行为。一个企业履行企业社会责任，从而得到更多的社会认同，获得更多的利润，这不就是"知者利仁"与"义以生利"吗？这样的"利仁"之举，有助于人伦教化，使人们远离邪恶与罪孽，远离不符合仁德的行为，这不很好吗？所以孔子说："好仁者，无以尚之；恶不仁者，其为仁矣，不使不仁者加乎其身。"(4.6)"好仁"与"恶不仁"，就是"仁者"与"知者"的区别，就是"安仁"与"利仁"的区别，但"不使不仁者加乎其身"，即可渐次进入一个较高的"仁者"的境界。这就是孔子现实主义的渐进道德观。

十七　士志于道

4.8　子曰:"朝闻道,夕死可矣。"

[释义] 孔子说:"早上听到至道,那么即使当晚死去也可以了。"

4.9　子曰:"士志于道,而耻恶衣恶食者,未足与议也。"

[释义] 孔子说:"一个读书人有志于追求大道,但却以简陋的衣食为耻,这样的人不值得与他们议事。"

4.10　子曰:"君子之于天下也,无适也,无莫也,义之与比。"

[释义] 孔子说:"君子对天下之事,没有什么事是必须做的,也没有什么事是不能做的,只要符合合宜的原则即可。"

4.11　子曰:"君子怀德,小人怀土;君子怀刑,小人怀惠。"

[释义] 孔子说:"君子怀念仁德,小人怀念乡土;君子关注法度,而小人关注小恩小惠。"

4.12　子曰:"放于利而行,多怨。"

[释义]孔子说:"依据利益而行动,必招怨恨。"

4.13　子曰:"能以礼让为国乎,何有?不能以礼让为国,如礼何?"

[释义]孔子说:"能够用礼让来治理国家吗?这样的国家在哪里?若不能用礼让治国,那么要礼制干什么呢?"

4.14　子曰:"不患无位,患所以立。不患莫己知,求为可知也。"

[释义]孔子说:"不要忧虑没有位子,要忧虑你有无立身之本。不要忧虑没有人理解你,你要努力让别人理解你。"

一个人的一生,所从事的职业与人生发展路径不同,但是最终的目标却是一致的,即求得生命的觉悟。一个人如果浑浑噩噩、懵懵懂懂度过一生,而到死也没有生命的觉悟,那是十分悲哀的事情。所以"知"与"行"是人生的两面,王阳明说:"知是行之始,行是知之成。"说得极好,但是并不全面。有些人只是盲目地"行",按照习俗与直觉去生活,内心没有生命的自觉,那么这样的人即使行过一世,也是枉然,不可谓得道。孔子说:"朝闻道,夕死可矣",说得何等透彻,何等洒脱。"闻道",并不是简单地听到了某个具体的道理,而是得闻大道,于人生至道有所体悟。一个人当获得这生命的终极体悟,则万物豁然贯通,如同乾坤开辟,混沌初启,那种生命之大快,就是"朝闻道,夕死可矣"的境界,一片澄明,脱却尘累。南宋的陆九渊一日读到"宇宙"两字,忽然大悟,觉悟到"宇宙便是吾心,吾心便是宇宙"的大境界,"万物皆备于我",此时一个人的心灵直达彼岸,

达到必然王国向自由王国的超越。王阳明居夷处困三年，最后所得到的大彻大悟，也是如此。由生命的觉悟，最后达到生命的完成；生命无觉悟，则整个生命还未完成，尚未"成人"。

一个能够体悟大道的仁者，当他存在于这个世间的时候，是能够从容自如，随心所欲的。这就是孔子所崇尚的"从心所欲，不逾矩"的境界。在得道的仁者心目之中，不存在任何教条，不存在任何道德形式主义，他只遵循内心的召唤，倾听生命深处的声音，他所持守的不是固定的道德戒律，而是一切事物的自然法则。这个自然法则，在孔子看来，就是"义"——"义"在此时是合宜、合理、恰如其分，因此古人说："义者，宜也。"孔子说："君子之于天下也，无适也，无莫也，义之与比。""无适"，就是没有什么事情是必须做的，"无莫"，就是没有什么事情是必不可做的。"无适无莫"也就是《子罕篇》所说的"毋必，毋固"（9.4）。一个君子，到了"无适无莫"的生命境界，则出入行藏皆达到自如之境，无可无不可，无为无不为，一切皆能通权达变，不拘泥于外在的形式，只求内心之安定。他能随时调节自己的行为，会权变，不固守，事事都能达到妥帖的地步，这就是"圣之时者也"。圣人就要有这种通达洒脱而无所不宜的气度。孟子曾经说："大人者，言不必信，行不必果，惟义所在。"（《孟子·离娄下》）这是通权达变之圣人，而非拘泥固执的腐儒。因时而变，惟义是从，这是儒家的重要道德原则，儒家看重内在的"义"，即道德的"合宜性"，而不是外在的固定、刻板、僵硬的形式。《韩诗外传》卷七曾引孔子的话："昔者周公事文王，行无专制，事无由己。身若不胜衣，言若不出口，有奉持于前，洞洞焉若将失之，可谓子矣。武王崩，成王幼。周公承文武之业，履天子之位，听天下之政，征夷狄之乱，诛管蔡之罪，抱成王而朝诸侯，诛赏制断，无所顾问，威动天地，振恐海内，可谓能武矣。成王壮，周公致政，北面而事之，请然后行，无伐矜之色，可谓臣矣。故一人之身能三变者，所以应时也。"所以,一个君子,不应拘泥于道德教条,而是要"应时",要知道权变。所以孟子特别赞赏孔子的权变精神:"可以仕则仕,可以止则止,可以久则久,可以速则速,孔子也。"《孟子·公孙丑上》)一切皆基于合宜性原则。一个人的生命到了这样的境界,就是儒家所追寻的"体道"的境界,宋儒程颢所言"万物静观皆自得,四时佳兴与人同",即此等境界。

所以4.9中所言"士志于道",这个"道",就是"朝闻道"中的"道",此是生命之大道,不是处世之小技。一个"士",一旦内心有寻道之志,有体道之心,有践道之毅力,就必然矢志于探寻自我生命价值实现之途,而对于世俗生活则不稍措意。在这样的"志道"之士看来,世间真正重要的事只是生命的觉悟,是"成人",是王阳明所言"作圣贤",一旦心灵中这面广大的门打开,则世俗间的一切琐事、名利、物质享乐就变得微不足道了,他在尘世,然而又超越尘世,他表面上与世浮沉,可是在他的内心深处他只与他所追寻的"道"同在。所以4.9说:"士志于道,而耻恶衣恶食者,未足与议也。"4.2中说:"不仁者不可以久处约,不可以长处乐。"如果一个"士"志于道,那么他既可以享受生活的快乐,也可以享受生活的简约之美,既可以在繁华中保持淡定与质朴,又可以在贫困中保持坚强的意志与内心之宁静。无论穷达,无论贫富,无论祸福,他都处之泰然。何以至此?因为这些外在的东西,皆是生命的表象,而与生命的本质无关。

十八　见贤思齐

4.15　子曰："参乎！吾道一以贯之。"曾子曰："唯。"子出，门人问曰："何谓也？"曾子曰："夫子之道，忠恕而已矣。"

［释义］孔子说："曾参啊！我的主张，始终贯穿着一个根本观念。"曾子说："是的，老师。"孔子出去后，别的学生问曾子："老师这句话是什么意思？"曾子说："老师的主张，只是忠与恕而已。"

4.16　子曰："君子喻于义，小人喻于利。"

［释义］孔子说："君子明白的是义，而小人明白的是利。"

4.17　子曰："见贤思齐焉，见不贤而内自省也。"

［释义］孔子说："看见贤德之人，就想着要向他看齐；看见不贤之人，就要内心反省自己是否也有同样的缺点。"

4.18　子曰："事父母几谏，见志不从，又敬不违，劳而不怨。"

［释义］孔子说："侍奉父母，对他们的过错，要委婉地劝止；

如果他们不听从自己的意见,你要恭敬他们,不违逆他们,虽然内心忧虑但是从不埋怨。"

4.19　子曰:"父母在,不远游,游必有方。"

[释义]孔子说:"父母若健在,最好不要到很远的地方;若必须到很远的地方,那么必须要告知父母你的去处。"

4.20　子曰:"三年无改于父之道,可谓孝矣。"

[释义]孔子说:"三年不改变父亲的善行,可以称为孝顺了。"

4.21　子曰:"父母之年,不可不知也。一则以喜,一则以惧。"

[释义]孔子说:"父母的年龄,不可不知道。一方面因父母寿数增加而高兴,一方面又因为父母年龄变老而忧虑。"

4.22　子曰:"古者言之不出,耻躬之不逮也。"

[释义]孔子说:"古时之人话不轻易出口,就是他们以不能躬行实践自己的话为耻。"

4.23　子曰:"以约失之者鲜矣!"

[释义]孔子说:"因为生活简约节制而出现过错的,这样的人极罕见。"

4.24　子曰:"君子欲讷于言而敏于行。"

[释义]孔子说:"君子说话要慎重迟钝,而行动要敏捷勤恳。"

4.25　子曰:"德不孤,必有邻。"

[释义]孔子说:"有仁德之人不会孤独,他一定有同道者与他做伴。"

4.26　子游曰:"事君数,斯辱矣;朋友数,斯疏矣。"

[释义]子游说:"对待君王,如果过于烦琐,就会自招侮辱;对待朋友,如果过于烦琐,就会招致朋友的疏远。"

儒家所期待于士者,是终生追求圣贤之道,以圣贤为生命典范,处处以圣贤的标准锤炼自我,高标自持,期臻于圣。王阳明认为"人人皆可为圣贤",孟子主张"人人皆可以为尧舜"。孟子的气魄很大,与孔子相比,孟子更接近于"狂者",但是这种"狂",绝不是狂妄自大的傲气,而是"取法乎上"、以圣人自期的大丈夫之气。在儒者看来,只要一个人有志于以圣贤为榜样,不断地在各种境界中修身养性、砥砺德操,经过长期的刻苦的自我历练与内心的反省,是可以逐渐达到圣人的境界的;即使终达不到圣人的境界,"虽不能至,心向往之",不断修炼,仍能最终完成自我,达到自己的德性修养的最高境界。《孟子·滕文公上》曾借颜渊的话说:"舜何人也?予何人也?有为者亦若是。"我怀疑这不是颜渊的话,依颜渊"温良恭俭让"的性格,是不可能说出这种狂放的豪言壮语的;这其实是孟子的"夫子自道"。《孟子·离娄下》说:"故君子有终身之忧,无一朝之患也。乃若所忧则有之。舜,人也,我,亦人也,舜为法于天下,可传于后世,我由(犹)未免为乡人也,是则可忧也。忧之如何?如舜而已矣。"舜是个人,我也是个人,舜可以修德以至于天下效法,我为什么不能呢?人人皆可为尧舜也,

这是儒家倡导的生命观。在儒家心目中,芸芸众生与圣贤之间并不是此岸与彼岸的关系,圣人不是遥不可及的,不是与我们永远处于两个世界的,而是人人皆具备成圣成贤的条件。

孔子听说的"见贤思齐",即是这种儒家成人观的体现。见到有德操之人,便悠然而生向往之心,时时以仁德之贤者为模范,效仿圣贤,向圣贤看齐。不管你是否能成圣贤,即此悠然神往之"思齐之心",就已经臻至仁德之境。见到贤者,即向往而效法追寻之;见到不贤之人,即自省自儆,以不贤之人为镜鉴,反思检讨自己的德行修养。因此,修德之人,要常常与贤德之人为伍,从中得到道德的感召,熏陶与教化;同时亦要常常以败德之人为反面教材,告诫自己勿纵勿失,时刻去恶从善,方能渐趋圣途,终成正道。《荀子·修身》说:"见善,修然必以自存也;见不善,愀然必以自省也。"因此,孔子讲"无友不如己者",乃"见贤思齐焉,见不贤而内自省"之义也。孔子说:"里仁为美。"(4.1)是说要与仁德之人为邻,以便时刻"见贤思齐"。孔子说:"德不孤,必有邻。"乃劝慰修德之人,只要秉持一颗"见贤思齐"之心,时刻以圣贤为榜样,我们就不会感到孤独,我们必定会找到精神上的同道者。

孔子与曾参关于恕道的讨论耐人寻味。孔子对曾参只说:"吾道一以贯之。"并不点明这个"一"是什么"道",孔子相信以曾参之颖悟,必能心领神会。而曾参也同样未明确点出,只是以"唯"来欣然应诺。孔曾的师生对话,犹如"释迦拈花,迦叶微笑",不着一字,尽得圣学意蕴。及至门人不明就里,不知道这师生"葫芦里卖的是什么药",追问曾参,曾参才揭出谜底,老师的"一以贯之"的核心思想是"忠恕"。"忠"与"恕",一从积极的意义上说,一从消极的意义上说。"忠"指一个人秉持积极的道德准则,去切实履行自己的责任与义务,为所应为。为人臣,则忠于君王;为人子,则忠于父母;为人夫妇,为人兄友,则互相忠实。总之是忠于所事,尽力尽心，存敬竭思，如此才能在所有职分上得到心灵上的安顿与慰藉。而"恕"乃秉持底线伦理之消极原则，以对人同情之理解，行宽恕之道。"恕道"也就是孔子所说的"己所不欲，勿施于人"。《卫灵公篇》载子贡问孔子："有一言而可以终身行之者乎？"孔子说："其恕乎！己所不欲，勿施于人。"《中庸》曰："忠恕违道不远。施诸己而不愿，亦勿施于人。""己所不欲，勿施于人"的"恕道"，是一种基于人类同情精神与彼此理解而达成的道德认同，如果你不愿意被人如此对待，你就不要如此对待别人，而这也是现代民主精神的主要基点之一。现代民主精神中的公民权利意识，对个性的尊重观念，对不同观念的宽容思想，都是基于人类的这种彼此的理解与同情。从"己所不欲，勿施于人"推广开去，对于"己所欲"，怎么办呢？对于你喜欢、愿意做的事，或你以为高尚的事，是不是就可以轻易而无条件地"施于人"了呢？比如，一个人愿意放弃自己的自由而奉献国家，他能不能要求所有人都放弃自己的自由而奉献国家呢？从孔子所倡导的"恕道"来看，"己所欲"也不能无条件地"施于人"，而是要尊重他人的意愿。正确的做法应该是"己所欲而慎施于人"，这就是"恕道"的精髓，即尊重、同情与理解，即彼此的换位思考，不要以道德优越感强加于人，此乃人类之底线伦理，是防止人类恶行暴政的重要道德依据。所以孔子说"恕道"是一个人终生行之而不离的东西，没有恕道，必天下大乱。

公冶长篇第五

十九　听言观行

5.1　子谓公冶长,"可妻也。虽在缧绁之中,非其罪也。"以其子妻之。

［释义］孔子谈论公冶长,说:"可以把女儿嫁给他。他虽然曾被下狱,但并非他的罪过。"孔子便把女儿嫁给公冶长。

5.2　子谓南容:"邦有道,不废;邦无道,免于刑戮。"以其兄之子妻之。

［释义］孔子谈论南容,"国家政治开明,他不被废弃;国家政治昏暗,他也能免除刑罚。"孔子就把兄长的女儿嫁给南容。

5.3　子谓子贱:"君子哉若人!鲁无君子者,斯焉取斯?"

［释义］孔子谈论子贱:"这个人真是君子啊!如果说鲁国没有君子的话,那么他是从谁那里效法而得来的美德呢?"

5.4　子贡问曰:"赐也何如?"子曰:"女,器也。"曰:"何器也?"曰:"瑚琏也。"

［释义］子贡问："老师您看我是怎样一个人？"孔子说："你啊，好比一件器皿。"子贡问："我是什么器皿呢？"孔子说："你是宗庙里盛祭物的瑚琏之器。"

5.5　或曰："雍也仁而不佞。"子曰："焉用佞？御人以口给，屡憎于人。不知其仁，焉用佞？"

［释义］有人说："冉雍这个人，虽然有仁德，却不能言善辩。"孔子说："何必一定要能言善辩呢？用巧言善辩来与他人斗争，屡屡招致别人的厌憎。我不知道冉雍是否达到仁德之地步，但是何必一定要能言善辩呢？"

5.6　子使漆雕开仕。对曰："吾斯之未能信。"子说。

［释义］孔子让漆雕开去做官。漆雕开回答说："我对于从政还不能达到完全的自信。"孔子听到这句话很欣慰。

5.7　子曰："道不行，乘桴浮于海。从我者，其由与？"子路闻之喜。子曰："由也好勇过我，无所取材。"

［释义］孔子说："如果我的思想主张不能得到施行，我会乘坐木筏浮于大海之上，到海外去居住。到那时候，追随我的，恐怕只有仲由了吧。"子路（仲由）听到老师此言，非常欢喜。孔子说："仲由这个人好勇的精神远在我之上。（以至于过于刚猛），这就没有什么可取之处了！"

5.8　孟武伯问："子路仁乎？"子曰："不知也。"又问。子曰："由也，千乘之国，可使治其赋也，不知其仁也。""求也何如？"子曰：

"求也，千室之邑，百乘之家，可使为之宰也，不知其仁也。""赤也何如？"子曰："赤也，束带立于朝，可使与宾客言也，不知其仁也。"

[释义]孟武伯问孔子，子路可以算是仁德之人吗？孔子说："我不知道。"孟武伯又问。孔子说："仲由啊，如果在一个一千辆兵车的国家，可让他负责财政工作，但我不知道他是不是有仁德。""那冉求怎么样呢？"孔子说："冉求啊，假如有一千户的封邑，百辆兵车的封地，可以让他当个家宰（大管家），但他是不是有仁德我却不知。""那公西赤怎么样呢？"孔子说："公西赤啊，可以穿着礼服，立于朝堂之上，让他与外国使节交涉，但是我不知道他有没有仁德。"

5.9　子谓子贡曰："女与回也孰愈？"对曰："赐也何敢望回？回也闻一以知十，赐也闻一以知二。"子曰："弗如也。吾与女弗如也。"

[释义]孔子问子贡："你和颜回相比，谁更强些？"子贡回答说："我哪里敢和颜回相比呢？颜回听到教师讲一个道理，可以推知十个道理，而我听到老师讲一个道理，仅可推知两个道理。"孔子说："你赶不上颜回啊，我同意你的看法，确实不如他。"

5.10　宰予昼寝。子曰："朽木不可雕也，粪土之墙不可杇也。于予与何诛？"子曰："始吾于人也，听其言而信其行；今吾于人也，听其言而观其行。于予与改是。"

[释义]宰予白天睡觉。孔子说："腐朽的木头难以雕刻，粪土做成的墙难以粉刷。对于宰予，你又能责备他什么呢？"孔子又说："开始我对于别人，听到他的言语便相信他的行动；今天我对于别人，听到他的言语还要考察他的行动。从宰予之后，我看人的方法有所改变。"

读《论语》，每叹服孔子的识人之术，可谓入木三分；亦叹服孔子的评点之法，可谓鞭辟入里，一针见血。识人之术表面上看是对一个人禀性格调、为人处事之观察，然而从更深层次看却是对生命的洞悟。人各有生命，亦各有其境界，各有其价值；但人之语默动静千差万别，其对于大道的体悟就有深浅精粗之分。孔子年七十三而终，在当时可谓耆年高寿，他阅人无数，既有从政之丰富阅历，又有千里奔波遍干诸侯之经验，而门下弟子三千，才华禀赋各异，更使孔子在阅人识人方面有独特优势。

孔子自己也承认，在识人之术、阅人之道方面，他在不同阶段中是有所改变的。5.10记"宰予昼寝"一章，孔子对这一点即有所反省。对于宰予这样一个被列在"孔门十哲"之中的优秀学生，孔子当然认为昼寝的懈怠行为不可饶恕，与儒家朝乾夕惕、夙夜不懈的精进作风大相径庭，于是大骂宰予"朽木不可雕也，粪土之墙不可圬也"，可以说用了孔子作为老师能用的最令人不堪的字眼，由此可见孔子责学生之严，期望学生成才之心之殷，但也可看出孔子对精进不懈的修持行为的重视。孔子从宰予昼寝这件事上，得到识人阅人的巨大教训。孔子说自己以前识人阅人之法，乃"听其言而信其行"，但是通过宰予昼寝一事，孔子深刻地反省自己识人之道的弊端，故而改为"听其言而观其行"。宰予以擅长言语而著称，与子贡并列，从孔子的话猜测，宰予在老师面前说得非常好，言辞很动听，但是孔子没有想到宰予竟然言行不一，表面上勤学精进，而回家却白天睡觉，对自己的修德进业的态度极其殆忽。孔子"听其言而观其行"，对我们识人阅人极有启发意义。

孔子阅人极深刻，极准，从中可以看出他老辣的处世智慧。他看公冶长，并不因他入狱而歧视他，而是认为罪不在公冶长，并把女儿嫁给他。

皇侃《论语义疏》中引《论释》说，公冶长通鸟语，被人诬陷杀人而入狱，故事虽有趣，但不足信。公冶长大约是个贫困而矢志于追求仁德之人，虽被诬下狱而不改其志，故而得到孔子的高度赞赏。孔子亦赞赏南容的进退有据，行藏得体，"邦有道，不废；邦无道，免于刑戮"，是一个识时务、有智慧的人，并不是迂腐刻板的书呆子。"用之则行，舍之则藏"，能屈能伸，能行能止，这是孔子所赞赏的中庸的精神。这样的人，在国家政通人和时会大有作为，奋发精进；在国家奸臣当道、政治腐败的时候则高飞远引，善于敛藏，洁身自好，明哲保身。孔子不赞赏那种不懂变通、过于刚直勇猛的人，而欣赏那些动静得宜、语默合体、出入应时之智者。

对于子路，孔子就认为他过于刚勇。好勇不是坏事，"勇者无惧"，"勇"表示一个人内心的坚毅刚强，不被外界压力所折，孟子所谓"威武不能屈"者也。但是过于刚直勇猛，争强好胜，盲目逞强，不知收敛，不知在适当时候进行权变，则这种"好勇"只会给生命带来灾难。孔子是不主张做烈士的，他更强调出入行藏之大智慧。孔子说："道不行，乘桴浮于海"，颇有对当下的政治失望，希望乘桴远去，漂洋过海，寻得一片清静隐居之地的意思，从此语的语气看，似乎是在周游列国遍干诸侯之后。"邦有道则仕，邦无道则隐"，浮海而去，何等洒脱，毫无沮丧留恋之意。从这里可看出孔子进退自如、行藏从容的权变精神。孔子说，"如果我浮海远引，追随我而去的，恐怕只有子路了！"听老师这样讲，子路当然大喜过望，因为这是老师对自己忠诚人格的最大褒奖，于是子路不免流露出扬扬得意之态。然而孔子语锋一转，立即深刻指出子路好勇刚猛之弊，可谓醍醐灌顶，当头棒喝，令其对自己鲁莽刚勇之性格有所反省与警惕。

子贡聪慧、善言语，曾经在鲁国、卫国当过官，在外交舞台上纵横捭阖，也是一个商界巨贾。当子贡问孔子，"老师，您看我这个人如何"时，想必当时颇有自得之色。孔子的回答很巧妙，他认为子贡是个"器"，是个

"瑚琏之器"。"瑚琏之器"乃朝堂祭祀之器,是尊贵的祭器,这是在表扬子贡,称赞子贡的政治才能,是可登庙堂之才。但是另一方面,"器"这个回答,隐隐地却包含着一些批评和劝诫的含义在里面,有点明褒实贬的意味。孔子曾说:"君子不器。"(2.12)即君子不应重在形而下的"器"的方面的修养,不要只注重技艺的学习,而要更重视仁德的修养与淬炼。孔子认为一个君子,更应"志于道"(4.9),"道"与"器"相比,更带有根本性,事关生命与信仰的重大问题;而"器"则属形而下的问题,是技术问题。孔子说子贡是"器",乃暗含劝勉之意,以极其委婉含蓄的方式,告诫子贡要注重对生命大道的追求,勤修仁德,成就真正的君子人格,而非自得于小智小慧。他更希望子贡成为像颜回一样的人,涵养深厚,志道求仁。5.9 中孔子问子贡:"你与颜回谁更好呢?"这个问题,是启发子贡思考与颜回境界的差距。子贡的回答尽管谦逊,但并未洞察老师提问的深意。他只是认为自己没有颜回聪明,没有颜回理解问题的透彻深邃。"回也闻一以知十,赐也闻一以知二"。孔子的评点也极有深意,连说两个"弗如也",令人深思,估计令子贡回去回味良久。在 5.13 中,子贡的话恰恰反映出他在体察大道上的不足:"夫子之文章,可得而闻也;夫子之言性与天道,不可得而闻也。"而孔子所期望于子贡的,正是感悟天道,体悟天地之大道,在这方面,子贡可谓"路漫漫其修远兮"。这也看出孔子对学生责苛之严,期望之深。在 5.8 中,尽管他认为冉求、子路、公西赤都有干政之才,但尚未通达仁德,并未得道,"不知其仁"也。

二十　无欲则刚

5.11　子曰："吾未见刚者。"或对曰："申枨。"子曰："枨也欲，焉得刚。"

[释义] 孔子说："我没有看到刚毅的人。"有人回答说："申枨是个刚毅之人。"孔子说："申枨这个人欲望多，怎么能做到刚毅呢？"

5.12　子贡曰："我不欲人之加诸我也，吾亦欲无加诸人。"子曰："赐也，非尔所及也。"

[释义] 子贡说："我不想让别人把观点强加于我，我也不想把观点强加于别人。"孔子说："子贡啊，这不是你能做到的。"

5.13　子贡曰："夫子之文章，可得而闻也；夫子之言性与天道，不可得而闻也。"

[释义] 子贡说："老师关于古代文献的学问，我们可以听到；老师探讨人性与天道的思想，我们却听不到。"

5.14　子路有闻，未之能行，唯恐有闻。

［释义］子路听到一个道理，还未能实践，唯恐再听到另一个道理。

5.15　子贡问曰："孔文子何以谓之'文'也？"子曰："敏而好学，不耻下问，是以谓之文也。"

［释义］子贡问："孔文子的谥号为什么叫'文'呢？"孔子说："他聪慧敏捷而又爱好学习，不以向比他地位低的人请教为耻，因此他的谥号叫'文'。"

5.16　子谓子产："有君子之道四焉：其行己也恭，其事上也敬，其养民也惠，其使民也义。"

［释义］孔子认为子产有四种君子的美德：他的行动恭敬庄重，他对待君上非常敬业尽心，他教养人民时给他们以恩惠，他命令人民做事时符合适宜的法则。

5.17　子曰："晏平仲善与人交，久而敬之。"

［释义］孔子说："晏平仲善于与人交友，时间越长，别人对他越加敬重。"

5.18　子曰："臧文仲居蔡，山节藻棁，何如其知也？"

［释义］孔子说："臧文仲为大龟盖屋，雕梁画栋，他的聪明怎么这样啊？"（注：蔡，国君之守龟也。龟出于蔡，故得以为名焉。臧文仲得此守龟，当归诸周室，而不得私藏。"居蔡"乃作室以居之，属僭越礼制。参刘宝楠《论语正义》）

二十　无欲则刚

"刚"在儒家伦理中是一个特别的范畴。说它特别，是因为"刚"不像"仁、义、礼、智、信、温、良、恭、俭、让、忠、敬、孝、悌"等伦理范畴用得如此广泛而普遍，从而具有某种普适性与根本性。但"刚"这个伦理范畴又十分重要，儒家所塑的君子性格，一定是光明正大、忠敬仁爱、刚健有为的。"刚"在一个人的人格修养中有着特殊的意义。但是我们理解"刚"，往往存在着偏差。"刚"往往与"刚直""刚强""刚硬""刚健"联系在一起，意指人刚正不阿、刚健有为。但是"刚"并不是表面上一个人的刚强、坚韧或孔武有力。"刚"是不被外界所折服或屈从的品质，是一种内心的坚定不移与笃志向道。

孔子在 5.11 中说："吾未见刚者"，可见"刚"这种品质是极为罕见而宝贵的，一般人很难达到。有人说申枨是一个"刚者"，孔子马上反问："枨也欲，焉得刚？"这个反问十分有力，十分机警，也十分深刻。一个人内心充满了欲求，对名、利、地位、荣誉等不能忘怀，而是汲汲求之，这样的人一定做不到"刚"，他一定随时会屈从于外界的压力，而改变自己的初衷。古人讲"无欲则刚"就是从孔子这句话衍化而来。林则徐曾撰联："海纳百川，有容乃大；壁立千仞，无欲则刚。"你摒弃了任何非分的幻想与欲求，把名利与享乐置之度外，只做属于自己本分的事情，则外界的任何诱惑也拉拢不了你，外界的任何强大的势力也压制不了你，你的心就能在这些外力面前保持淡定，心静如水，从容应对。此时你的内心刚强、充盈，不可被征服，不可被迷乱，此所谓"富贵不能淫，贫贱不能移，威武不能屈"之大丈夫人格也。"不淫""不移""不屈"，都是"刚"的表现，这个人"无欲"，便可在任何外力面前岿然不动。

一个人成圣过程中的修养功夫，也就是这种对"欲"的克制与消解的过程,"去欲"才能"存刚",一个人依循天理而制私欲,便可逐渐达到成圣的境界。王阳明在一封信中说:"心一而已。静其体也……动其用也……故循理之谓静,从欲之谓动。欲也者,非必声色货利外诱也。有心之私,皆欲也。故循理焉,虽酬酢万变,皆静也。"(《答伦彦式》,见《王阳明全书》)人本性光明,只是因为私欲遮蔽,才使心失去光明,不能抵挡外物的诱惑与压力,不能呈现内心的"刚"。要制欲,不仅制那些卑琐低下的欲,也要制那些表面看起来良善高尚但实际上有害于修身的欲。好追求荣誉,追求别人的赞美与肯定,这种欲看起来是"向善""向上"的,但是从本质上来说,这种好荣名好美誉之心,对我们独立人格之塑造会产生极大障碍,会驱使我们的内心屈服于好名之心,而放弃自己人格的真正修炼。一旦我们对外在的肯定"有所待",内心就顿时失去"刚",因为我们被那个好荣名的"欲"所捆缚。因此,宋代的理学家从人格养成的角度出发,提出"存天理、灭人欲"之说,认为私欲净尽,方得见天理,方得成圣,此与"无欲则刚"是一个道理。

到了"刚"的最高境界,不光是去除一切对于声色嗜好的欲望,而且对于死生之念亦要超越,此时一个人才真正达到了列子所说的"无所待"的境界,达到了尽性知命,"无所住而生其心"(《金刚经》)的地步。王阳明在《传习录下》说:"学问功夫,于一切声利嗜好,俱能脱落殆尽,尚有一种生死念头毫发挂带,便于全体有未融释处。人于生死念头,本从生身命根上带来,故不易去,若于此处见得破,透得过,此心全体方是流行无碍,方是尽性知命之学。""去欲"到了这样的地步,才能达到真正的"刚"。也就是说,真正的"刚",不是表面的刚强而是内在的"解脱",解脱私欲所缚,甚至解脱生死所缚,达到孟子所说的"夭寿不贰,修身以俟之,所以立命"的境界,这才是最高的"刚"。

二十一 三思后行

5.19 子张问曰:"令尹子文三仕为令尹,无喜色;三已之,无愠色。旧令尹之政,必以告新令尹。何如?"子曰:"忠矣。"曰:"仁矣乎?"曰:"未知,焉得仁?"

"崔子弑齐君,陈文子有马十乘,弃而违之。至于他邦,则曰:'犹吾大夫崔子也。'违之。之一邦,则又曰:'犹吾大夫崔子也。'违之。何如?"子曰:"清矣。"曰:"仁矣乎?"曰:"未知,焉得仁?"

[释义]子张问:"楚国的令尹子文三次做令尹(宰相),脸上没有欢喜的神色;三次被罢免,也没有露出恼怒的神色。以往任令尹的所有政令,他必定原原本本地告诉新令尹。这个人如何?"孔子说:"是个忠诚的人。"子张问:"可以算是仁吗?"孔子说:"我不知道。这怎么能达到仁的境界呢?"

子张又问:"崔子杀死齐国国君,陈文子有四十四马,他舍弃马而逃离齐国。到了另一个国家,又说:'这个国家的统治者也像我国的大夫崔子。'于是又离开。又到了一个国家,又说:'这个国家的统治者也像我国大夫崔子。'于是又离开。您看这个人怎么样?"孔子说:"可算是一个清正的人。"子张问:"他算是一个仁者吗?"孔子说:"我不知道。这怎么能达到仁的境界呢?"

5.20 季文子三思而后行。子闻之,曰:"再,斯可矣。"

[释义]季文子做事,总是思考很多次才采取行动。孔子听说后,说:"思考两次,就可以了。"

5.21 子曰:"宁武子,邦有道,则知;邦无道,则愚。其知可及也,其愚不可及也。"

[释义]孔子说:"宁武子在国家政治清明的时候,就显露出他的智慧。在国家昏乱之时,就装作很愚钝(不再参政)。他的智慧我们可以达到,而他假装愚钝,别人却达不到这个境界。"

5.22 子在陈,曰:"归与!归与!吾党之小子狂简,斐然成章,不知所以裁之。"

[释义]孔子在陈国,说:"归去吧!归去吧!我家乡的这些年轻人志向远大而疏狂,文采斐然,我不知道如何训导他们(以使之成材)。"

5.23 子曰:"伯夷,叔齐,不念旧恶,怨是用希。"

[释义]孔子说:"伯夷、叔齐,不记挂以前的仇恨,很少对别人抱怨。"

5.24　子曰:"孰谓微生高直?或乞醯焉,乞诸其邻而与之。"

[释义]孔子说:"谁说微生高这个人直率?有人跟他要醋,他自己家没有,却到邻居家讨要来给那个人。"

5.25　子曰:"巧言令色足恭,左丘明耻之,丘亦耻之。匿怨而友其人,左丘明耻之,丘亦耻之。"

[释义]孔子说:"那些花言巧语、面貌伪善、恭顺十足的人,左丘明感到可耻,我也感到可耻。隐藏自己的怨恨而跟别人为友的人,左丘明感到可耻,我也感到可耻。"

儒家推崇"中庸"的境界,即"允执其中"(20.1)、不走极端的姿态。孔子认为达到"中庸"的境界是极其困难的,他说:"中庸之为德也,其至矣乎!民鲜久矣。"(6.29)在《中庸》中,孔子用非常厉害的口吻说:"天下国家可均也,爵禄可辞也,白刃可蹈也,中庸不可能也。"均天下、辞爵禄、蹈白刃,皆是极其艰难的事,一般人难以达到,可是这三件事比起中庸之境界,还是简单的事!可见,孔子认为达到"中庸"之境的人实在是到了道德修养的极致。宋代程颐说,"不偏谓之中,不易谓之庸。"可见中庸乃一个人为人处事最为圆满、最为中和之境界。那么达不到中庸之境界怎么办呢?孔子说,如果不能"中行",则或为"狂者",或为"狷者","狂者进取,狷者有所不为也"(13.21)。孔子既认为中庸之境难以臻至,于是退而求其次,赞赏那些"狂狷之士","狂狷之士"虽然不是最高境界,但总比那些虚伪的"乡愿"之人要好得多。

孔子在周游列国途中,曾困于陈、蔡,虽然孔子在困境中仍旧弦歌不辍，不改其乐，但是诸国国君终不能采纳他的治国方针，不能不使孔子感到失望，于是渐生归乡之心。5.22中载孔子的话说："归与！归与！吾党之小子狂简，斐然成章，不知所以裁之。""归去吧，归去吧"，可以看出孔子干政之心已渐息，而萌发回到鲁国，将余生贡献于教育的愿望。他说我家乡的那些年轻后生，志大而疏而又才华出众，我真不知道如何"裁剪"他们。从孔子的语气看，"狂简"并不是贬斥这些年轻后生的话，不仅不是贬斥，而且还带有些褒扬、赞许、呵护、疼爱的意味。朱熹把"狂简"解释为"志大而略于事也"，也就是志大而疏的意思，谓这些后生志向高远，豪气冲天，不同流俗，急于用世；但是同时又缺乏对世事的真正洞察，缺乏处理世事的干练方法与深厚的经验积淀。毛泽东早年写诗曰："沧海横流安足虑？世事纷纭何足理。"（《七古·送纵宇一郎东行》）大略可以概括这些气象超拔、志大而疏的"狂简"后生。对于这些胸次不俗、才华横溢的后生小子，孔子一方面表达了内心的欣赏与喜爱，另一方面也表达了想"裁之"的愿望。因为在他的心目中，虽然"狂狷之士"比"乡愿之士"真纯可爱，直率通达，且大多胸怀大志，无所畏惧，但是距离"中庸"之境还有很长的距离。还要经过艰苦的"裁剪"功夫，才能由一匹"斐然成章"的布变成真正的华美衣服。

而"狂者"的局限性也就在这里。孔子内心里对那些颇有狂气豪情的年轻后生是欣赏的，"子路曾晳冉有公西华侍坐"一章，孔子就特别赞赏曾晳的豪狂之气，那种飘逸率真的气象，那种开阔旷达的胸襟，那种不羁流俗、不染尘埃的生命姿态，令人神往。王阳明《月夜二首》也赞叹："铿然舍瑟春风里，点也虽狂得我情。"其实王阳明何尝不是一个狂者？"狂者进取"，在人格气象上有进一步提升的潜力，故而狂士虽好高骛远，却颇有可取之处。但狂士也有行为太过而失其中正的危险，如果一个人过于轻狂，自视甚高，乃至于目空一切，他最终在人格修养上是难以达到很高的境界的。对于"狂者",必须时加"裁剪",时加棒喝,时加磨砺淬炼,使之归于中正,归于老成,归于不偏不倚之境界。一个人少年轻狂,实属正常之事,但亦须时时自我儆醒,自我检束,勿使过于放纵。《孟子·尽心下》说:狂者是"言不顾行,行不顾言",言行不能合一,此为狂者之大弊。《阳货篇》讲"古之狂也肆",而"今之狂也荡","肆"是不拘小节,而"荡"是放纵自己的欲望而不加检束,此于修身害处极大。因此,人到中年,应学会"中道而行",要深刻体悟"中庸"之境界,勿使过于轻狂放荡而有害于身心修养。一个人到了中年还轻狂放纵,不谙中庸之道,时作愤青状,则不可救药。人到老年,则已到修身的老成之境,恬澹从容,返璞归真,自别是一种海阔天空、"从心所欲,不逾矩"的气象。

孔子最憎恶的是过于世故、伪善虚假的"乡愿之人"。孔子在《阳货篇》中说:"乡原(愿),德之贼也。"对乡愿之人切齿痛恨。孟子在解释"乡愿"时说:"同乎流俗,合乎污世,居之似忠信,行之似廉洁,众皆悦之,自以为是,而不可与入尧舜之道。"(《孟子·尽心下》)这样的人,看起来像是一个君子,故意装作忠信廉洁来讨好取悦世人,迎合世俗,而其实内心伪善,与圣贤之道相去甚远。孔子欣赏老成持重、慎言笃行之人,但对于过于世故之人则持保留态度。5.20中说:"季文子三思而后行",谨慎是谨慎了,但是显得过于世故,有可能迎合世俗而有害于圣道。清末宦懋庸《论语稽》中即深刻地指出"三思后行"背后的隐患:"文子生平盖祸福利害之计太明,故其美恶两不相掩,皆三思之痛也。其思之至三者,特以世故太深,过为谨慎,然其流弊将至利害徇一已之私矣。"所以孔子对季文子的"三思后行"颇不以为然,说:"考虑两次也就行了!"提点后学不可世故太深、私欲太重、顾虑过多,以免堕入"乡愿"之流。"狂者"固然需要"剪裁"改正,但是世故太深的"乡愿"之流更是不可救药。

所以在《公冶长篇》中孔子两次批评那些不能中道而行的人,或过于委曲而不能直率，或过于虚伪而不能真诚。他批评微生高之迂曲，其德看似高尚，但实为迂腐之士，人家向他借醋，他本可直告之自家没有，却向邻人乞醋而与之，这种貌似高尚的行为为孔子所不齿，虽初衷非恶，然而亦接近于"乡愿"（5.24）了。在5.25中，孔子赞同左丘明的观点，对那些"巧言令色足恭""匿怨而友其人"的伪善之人大力加鞭挞，他也曾说："巧言、令色、鲜矣仁"，可见孔子对假道学厌憎之深。

二十二　见过自讼

5.26　颜渊季路侍。子曰:"盍各言尔志?"

子路曰:"愿车马衣轻裘与朋友共,敝之而无憾。"

颜渊曰:"愿无伐善,无施劳。"

子路曰:"愿闻子之志。"

子曰:"老者安之,朋友信之,少者怀之。"

[释义]颜渊季路站在孔子身边受教。孔子说:"你们说说各自的志向好吗?"

子路说:"我愿与朋友共享马车衣服,用坏了也没有什么遗憾。"

颜渊说:"我愿不夸耀自己的好德行,不炫耀自己的功劳。"

子路说:"希望听听老师的志向。"

孔子说:"我要让老人感到安顿,让朋友信任,让少年人感到一种归属感。"

5.27　子曰:"已矣乎,吾未见能见其过而内自讼者也。"

[释义]孔子说:"唉,算了吧,我还没有看到发现自己有错误

而内心自我检讨的人。"

5.28 子曰:"十室之邑,必有忠信如丘者焉,不如丘之好学也。"

[释义]孔子说:"只要有十户人家的小城,就必定有像我这样忠诚信实之人,但是却比不了我的爱好学问。"

对于一个立志于道的儒家的信徒来说,人的一生就是一场漫长的修行过程。修行本来是宗教的词汇,但是儒家的成人哲学中也关注修行的问题,甚至把修行看作贯穿生命始终的必修课。"修"是"漫长"的意思,即屈原所说的"路漫漫其修远兮",同时"修"还带有"修正"的意义,即改正自身的错误,使自身的品行趋于完善。"修"的过程可能既漫长,又艰苦,因为一个人要同他内心的欲望作战,与自己的恶习作战,与世俗的压力与社会的势力作战。从儒家的观点来看,没有一个人是天生完美的,圣贤之所以为圣贤,是因为他一生奉行志道向善、修己达人的价值观,他对自己的言行有较严苛的要求,并时常检讨和反省自己的过失,从而使自身的道德修养不断与圣贤靠拢。

这就要求一个修行者要时刻保持戒慎、儆醒之心,不能懈怠,不能放纵,时刻检束,勿使疏忽。《泰伯篇》中记曾子病重将逝前召集子弟们所说的话:"启予足!启予手!《诗》云:'战战兢兢,如临深渊,如履薄冰。'而今而后,吾知免夫!小子!"曾子这段临终赠言极其生动而精彩。表面上是教弟子们检视他的手足,看看是否毁伤,是否保持了身体的完善,但是从更深的修身养德的角度来说,曾子此举是在临终之前为弟子们开示儒家修身成人之道。以前的解释者,认为曾子此举是"喻己常戒慎,恐有所毁伤"，而"吾知免夫"是免于患难刑戮，这种理解认为曾子是奉行"身体发肤，受之父母，岂敢毁伤"的孝道，这种解释是比较肤浅的。曾子要求其弟子"启予足！启予手！"的深刻含义，是让弟子们知道，曾子自己一生保持"战战兢兢，如临深渊，如履薄冰"的戒慎儆醒之心，是为了时刻检讨自己，修正自己，言修身终生不敢懈怠，期圣之心终生不敢忘怀之意，现在，就要到临终之时，我的努力还算完美吗？我终生的品德修养与对圣贤之道的追寻是否有瑕疵呢？曾子重视身体的完善无缺实质上是启迪弟子重视道德追求上的完美无缺。"吾知免夫"，是说自此以后，我就可以盖棺论定，我的成人之道也到了终点，我的终生戒惧儆醒的漫长的修身之旅才算画上了完美的句号。最后一句"小子"发人深省。反复提点，深切开示，其警也深，其教也切。曾子庆幸自己戒慎儆醒一辈子，德行操守终得保全完好，可得善终了。曾子此时才得到真正的精神解脱，终生的修行终得圆满。

一个人无论如何戒慎儆醒，也总会有错误的时候，"人非圣贤，孰能无过？"问题是要及时反省错误，及时更正错误。孔子说："吾未见能见其过而内自讼者也。"（5.27）这句话当然像"吾未见好德如好色者也"一样，略带着失望的训诫之意。"自讼"是自我鞭挞，是一个君子基于内心道德的自觉对自身错误的深切反省。西文宗教中有"忏悔"一词，是一个人面对神的内心悔过，在神面前，一个人完全袒露自己内心的不洁与罪过，向神祈祷并忏悔，从而自新。中国儒家思想中虽没有宗教性的"忏悔"一语，但是一个受过儒家传统熏陶的君子，以圣贤为榜样，时时反省，时时涤除内心的污垢，改过日新，"见过自讼"，"日三省吾身"（1.4），其精神历程是相似的。一个能够深刻反省自己过错的人，其道德自觉的意识一定是极其清晰而坚定的；而一个能够从壮士断腕的决心改正错误从而达到道德上的自我更新的人，其内心深处的勇敢更是难以比拟的。所以《礼记·中庸》说："好学近乎知，力行近乎仁，知耻近乎勇。"能够"知耻"从而改过自新，这是一个人近于勇敢的表现，因为他能正视自己的失败与缺陷，这样的人才有进步的可能。一个喜欢文过饰非、刚愎自用、不能自我反省的人，是很难达到道德上的自我完善的境地的。

子贡曾说："君子之过也，如日月之食焉；过也人皆见之，更也人皆仰之。"（19.21）把君子的过错比作"日月之食"，一个君子以勇毅的决心改正了错误，是值得敬仰的，这不是耻辱，而恰恰是追求仁德的表现。孔子也说："过而不改，是谓过矣。"（15.30）你有错而不改，是极其不理智的，这才是最大的"过"。孔子表扬颜回"不贰过"，（6.3）即不重复犯错，是对颜回善于反省，善于体悟，勇于改过精神的高度赞扬。一个人在一生当中，在不同的生命阶段当有不同的进境，必须以深刻的自省精神，抛弃旧我，换上新我，革故方能鼎新，方能使自己的生命境界不断向上。《论语·宪问篇》载：孔子见蘧伯玉（卫国大夫）的使者，孔子问："夫子何为？"使者回答说："夫子欲寡其过而未能也。"（14.25），得到孔子的击节赞叹。蘧伯玉时时想着"欲寡其过"，希望不断弥补自己的过失，而达到道德上的尽善尽美。可见他是一个善于自省，虚怀若谷，且勇于面对过错的人。《庄子·则阳》说："蘧伯玉行年六十而六十化，未尝不始于是之，而卒诎之以非也；未知今之所谓是之非五十九非也。"他为什么六十岁了还不断进步，这是因为他能反省五十九岁时的过错。《淮南子·原道》也说："蘧伯玉年五十而知四十九年非。"如同一个破茧而出的蚕蛹，我们只有克服了自我的暗昧、封闭，只有秉持自新与自我突破的勇气，我们才能真正走出迷误，在道德修行的道路上不断提升。

雍也篇第六

二十三　居敬行简

6.1　子曰:"雍也可使南面。"

[释义]孔子说:"冉雍这个人,可以主政一方。"

6.2　仲弓问子桑伯子。子曰:"可也,简。"仲弓曰:"居敬而行简,以临其民,不亦可乎?居简而行简,无乃大简乎?"子曰:"雍之言然。"

[释义]仲弓问孔子,子桑伯子这个人怎么样。孔子说:"这个人很简约,挺好。"仲弓说:"居心诚敬而行动简约,以这样的态度来治理人民,不是很好吗?居心简朴而行事简约,这难道不是简约之至了吗?"孔子说:"你的话是对的。"

6.3　哀公问:"弟子孰为好学?"孔子对曰:"有颜回者好学,不迁怒,不贰过。不幸短命死矣,今也则亡,未闻好学者也。"

[释义]鲁哀公问:"你的弟子中,哪一个是好学之人?"孔子说:"有一个叫颜回的人,可以算是好学之人,不迁怒于别人,不重复犯同样的过失。可惜他不幸很短命死去了,现在没有好学之人。

我也未听说有好学之人了。"

6.4 子华使于齐，冉子为其母请粟。子曰："与之釜。"请益。曰："与之庾。"冉子与之粟五秉。子曰："赤之适齐也，乘肥马，衣轻裘。吾闻之也：君子周急不继富。"

［释义］公西华到齐国作使者，冉有替他的母亲向孔子请求粟米。孔子说："给他一釜（合六斗四斤）。"冉有请求再加点。孔子说："再给他一庾（合二斗四斤）。"冉有却给她五秉（相当于八十石）。孔子说："公西华到齐国，乘肥马驾车，穿着轻裘。我听说，一个君子应救济急难之人，不要给富人锦上添花。"

6.5 原思为之宰，与之粟九百，辞。子曰："毋！以与尔邻里乡党乎！"

［释义］原思任孔子家宰，孔子给他九百粟。原思辞谢。孔子说："不要推辞！如果多了，你就给你的邻里乡亲吧。"

6.6 子谓仲弓，曰："犁牛之子骍且角，虽欲勿用，山川其舍诸？"

［释义］孔子论冉雍，说："犁牛生的牛犊赤毛而美角，虽然想不用它来作祭祀，可是山川之神能弃之而不用吗？"

6.7 子曰："回也，其心三月不违仁，其余则日月至焉而已矣。"

［释义］孔子说："颜回这个人，他的心能够长期地不逆背仁德，而其余的人只是偶然地符合仁德罢了。"

6.8 季康子问："仲由可使从政也与？"子曰："由也果，于从政乎何有？"

　　曰："赐也可使从政也与？"曰："赐也达，于从政乎何有？"

　　曰："求也可使从政也与？"曰："求也艺，于从政乎何有？"

　　[释义]季康子问孔子："仲由这个人，可以从政吗？"孔子说："仲由行动果敢，从政有何难？"季康子又问："端木赐这个人，从政如何？"孔子说："端木赐这个人为人通达，从政有何难？"季康子又问："冉求可以从政吗？"孔子说："冉求多才多艺，从政有何难？"

　　孔子很重视从政。早年，他有过短暂的从政经历，也曾经大刀阔斧地推行政令，显示出他从政的魄力与外交的智慧。可是在从政这条路上，孔子总体上是失意的，中年以后他离开家乡，带着弟子周游列国，试图说服各国领袖采纳他的政治思想，可是他的理想主义的"仁政"在列国纷争的时代并不受国君的青睐，于是在晚年孔子决定回归故乡，以删诗书整理文献，并投身于教育来间接地实现他的政治思想。他鼓励他的学生们从政，并根据他们不同的禀赋启发他们各显其能，施展他们的政治抱负。

　　孔子在《雍也篇》中谈到从政的艺术。他赞同仲弓所说的"居敬行简"。所谓"居敬"，乃内心深处保持一种诚敬、敬畏的态度。一个执掌政权的人，如果内心精诚而有敬畏，严肃认真，敬事敬人，则必然得到人民之爱戴；同时他心存敬畏，必不滥施威权，不会放纵己欲去随意驱使人民，这就是"行简"。"行简"就是从政者行动简约，不搞繁文缛节，不搞苛政，不侵扰百姓，用朱熹的解释就是"事不烦而民不扰"。"居敬而行简，以临其民"，这是很高的境界，与老子所倡导的淡泊无为很接近。从治国的智慧来说，孔子亦认为"行简"是从政的最高水准，一个治国者，虽然富有智慧、内心丰富，但他又不把这种聪慧随便强加于他的国民，而是清静自守，收敛而不放纵。他敬畏民意，敬畏权力，存心精诚肃穆，不会视人民为草芥。"居简而行简，无乃大简乎？"这句话颇值玩味。"居简"是存心简约，也可以说是质朴无文。如果一个人内心深处简约质朴，以至于到了内心简单的程度，从而使他在行动上表现出简约，那么这种"简"，则是"太简"了，过于简单了，这并不是最高境界的"简"。最高境界的"简"是内心聪慧而丰富，但存心精诚，行事简约，乃"内文"而"外质"，这是有君子之风的"简"。治国者，有大智慧以洞观世界，明察秋毫，但又心存敬畏，不轻易表露，不强加于民，这才是最高明的"简"。

6.8集中谈到仲由、端木赐、冉求三个人是否有从政之才的问题。季康子问孔子："仲由可以让他从政吗？"孔子回答："仲由办事果断，从政何难？""果"就是果敢，勇于决断，这是从政的必备素质。仲由的长处，是果敢善断，有魄力，有格局，大刀阔斧，勇于任事。但是"果"这种素质并不是简单的"勇敢"，而是多谋善断，那种单纯的"勇猛"并不是真正的"果"，勇猛而无谋是要坏事的。7.11中的对话颇能说明问题。子路曰："子行三军，则谁与？"（老师您如果统帅三军，那么会选择谁共事？）子曰："暴虎冯河，死而无悔者，吾不与也。必也临事而惧，好谋而成者也。"（那些如同赤手与老虎搏斗，不乘船就想渡河，但又到死不悔改的人，我是不会找他共事的。一定要找那些面临任务心存恐惧谨慎，善于谋划而能圆满完成任务的人）。"果"并不是"暴虎冯河"式的"愚勇"，而是多谋善断、慎重而果敢的"智勇"。孔子对子路的告诫，正好切合子路的秉性，可谓当头棒喝。"果"是审慎基础上的决断，既要善谋（不可莽撞），又要有决策魄力，如此才能成就大事。

季康子又问："端木赐能从政吗？"孔子说："赐也达，于从政乎何有?""达",是通达,是洞察世事而明于情理,也就是智商与情商兼备。只有智商而无情商,不可算是"达",只能算是"智"。古人云:"世事洞明皆学问,人情练达即文章。"这是真正的通达,真正的大智慧。"达"意味着对人性的洞察,对于他人的深刻理解与同情,这是一种极高的素质与人际艺术。6.30中说:"夫仁者,己欲立而立人,己欲达而达人。"你要"立",还要同时让他人"立";你要亨通,还要让人亨通。一个人能如此将自我之实现与他人之实现统一起来,能将自我之情感欲望与他人之情感欲望高度完美地融合起来,是一种极为高超的处世艺术,也是极高的领袖魅力的体现。

季康子又问:"冉求这个人可以从政吗?"孔子说:"求也艺,于从政乎何有?""艺"就是多才多艺,也就是"君子不器"。一个人从政,就是从事于管理人的工作,而管理人,是一项极为综合、极为复杂的事情,对一个人的综合素养要求极高。一个从事国家治理的人,他不一定非要是某个领域的专家(而且可能越是专家越是不能胜任国家治理的工作),他需要对各个领域有非常宏阔的理解,视野要开阔,格局要大,有整体的把握能力与掌控能力。他需要有极其高超的沟通与协调能力,能够与不同的人(包括不同领域、不同才能、不同禀赋与诉求的人)进行深入而有效的对话。面对不同的知识领域,面对复杂的局势,面对纷纭的人群,他能够调动他所有的才能与知识储备去应对,因而应付裕如,从容不迫。这就是"艺"。"艺"就是"博",就是避免做一个马尔库塞所指摘的"单向度的人"。在现实的政治中,一个有丰富的趣味、渊博的学识、深厚的修养的人,比一个见识狭窄、趣味枯燥、修养浅薄的专家更容易把国家治理好。

二十四　孔颜乐处

6.9　季氏使闵子骞为费宰。闵子骞曰:"善为我辞焉。如有复我者,则吾必在汶上矣。"

[释义]季氏让闵子骞做费县的长官。闵子骞(对来人)说:"快点好好地帮我辞掉吧!如果有人再来劝我当费县长官,那么我一定会到汶水之北去躲避。"

6.10　伯牛有疾,子问之,自牖执其手,曰:"亡之命矣夫!斯人也而有斯疾也!斯人也而有斯疾也!"

[释义]伯牛生了重病,孔子去探望,从窗户外握伯牛的手,说:"哎,活不了了!这是命运啊!这人怎么得这样的病!这人怎么得这样的病!"

6.11　子曰:"贤哉回也!一箪食,一瓢饮,在陋巷,人不堪其忧,回也不改其乐。贤哉回也!"

[释义]孔子说:"颜回真是一个贤人啊!一竹筐饭,一瓢水,住在陋巷之中,别人不能忍受那种贫苦生活的忧愁,但颜回却不改

变他的快乐。颜回真是一个贤人呀!"

6.12 冉求曰:"非不说子之道,力不足也。"子曰:"力不足者,中道而废。今女画。"

[释义]冉求说:"我不是不喜欢老师您的学说,但我确实是力量不够啊。"孔子说:"力量不够的人,到了中途就不再走了,而你还没有开始走呢!"

6.13 子谓子夏曰:"女为君子儒,无为小人儒。"

[释义]孔子对子夏说:"你要做一个真正君子式的儒者,而不要做一个虚伪的小人式的儒者。"

6.14 子游为武城宰。子曰:"女得人焉耳乎?"曰:"有澹台灭明者,行不由径,非公事,未尝至于偃之室也。"

[释义]子游当了武城的长官。孔子问:"你得到什么人才没有啊!"子游说:"有一个叫澹台灭明的人,走路不取道小径,如果不是办公事,他从不曾到我房间里来。"

6.15 子曰:"孟之反不伐,奔而殿,将入门,策其马,曰:'非敢后也,马不进也。'"

[释义]孔子说:"孟之反从不自夸,他在战斗中走在最后(以掩护他人),将进城门时,他鞭打马,说:'我并不是敢于殿后,而是我的马走不快啊。'"

6.16 子曰:"不有祝鮀之佞,而有宋朝之美,难乎免于之世矣。"

[释义]孔子说:"假若没有祝鮀能言善辩,而仅有宋朝的美貌,这样的人在今天的社会中恐怕很难免祸了。"

现代人对财富的追逐达到了无以复加的程度,这导致整个社会的风气日趋恶化,人的心灵世界变得浮躁而功利,社会结构也处于极不稳定并行将断裂的状态。从儒家的观点来看,虽然财富是必要的生存保障,但是,财富并不是通往幸福的必然道路。现代人被物质所压迫,孜孜以求,穷年外逐,结果是生命愈加变得琐碎、繁冗、疲惫,毫无色彩与生气,失去了生命应该具备的单纯、从容,缺乏朝气和活力。现代人在物质的重压和驱使下不再关注内心的生活,不再以精神的饱足为生命目标,而是一味纠缠在尘俗的追逐中,忘记拷问自己更根本的问题:我们快乐吗?这样追求外在的生命有意义吗?我们有多久没有享受那种简朴的快乐了?

而孔子教导我们的生活态度,正是享受这种简朴的快乐与纯粹的生命之美。《述而篇》说:"饭疏食,饮水,曲肱而枕之,乐亦在其中矣。不义而富且贵,于我如浮云。"吃着简单的饮食,休憩时枕着胳膊从容地安睡,这种简单的快乐就是这样自自然然地存在于简朴的生活中,那些富贵功名与身外羁绊,只当是漂浮的白云不必在意!这是两千年前先贤的内心体验。在这里,我们看到一种简朴自然的生活,一种舒卷自如的生命态度,一种从容不迫的内心状态,而不是简单地反对一切追求富贵的行为。孔子也说过:"富而可求也,虽执鞭之士,吾亦为之。如不可求,从吾所好。"(7.12)可见,孔子并不是绝对地否定人们追求财富的行为,而是倡导一种不为物质所羁绊所束缚,从而获得心灵解脱与自由的生活姿态。

孔子曾经大大地赞美他的得意弟子颜面:"贤哉回也!一箪食,一瓢饮,在陋巷，人不堪其忧，回也不改其乐。贤哉回也！"在孔子的心目中，颜回的人格境界在所有弟子中是最高的，这个追求精神世界享受的人，虽然箪食瓢饮，居住在简陋的街巷之中，并无豪华房宇和珍馐美味可供享用，换上别人，实在是不堪其忧，可是他还是那样从容淡定，不改其乐！

但是"孔颜乐处"究竟所乐何事？难道他是天生以贫苦为乐吗？《朱子语类》卷三十一中记载了一段有趣的师生回答："问：颜子不改其乐，莫是乐个贫否？曰：颜子私欲克尽，故乐，却不是专乐个贫。"在这里，朱熹解释得很明白，孔子盛赞颜回"不改其乐"，不是欣赏颜回单单乐于贫困，而是因为颜回对于物质层面的享受，实现了一种内在的超越。他已然能够抛弃物质的欲望，而注重精神层面的快乐，所以他才"不改其乐"，而不是专以贫困为乐。朱子在《四书章句集注》中说："颜子之贫如此，而处之泰然，不以害其乐，故夫子再言'贤哉回也'，以深叹美之。"对简朴的生活处之泰然，不因为生活简陋而丧失自己从容恬澹的心境，可见颜回的人格之高。程颐也说："颜子之乐，非乐箪瓢陋巷也，不以贫窭累其心而改其所乐也，故夫子称其贤。""箪瓢陋巷非可乐，盖自有其乐尔。其字当玩味，自有深意。"颜回能够超越物质对心灵的捆绑，仍然对生命保持一种欣赏享用的心情，其根源是因为颜回自有"其"乐处。颜回所乐，在于超然物外，身心自由，在于他对人格境界与道德内在的追求，这种追求能给他带来深层次的生命欢愉，而不是浅层次的物质快乐。

对于现代人而言，颜回的生命姿态实在值得深味涵泳并加以践履。我们往往被名利外物所诱惑与压迫，而我们对外在名利的忧虑越多，生命空间就变得越局促、狭仄，我们所获得的内心的幸福、饱足、安宁的感觉就越少。古希腊哲学家们亦强调简朴的生活态度，那些心灵世界极其高蹈超越的哲人，在简朴的生活中释放自己的身心，感悟天地宇宙，生命愉悦而自在，得大解脱。在这方面，中国的道家、儒家、佛家以及西方的哲人是相通的。在《新约》中，耶稣也曾这样训诲他的门徒："所以我告诉你们：不要为生命忧虑吃什么，喝什么，为身体忧虑穿什么。生命不胜于饮食吗？身体不胜于衣裳吗？你们看那天上的飞鸟，也不种，也不收，也不积蓄在仓里，上天尚且养活它。你们不比飞鸟贵重得多吗？你们哪一个能用思虑使寿数多加一刻呢？何必为衣裳忧虑呢？你想：野地里的百合花怎么长起来，它也不劳苦，也不纺线。然而我告诉你们：就是所罗门极荣华的时候，他所穿戴的还不如这花一朵呢！"耶稣教诲他的门徒勿虑衣食，而关注自己心灵的饱足与超越，而简朴的生活，是更接近智慧，更接近幸福，更接近安宁的生活。

美国著名的特立独行的思想家和作家梭罗，在一百六十年前，超越尘俗，手持一把斧头，在瓦尔登湖边建屋耕种，开始了自己简朴而自由的生活。他对物质的要求少到最低限度，而精神的丰盈却无人能比。他说："最明智的人生活得甚至比富人更加简单和朴素。……要按照智慧的指示，过着一种简单、独立、大度、信任的生活。"（《瓦尔登湖·经济篇》）这不就是孔子所叹美的颜回的境界吗？

而在一千六百年前的晋代，一个诗人抛弃了他所厌倦的官职，重新回到大自然的怀抱中，回到朴素的农人之中。在这里，他写下了无数至今读来还会令人思清神爽的优美诗篇。这个田园诗人就是陶渊明。这个醉心于田园生活之间的诗人，不以贫为苦，而能够在简朴的生活中体味自由、简约、开阔、纯真的幸福。物欲远离了他，而对道德人格的追求却使他的生命境界得到了超拔与提升。

二十五　为学最乐

6.17　子曰:"谁能出不由户?何莫由斯道也?"

[释义]孔子说:"谁能走出屋外而不经过房门?为什么人们不从我这条道行走呢?"

6.18　子曰:"质胜文则野,文胜质则史。文质彬彬,然后君子。"

[释义]孔子说:"朴质胜过文采,就显得粗野;文采多于朴质,就显得繁琐而虚浮。一个人既文雅又质朴,这才是君子之貌。"

6.19　子曰:"人之生也直,罔之生也幸而免。"

[释义]孔子说:"人生在这世界上是靠正直,如果没有正直的品质还能生存,那是因为侥幸才免于祸患。"

6.20　子曰:"知之者不如好之者,好之者不如乐之者。"

[释义]孔子说:"(对于学问)知道它的不如喜好它的,喜好它的不如以它为乐的。"

6.21　子曰："中人以上，可以语上也；中人以下，不可以语上也。"

［释义］孔子说："中等资质以上的人，可以与他探讨高深学问；中等资质以下的人，不能与他探讨高深学问。"

6.22　樊迟问知。子曰："务民之义，敬鬼神而远之，可谓知矣。"问仁。曰："仁者先难而后获，可谓仁矣。"

［释义］樊迟问什么是智慧。孔子说："专心致力于使人民趋向正义，敬畏鬼神，但又保持距离，这就可以算是智慧。"又问什么是仁德。孔子说："有仁德的人历艰辛而后有收获，这就是仁德。"

6.23　子曰："知者乐水，仁者乐山；知者动，仁者静；知者乐，仁者寿。"

［释义］孔子说："智慧之人乐于水，仁德之人乐于山。智慧之人灵动，仁德之人沉静。智慧之人快乐，仁德之人长寿。"

读书境界有霄壤之别：有功利境界，视读书为敲门砖，达到目的即弃之不顾；有知识境界，为满足知识的渴望，满足好奇心；有快乐境界，视读书为最大乐事。与读书一样，世上做任何事也有不同境界。最高层次的读书做事，应该是能够在读书做事中体会纯粹的快乐，感悟读书做事所带来的发自衷心的幸福与满足感。此时读书与任何功利主义目的无关，追求知识成为内心强烈的渴求与单纯的快乐的源泉。这就是尼采所说的"快乐的知识"。

6.20中说："知之者不如好之者，好之者不如乐之者。"这里面谈到读书做事的三个层次：知之、好之、乐之。朱熹解释说："知之者，知有此道也；好之者，好而未得也；乐之者，有所得而乐之也。"《四书章句集注》又引张敬夫的注解："知而不能好，则是知之未至也；好之而未及于乐，则是好之未至也，此古之学者，所以自强而不息者欤？"

"知之"，是读书的第一个境界。这种境界表明求学者的欲求在于知道事物中存在的客观规律。这是纯粹为知识而读书的阶段。这个阶段固然必要，但是读书的这个境界仍然是低层次的，求学者仍然是被动的，他与"知"之间的关系仍旧是互不连属、截然相隔的关系。"知"作为纯粹的客观之物，还不能与求知者的主观情感世界融合为一，尚不能激发求知者内在的强烈感情。我们今日的以记诵为形式、以考试为方向、以职称学位为追求目标的读书与求知，即是使受教育者停留在这样一个极浅的层次上。读书者止于"知道"某一事物之规律，满足于获得某个确定的标准的答案并奉之为真理，却全然没有激发起追求知识、探索真理的激情。这样的"求知"，即使"知"得再多，也不过是既有知识的储藏器而已，这样的求知者，必然失去创造性，缺乏创造的激情，因为他在求知中没有灌注自我内在的主动精神。传统的教育理念，轻启发而重灌输，轻快乐学习而重知识获取，不注重调动学习者内在的激情与主动精神，造就了大量装满知识但毫无创造激情的头脑。

"好之"乃求知的第二个境界，表明求知者已经不单单是寻求获得已有的知识，不仅仅是满足于知道（理解）现有的知识，而是把读书与求知作为内心强大的喜好。此时读书求学成为一个人内在的渴求，读书不是为了功利目的，而是因为内在的兴趣与精神上的喜好。从"知之"到"好之"，是一个求学者精神境界的质的飞跃。他不再是一个被动的知识接受者，他（主观）与现存的知识（客观）不再是相互隔绝的两张皮，而是达到了内在的融合。学习者一旦在主观上有了这种主动的精神，他就会产生一种创造的冲动，追求知识不是单纯"知道"什么东西，而是要发现"知识"背后的东西，他就会有巨大的动力追求事物的根底，以主动的探索精神去寻求真理。教育的目的是使被教育者从满足于"知其然"，到以巨大的好奇心探索"知其所以然"。当今中国教育之弊，正在于不能激发被教育者内在的求知欲望与探索激情，而是从灌输被教育者"正确的知识"出发，使被教育者成为单纯的知识容器，而他所被动接受的所谓"知识"本身，却正在以极快的速度折旧甚至被彻底抛弃。

"乐之"乃读书求知者的最高境界。"乐之"不仅是朱熹所说的"有所得而乐之也"，而是读书者视求知为最大的幸福，日夜涵泳其中，时刻耽于其中，"焚膏油以继晷，恒兀兀以穷年"，乐在其中，乐而忘返。读书为学乃生平快事，一个"乐"字，揭尽读书之最终目的与最高层次。实际上，任何学问之探索，任何事业之追求，其最根本之鹄的岂不就是获得这种终极的幸福感吗？一个人倘能在某个领域的求索中乐而不知倦，他就可以忘怀世界，抛弃名利，从纯粹知识的求索中获得最大的心灵慰藉与精神寄托。中国人只知读书辛苦，因此才编造出"悬梁刺股"这些故事来渲染读书之不易，并发明"学海无涯苦作舟"这样的励志格言来规劝那些不能在学习中找到乐趣的求学者。而孔子却独标"乐"学，乐而不倦，终身向道，揭示出求学之本质，正可以为今日那些以学位、职称、薪水为读书目标的人作一镜鉴。

《朱子近思录》卷二引程子之话："伊川先生曰：知之必好之，好之必求之，求之必得之。古人此个学，是终身事。果能颠沛造次必于是，岂有不得道理？"这里所说的"颠沛造次必于是"的"学"，不仅是客观世界的知识之学习，而是更指道德人格意义上的知识之求索。无论客观知识还是人格知识，假若一个人不仅停留在"知之"的层次上，而且以"好之""乐之"的精神去学习与求索，以巨大的内在激情和功力去追寻，则必可以有大成。此时求学者超越物质，超越功利，以纯粹的心向往真理与良知，以洞察真理与践履良知为"乐"，在任何外界的逼迫与自我的颠踬中都不放弃这种快乐，此方为"真知"，方为"真学"。

明代泰州学派创始人、王阳明弟子王艮（学汝止，号心斋）曾作《乐学歌》（见《明儒王心斋先生选集》卷二），把"乐"与"学"的关系说得很透彻：

> 人心本自乐，自将私欲缚。
> 私欲一萌时，良知还自觉。
> 一觉便消除，人心依旧乐。
> 乐是乐此学，学是学此乐。
> 不乐不是学，不学不是乐。
> 乐便然后学，学便然后乐。
> 乐是学，学是乐。
> 呜呼天下之乐，何如此学。
> 天下之学，何如此乐。

王心斋先生此处说"乐学"，是讲道德人格之学习，不单是浅层的对于客观真理之求索，也就是"道问学""致良知"的层次。

"知之者不如好之者，好之者不如乐之者"，其中的"乐"字，在《论语》中出现很多次，其中揭示的意蕴，值得我们注意。从《学而篇》开始，《论语》频频提到"乐"，"乐"也成为儒家知识体系（包括客观知识与道德知识）中最核心的范畴之一。从"学而时习之，不亦说乎？有朋自远方来，不亦乐乎？"，到"饭疏食，饮水，曲肱而枕之，乐亦在其中矣"；从"一箪食，一瓢饮，在陋巷，人不堪其忧，回也不改其乐"，到"知者乐水，仁者乐山，知者动,仁者静,知者乐,仁者寿",再到孔子"发愤忘食,乐以忘忧,不知老之将至","乐"的精神贯穿《论语》始终。孔子从终生的学习与修身中获得最大的快乐,这是儒家文化不同于西方的重要方面。李泽厚先生曾说,西方文化是"罪感文化",日本文化是"耻感文化",而中国文化是"乐感文化",认为以"乐感文化"为核心的实用理性是华夏精神的本质,这种观点极有见地。

二十六　中庸至德

6.24　子曰:"齐一变,至于鲁;鲁一变,至于道。"

[释义]孔子说:"齐国的政教制度一有演进,便达到鲁国的境地;鲁国的政教制度一有演进,便达到合乎大道的境地。"

6.25　子曰:"觚不觚?觚哉!觚哉!"

[释义]孔子说:"觚不像觚了,这哪里是觚啊!哪里是觚啊!"

6.26　宰我问曰:"仁者,虽告之曰:'井有仁焉。'其从之也?"子曰:"何为其然也?君子可逝也,不可陷也;可欺也,不可罔也。"

[释义]宰我问道:"仁德之人,虽然有人告诉他:'井里掉下去一个仁人',难道他会跟着下井吗?"孔子说:"他为什么要这样做呢?君子可以使他摧折,但不可陷害他;可以欺骗他,但不可愚弄他。"

6.27　子曰:"君子博学于文,约之以礼,亦可以弗畔矣夫。"

[释义]孔子说:"君子广博地学习文献,用礼来约束自己。这

样就可以不违背大道了。"

6.28　子见南子，子路不说。夫子矢之曰："予所否也，天厌之！天厌之！"

[释义]孔子去见南子（卫灵公夫人，名声不佳），子路很不高兴。孔子发誓说："如果我做了不正当的事，天厌弃我！天厌弃我！"

6.29　子曰："中庸之为德也，其至矣乎！民鲜久矣。"

[释义]孔子说："中庸作为一种道德，真是最高的境界了！人们缺少这种品质已经很久了。"

6.30　子贡曰："如有博施于民而能济众，何如？可谓仁乎？"子曰："何事于仁？必也圣乎！尧舜，其犹病诸！夫仁者，己欲立而立人，己欲达而达人。能近取譬，可谓仁之方也已。"

[释义]子贡说："如果一个人能够施于人民很多恩惠并能够帮助众人，那怎样呢？可以称之为仁人了吗？"孔子说："何止是仁人呢？这一定是圣人了！尧舜这样的圣人都难以做到啊！有仁德之人，自己要站立得住，也让别人站立得住；自己要达成愿望，也让别人达成愿望。如果我们能从近处选择榜样，（逐步去践行），那就是达到仁德的有效方法了。"

儒家讲求"中和之美"，倡导"中庸之道"。"中庸"是一个极具中国智慧的哲学范畴。然而现代中国人由于受意识形态的影响，往往把"中庸"

理解为不偏不倚、不分是非、哼哼哈哈、没有原则、含糊其词、立场不鲜明、和稀泥式的老好人主义。因此,"中庸"作为一个道德和修养范畴,完全被现代语境所抹杀。一个本来具有深刻内涵与智慧的语汇,一个本来对一个民族的文化性格有重要塑造功能的词汇,却被大众如此误读,中国文化断裂与变异程度之深,可以想见。

"中"是解读中国文化与中国人国民性格的一个密码。"中"代表着一种永远不走极端的思维方式,意味着一种不狂热、不偏执、不迂腐的生活智慧。于是这个"中",在久远的历史维度中引导中国人遵循一种适度的原则,以一种从容中和的心态与步伐调整自己的生活秩序与国家治理秩序。

《中庸》第一章说:"天命之谓性,率性之谓道,修道之谓教。道也者,不可须臾离也,可离,非道也。是故君子戒慎乎其所不睹,恐惧乎其所不闻。莫见乎隐,莫显乎微,故君子慎其独也。喜怒哀乐之未发,谓之中;发而皆中节,谓之和。中也者,天下之大本也;和也者,天下之达道也。致中和,天地位焉,万物育焉。"

在《中庸》这部儒家经典中,"中"的深意与重要性被完整地揭示出来。"中"是指人的喜怒哀乐等情绪尚处于隐而不发的状态,此时人的心灵宁静淡泊,从容澄澈;但儒家并不是简单地要求人不可以有喜怒哀乐的情绪,不可以表达自己的内在情感,而是崇尚"发而皆中节",即每种情绪的表现和释放都会合乎一定的"度",有节度,有控制,有分寸,一张一弛皆有法度,决不走极端,决不过度,决不放纵。这就是"和"的境界。人在世间,做任何事情,都要遵循"中庸"的原则,都要追求"和"的境界。"中庸"与"中和",即是一个伦理与道德的境界,也是一种艺术的境界,极端了,就不美,过分了,就立不住。这是中国人对生活的审美的标准。但同时,这也是宇宙万物存在与繁衍的前提,是天地秩序存在的依据。《中庸》把"中和"这个伦理范畴放到宇宙发生与演变的形而上高度理解,赋予这个伦理范畴以形而上意义。天地之所以各有其位、保持其秩序,万物之所以繁衍变化、生生不息,其根本原因是他们都遵循了"中"的原则。

中国人讲求人性中的"中和之美"。孔子说:"君子时而中。"一个君子,既要与时俱进、顺应时势,同时又要遵守"中庸"的价值原则。他未遇事时,从容天然,保持单纯的自我本真状态,如同程颢所说的"万物静观皆自得,四时佳兴与人同"的境界;当他遇事之时,心中始终留有分寸,不张扬,不极端,不狂躁,不暴怒,不狂喜,不绝望,始终保持一种平衡冲和的心境,永远不淹没在极端情绪中。假如每一个人都能达到这样的心灵境界,则整个社会必然达到一种和谐社会的状态。"中",既是"中间"之"中",也是"恰中"之"中"。"中节",就是恰恰符合那种"度"。这是一种极高的修养境界与道德境界,是一个人内在深处不断反省,不断返躬自责,不断警醒自励的成果,而一个没有自我教育、自我反省、自我激励的习惯的人,是永远达不到这样的境界的。

《中庸》引孔子的话说:"君子中庸,小人反中庸。君子之中庸也,君子而时中;小人之中庸也,小人而无忌惮也。"无所忌惮,说到底,是一种不能自我约束、自我反省、自我检视、自我激励的表现,一个人不能"慎独"、不能"一日三省吾身"、行为放纵而失度,这就是小人。在《雍也篇》中,孔子感叹:"中庸之为德也,其至矣乎!民鲜久矣!"孔子深感"中庸"这种理想道德人格在当世的堕落,遂发出深深的感叹。在《礼记·中庸》,孔子屡次谈到"中庸"之德的可贵与稀有:"天下国家可均也,爵禄可辞也,白刃可蹈也,中庸不可能也。"(天下国家都可以均平,高官厚禄都可辞却,利刃都可毫无畏惧地踩踏,可是中庸这种品质却不容易达到。)孔子又说:"人皆曰予知,择乎中庸而不能期月守也。"(人们都说我有智慧,可是当我选择实践中庸之德,却连一个月都不能坚持遵守。)孔子认为"中庸"是一种极其完美、极其理想的人格境界,现实中有些人做得过头,有些人却欠火候。孔子说:"道之不行也,我知之矣,知者过之,愚者不及也。道之不明也,我知之矣,贤者过之,不肖者不及也。人莫不能饮食也,鲜能知味也。"孔子所说的所谓"道""味",就是"中庸"之德,智愚、贤不肖,虽有"过"与"不及"之区分,然而本质上都是不能中庸。孔子赞美大舜的中庸之德:"舜其大知也与!舜好问而好察迩言,隐恶而扬善;执其两端,用其中于民;其斯以为舜乎!""执两用中"是一种治国的智慧,也是一种处世的艺术。能够洞察一个事物的两个极端,但是在实践中却善于把握"中"的原则,以不偏不倚、执中冲和的手段来化解矛盾,这是舜治国的高明处。20.1引用尧的话说:"咨!尔舜!天之历数在尔躬,允执其中。四海困穷,天禄永终。"这里的"允执其中",就是《中庸》中的"执两用中"。有些哲学家想出"三分法",就是从"执两用中"的传统哲学中得到启示。中国人看问题不是"一分为二",不是"非此即彼",不是从一个极端到另一个极端,而是善用"中庸"哲学,是"一分为三",走中庸路线。古今一切成功的治国实践,无一不是遵循这一传统智慧。

述而篇第七

二十七　诲人不倦

7.1　子曰："述而不作，信而好古，窃比于我老彭。"

［释义］孔子说："我阐述古人思想而不创作，信从而爱好古代文化，私下里我把自己比作老彭。"

7.2　子曰："默而识之，学而不厌，诲人不倦，何有于我哉？"

［释义］孔子说："默默地记住所学的东西，对学问的追求从不感到满足，教诲别人从不疲倦，这些品质我能具备哪些呢？"

7.3　子曰："德之不修，学之不讲，闻义不能徙，不善不能改，是吾忧也。"

［释义］孔子说："不能修养自己的品德，不去讲习学问，听到好的义行却不能仿效，有不对的地方却不能改正，这些都是我时常忧虑的事情。"

7.4　子之燕居，申申如也，夭夭如也。

［释义］孔子平日在家闲居，既整齐，又舒展。

7.5　子曰:"甚矣吾衰也!久矣吾不复梦见周公!"

[释义]孔子说:"我衰老得太厉害了!我很久没有再梦见周公了!"

7.6　子曰:"志于道,据于德,依于仁,游于艺。"

[释义]孔子说:"有志于追求'道',根据在于'德',依靠在于'仁',游息在于'艺'。"

7.7　子曰:"自行束脩以上,吾未尝无诲焉。"

[释义]孔子说:"只要自己拿着薄礼来见我的人,我没有不教诲的。"

7.8　子曰:"不愤不启,不悱不发。举一隅不以三隅反,则不复也。"

[释义]孔子说:"如果学生不到想求通而不得的地步,我不会启发他;如果学生不到想说出而不得的地步,我不会开导他。如果教学生一个方向,他不能推知其他三个方向,我就不再教他。"

孔子是中国历史上第一个将教学作为终生职志的教师,也是中国历史上最伟大的教师。他活得很长,在当时是寿命最长的学者之一,因而他所教的学生年龄跨度很大,从比他小几岁的颜无繇(颜回之父)、冉耕、仲由(子路),到比他小四五十岁的公西赤、有若、言偃、曾参,可以说,他对他那个时代几代人都产生了直接的深刻影响。孔子不但极其热心于教学事业,对教师的使命有极其清醒而深刻的认识,而且创造了伟大的教学艺术,产生出系统而深邃的教育思想。孔子对教学艺术的娴熟把握令人惊叹,他的

教育思想值得珍视并发扬。

孔子教育思想中最具有时代创造精神的当数"有教无类"(15.39)。"有教无类"就是不区分学生是富贵还是贫贱，是贵族还是平民，也不分其国界与华夷，只要有心向学，孔子都去教。"有教无类"是对当时垄断教育的"官学"的一种改造与革新。西周时期的官学以教育贵族子弟为目的，平民百姓很难进入官学读书。孔子开创了"私学"，按照自己的政治理想与教育思想进行教学，不能不说是中国教育历史上的一场革命。孔子的学生中，不分贵贱皆可就读于孔子门下，孔子曾经开玩笑说："自行束脩以上，吾未尝无诲焉。"是说学生只要交一点干肉作为学费，我就可以教他。孔子自己小时候吃过贫贱之苦，他说："吾少也贱。"(9.6)因此颇能体会贫苦子弟不能读书之苦。孔子的子弟多来自贫寒人家，如曾参、子路、子夏、子张、子贡、颜回、闵子骞等。他开创的"有教无类"的平民教育理念，实质上是基于他的人性观，即人人皆可以通过学习而达到圣贤境界，人人皆可以为尧舜；人们的本性相近，禀赋相近，只不过由于后天的教育条件与成长环境不同，才使人们的习性、品质、行为等有了很大变化与差异。所以他说："性相近也，习相远也。"(17.2)这里面蕴含着一种极为积极的教育观与成才观，即通过教育，启发民智，就可以使人人成为德才兼备的有用之材。

孔子内心充满了对教学的热忱，在《论语》中，他多次向人表达他热心于教书育人的心情。他曾说："默而识之，学而不厌，诲人不倦，何有于我哉！"(7.2)他也曾说："若圣与仁，则吾岂敢？抑为之不厌，诲人不倦。"(7.34)他虽然自谦，但是"学而不厌，诲人不倦"却是实实在在的"夫子自道"，一个勤于学习、不知疲倦地矢志于教书育人的老师形象跃然纸上。"诲人不倦"，意味着孔子不仅把教学当作职业，当作谋稻粱的工具，而更把教书当作一种伟大的使命，当作生命中最大的快乐。孟子曾经说："得天下英才而教育之，一乐也。"把教书当作平生乐事，把与学生交流、教诲年轻人当作最大乐趣，这样的人才堪为良师。当今大学之内，不乏饱学之士，但是那种视教书为乐事、以培育英才为己任的教师，真是少之又少，实在令人遗憾！这也是大学精神萎靡的重要根源之一。

孔子的学生很多，出身不同，年龄不同，识见不同，禀赋不同，因而他在教学生时极注意根据不同学生的不同情况，因材施教，使每个学生都得到最恰当、最适合于自己的教育。《先进篇》中的一段记载便生动地体现了孔子因材施教的主张，也展现了孔子极其高超的教学艺术。子路问："闻斯行诸？"子曰："有父兄在，如之何其闻斯行之？"冉有问："闻斯行诸？子曰："闻斯行之。"公西华曰："由也问闻斯行诸，子曰有父兄在；求也问闻斯行诸，子曰闻斯行之。赤也惑，敢问。"子曰："求也退，故进之；由也兼人，故退之。"你看，对于同一个问题，孔子针对不同性格禀赋的学生，便有不同的答案。冉有这个人性格怯懦，做事缩手缩脚（退），不能勇往直前，孔子便要激励他行动的决心，鼓舞他行动的力量，使他果敢而敢于行动，因而孔子说："闻斯行之。"意思是：冉有啊，你若是听到正确的道理，就勇敢地干吧，要勇于实践，不要畏葸不前，不要过于谨慎，更不要惧怕失败挫折。而对于子路这样的刚猛好勇之人（兼人），孔子则认为应该使其谦退，煞煞他的锐气，使其在果敢之外，更增添一些谨慎与厚重，更能知进退行藏之道，而不是仅仅凭冲动与勇猛来行事，告诫他切忌"暴虎冯河"（赤手就要与猛虎搏斗，一无所凭就要渡河）式的愚勇。

"因材施教"的思想在《论语》中俯拾皆是。有些人在读《论语》时，往往感到困惑，为什么在解释同一个范畴（如"仁"）时，孔子给不同的学生的回答都不相同？实际上，在孔子心目中，"仁"这样一个哲学范畴具备丰富的内涵，并不具有绝对的意义，他在回答不同的学生时，必须根据当时师生对话时的具体情境，必须针对这个学生的具体情况（性情、出身、缺点）来给予提点，使其于当下一问一答中开悟，对自身的缺陷以及未来努力的方向有所体悟洞察。这种"情境教学法"所追求的并不是揭示客观、绝对的真理,并不是系统的知识创造与知识发现,而是着重于对被提问者当下的情况给予开示,使其得到精神上的解脱与醒悟。孔子与苏格拉底都是施行"情境教学法"的艺术大师,他们的目的在于教化开示学生,而非仅仅以知识为目的,他们的着眼点在于活生生的、具体的、有独特主体特征的人,而不是作为客体的真理。当世之大学教育,重知识之统一灌输,而视学生为千篇一律的、没有个性的、机械的受教育者,遂使教学失去主体性、灵活性、针对性,变得苍白而枯燥。

孔子还特别注重启发式教学。颜渊曾经感叹说:"仰之弥高,钻之弥坚。瞻之在前,忽焉在后。夫子循循然善诱人,博我以文,约我以礼。"(9.11)孔子循循善诱,注重启发学生内在的认知与智慧,而不是生硬地把自己的见解强加于学生。他说:"不愤不启,不悱不发。举一隅而不以三隅反,则不复也。"作为一个教育者,应深刻洞察被教育者当下的状态,如果被教育者内心尚没有达到一种极其渴求突破、极其苦闷难解、极其困惑而求通达的状态的时候,你还不能急于开导他,因为时机还没到。时机未到,而教育者却急于开导被教育者,此时被教育者并不能得到真正深刻的体悟,他的感悟必不深,他的体会也不痛彻、不深切。何时启发,何时来一个棒喝,使学生顿然开悟,如醍醐灌顶般豁然开朗,是需要教育者极其深邃的洞察力的,也需要教育者有相当的耐心,善于把握时机。《先进篇》"子路、曾皙、冉有、公西华侍坐"一章,实在是启发式教学之典范,孔子作为老师,与弟子共处一室,可谓春风满座,师生各抒其志,畅所欲言,乐何如哉!而教学活动,就这样于弦歌之间不知不觉地渗透于这种散淡而富于情调的闲谈氛围之中。孔子对于各个弟子,有批评、有赞许,也有明批实赞,他对于每一个弟子的开示也就隐含在其中了。当曾皙说"暮春者,春服既成,冠者五六人,童子六七人,浴乎沂,风乎舞雩,咏而归"时,孔子感叹:"吾与点也！"这不就是孔子心目中最理想的生活的写照吗？甚至，这段话也是孔子高超教学艺术的活写实。"振衣风乎舞雩台，游心止于大同国"，孔子正是将他的政治理想寄托于他的教学，而他的启发式教学的艺术，正可以激发弟子内心无穷的潜力，激发他们内心的自由、创造力与道德自觉。与苏格拉底一样，孔子最擅长发问，他常常针对不同的学生发问，有时是正问，有时是反诘，于相互问难当中启迪学生内心的智慧，他不直接告诉学生一个标准的客观的答案，甚至孔子常常不作答，回避回答，而让学生在潜移默化中自悟。犹如禅宗中"以手指月"，孔子在教学中亦重启迪，重无形的开示，重被教育者自身潜能的开启，而轻于灌输，轻于自上而下的强迫。他鼓励学生提问，常以"大哉问""善哉问"来肯定学生的提问，显示出他循循然而善诱人的教学风格。孔子鼓励学生独立思考，"学而不思则罔，思而不学则殆"，把学与思考密切结合。他也鼓励学生将知与行结合起来，学习之后要勤于实践。

孔子在从师问题上，主张"学无常师"。《子张篇》说："卫公孙朝问于子贡曰：'仲尼焉学？'子贡曰：'文武之道，未坠于地，在人。贤者识其大者，不贤者识其小者，莫不有文武之道焉，夫子焉不学，而亦何常师之有？'"(19.22) 孔子确实是"学无常师"，他向很多人学习不同的知识，善于融会贯通，形成自己的思想。杜甫说"不薄今人爱古人，转益多师是汝师"，也是这个意思。孔子在对待"师"的问题上强调被教育者要有主体意识，不能迷信老师，他曾说："当仁不让于师。"(15.36) 韩愈在《师说》中也说："弟子不必不如师，师不必贤于弟子。"只要一个人在某个方面胜过自己，就可以拜他为师。韩愈说："圣人无常师，孔子师郯子、苌弘、师襄、老聃。郯子之徒，其贤不及孔子。孔子曰：三人行，则必有我师。"这就是孔子胸怀博大、谦虚好学而不厌的风范。

二十八　义利之辨

7.9　子食于有丧者之侧，未尝饱也。

[释义]孔子在有丧事的人旁边吃饭，不曾吃饱过。

7.10　子于是日哭，则不歌。

[释义]孔子在这一天哀哭过，则不再唱歌。

7.11　子谓颜渊曰："用之则行，舍之则藏，唯我与尔有是夫！"子路曰："子行三军，则谁与？"子曰："暴虎冯河，死而无悔者，吾不与也。必也临事而惧，好谋而成者也。"

[释义]孔子对颜回说："如果天下任用我，我就行动；如果天下舍弃我，我就暂时隐藏。这样的人，也只有我和你了！"子路说："如果你统帅三军，那么你选择谁呢？孔子说："那些空手与老虎搏斗、无船而试图渡河，到死也不后悔的人，我是不会选择的。我一定要选那些遇到事情有警惕悚惧心理，善于谋划而最终促成一件事的人。"

7.12　子曰:"富而可求也,虽执鞭之士,吾亦为之。如不可求,从吾所好。"

[释义]孔子说:"如果富贵是可以用正道来获取的,那么即使是当一个执鞭的人,我也乐意做;如果富贵不能以正道获取,我还是遵循我自己内心的喜好。"

7.13　子之所慎:齐,战,疾。

[释义]孔子所谨慎对待的三件事是:斋戒、战争、疾病。

7.14　子在齐闻《韶》,三月不知肉味,曰:"不图为乐之至于斯也!"

[释义]孔子在齐国听《韶》乐,三个月吃肉都不知道味道。孔子说:"真没想到音乐可以达到这样的境界!"

7.15　冉有曰:"夫子为卫君乎?"子贡曰:"诺。吾将问之。"入,曰:"伯夷、叔齐何人也?"曰:"古之贤人也。"曰:"怨乎?"曰:"求仁而得仁,又何怨?"出,曰:"夫子不为也。"

[释义]冉有问子贡:"老师会为卫君服务吗?"子贡说:"好,我问问老师。"子贡进入孔子的房间,问:"伯夷、叔齐是什么人呢?"孔子说:"他们是古代的贤人。"子贡曰:"他们是否心存怨气?"孔子说:"他们追求仁,而又得到仁,又有何可埋怨的呢?"子贡出来,对冉有说:"老师不会为卫君服务。"

7.16　子曰:"饭疏食,饮水,曲肱而枕之,乐亦在其中矣。不义而富且贵,于我如浮云。"

［释义］孔子说："用简朴的饮食，弯曲胳膊当枕头睡觉，快乐也就蕴含在其中了。那种用不正当手段而获得的富贵，对我来说如同浮云。"

"义利之辨"是儒家的核心思想之一，被很多人称为"儒家第一义"。从某种意义上来说，我国传统经济思想和伦理思想的源头即是义利之辨，而贯穿中国几千年经济伦理之核心范畴仍然是义利之辨。

什么是"义"？古人说："义者宜也"，"义"首先是指一种合宜的行为方式，是符合道德准则的一套行为方式。我们常说"正义""道义"等，都指的是对一个事物或行动的合宜性的价值判断。但是"义"的标准有不同的层次。明清之际思想家王夫之就把"义"分成"一人之私义""一时之大义""古今之通义"这三个层次和范畴（王夫之《读通鉴论》卷十四）。这三个范畴，一个比一个高，一个比一个大。这三个层次的"义"在一定历史条件下，在某个时空环境下有可能达到统一，但是在大部分历史条件和大部分时空环境下是有矛盾的。"一人之私义"有时并不一定符合"一时之大义"，"一时之大义"也未必符合"古今之通义"。那么当这三层次的"义"发生矛盾的时候，应该如何处理呢？方法就是以较高的价值准则为标准，也就是王夫之所说的"不可以一时废千古，不可以一人废天下"。当"一时之大义"（一个时代大家共同认可的价值观）与"古今之通义"（所有时代的人共同认可的超越时空的普适价值观）发生冲突的时候，应该以"千古不易"的"古今之通义"为标准；当"一人之私义"（包括某人、某家、某企业、某小团体的"义"）与"一时之大义"冲突的时候，要以"一时之大义"为标准，不可以小团体的私义为理由来损害一个时代大家公认的普适价值与利益。所以在儒家的观念中，"义"并不是一个绝对的范畴，它有一定的层次，最终要以超越时代的古今共通的价值准则为依归，而不能因为一时代、一团体之道德准则而破坏人类最高价值准则。

作为儒家学派的创始人，孔子在《论语》中对义利观的论述比较多，比较系统，对中国传统经济思想史和伦理思想史产生了深远影响。下面摘几条：

"君子之于天下也，无适也，无莫也，义之与比。"（《里仁篇》）

"君子喻于义，小人喻于利。"（《里仁篇》）

"见利思义，见危授命，久要不忘平生之言，亦可以为成人矣。"（《宪问篇》）

"君子谋道不谋食。……忧道不忧贫。"（《卫灵公篇》）

"饭疏食，饮水，曲肱而枕之，乐亦在其中矣。不义而富且贵，于我如浮云。"（《述而篇》）

"富与贵、是人之所欲也，不以其道得之，不处也。贫与贱、是人之所恶也，不以其道得之，不去也。"（《里仁篇》）

"富而可求也，虽执鞭之士，吾亦为之。"（《述而篇》）

"邦有道，贫且贱焉，耻也；邦无道，富且贵焉，耻也。"（《泰伯篇》）

赵靖先生在讲中国经济思想史时，认为孔子及早期儒家学派在义利方面的核心观点可以概括为"义主利从论"，即在义和利的关系中，"义"是核心的价值观，"利"要服从"义"，谋利要合乎价值准则和伦理规范。但是孔子并不否定"利"的合理性。孔子认为看重"义"还是看重"利"是划分"君子"与"小人"的标准，"君子喻于义，小人喻于利"，你如果仅仅把"利"作为做各种事的第一出发点，那么你就将严重偏离社会道德准则，就将沦为"小人"。孔子认为最可取的品质是"安贫乐道"，如果你用不正义、不合理、不规范的手段获得了富贵，那也是可耻的。孔子把"不义而富且贵"当作"浮云"一样毫无价值。但是孔子也承认"富与贵，是人之所欲也"，他是很客观的，是深谙人性的。有些人把孔子的义利价值观理解为"义利"对立的关系，认为孔子倡导"义"而否定"利"，把仁义作为君子的行为准则而完全鄙弃"利"，从而把孔子理解为单纯强调道德准则而否定功利准则的一个"道德至上主义者"，那就大错特错了。这种片面的理解不利于我们全面理解孔子的经济伦理观念。孔子所否定的是"不义而富且贵"，是以不正当方式获取富贵的行为，而不是简单的否认一切追求富贵的行为。他曾说："富而可求也，虽执鞭之士，吾亦为之。"（7.12）可见孔子并不是简单地鄙薄功利和富贵，前提是这种追求富贵的行为不损害公认的社会价值准则和道德观念，甚至孔子还半开玩笑地对自己的得意弟子颜回说："使尔多财，吾为尔宰。"（《史记·孔子世家》）这与"执鞭之士"的说法一样，都表明孔子在财富问题上的看法是极其通脱的，完全没有后来人们所误解的道学家的教条主义色彩。他是非常实事求是的，肯定喜富厌贫是所有人再正常不过的愿望，不管这个人是君子还是小人。

我曾把孔子的义利观分成两个层次，分别称为"儒家经济伦理第一定理"和"第二定理"。第一个层次是"见利思义"，这是一个底线原则，也是一个消极的原则，此谓儒家经济伦理第一定理。在《论语》中，孔子多处谈到"见利思义""见得思义"（16.10）、"义然后取"（14.13）等类似的话。"见利思义"即是当一个人或企业面临利益（包括物质与非物质的利益）关系时，要以是否合乎"义"为标准，来判断是否获得或占有这些"利"，所谓"君子爱财，取之有道"也，否则就是"见利忘义"。对于那些破坏道德准则的获利机会（名誉也是一种利），则一个正直的人或团体应该毫不犹豫地放弃。冯友兰先生认为："儒家所谓义利之辨之利，是指个人私利。……若所求的不是个人私利，而是社会的公利，则其行为不是求利，而是行义。"（《冯友兰学术论著自选集》，页282），这个观点有一定道理，但是也有局限性,对"义利之辨"的理解还不到位。假若超越"个人私利"的范畴,是否在获得这种"公利"的时候就可以抛弃"义"的要求而不择手段呢?在这一点上,孔子的态度也是很明确的,就是即使为了国家利益或集体利益等"公利",也要考虑到实现方式的正当性,要符合社会道德准则,不能不择手段,即获取"公利"的前提也要符合"义"。孔子强调"德政"和"仁政",反对为了国家利益而不择手段的那种"霸道"和"诡道",而是提倡那种以正当的方式获得国家利益和振兴国家的"王道"。孔子在评价晋文公和齐桓公两个人的霸业时,是有褒有贬的,他赞成齐桓公和管仲的"仁道",而谴责晋文公获得霸业时的"诡道"。他说:"晋文公谲而不正,齐桓公正而不谲。"(14.15)他也曾多次赞美管仲以"仁道"帮助齐桓公成就春秋"首霸"之业:"桓公九合诸侯,不以兵车,管仲之力也。如其仁!如其仁!"(14.16)在孔子看来,不仅追求个人私利应该以一定的道德准则为前提,就是在追求集团或国家利益时,也要以"义"为前提,反对不择手段追求集团和国家利益。

儒家经济伦理的第二个层次是"义以生利"。我把这个原则称为"儒家经济伦理第二定理",这是一个更高的经济伦理原则,也是一个更为积极的原则。"义以生利"这个命题意义深远,孔子虽然"罕言利",但是他也非常清楚,"利"是人之"大欲",他是承认人的正当的利益诉求和功利欲望的,孔子不是一个不食人间烟火的道学家。但孔子为什么又"罕言利"呢?这可以从两个层面去理解。第一个层面,在"义"和"礼"的范围之外,不能言利,"义"对于"利"有道德价值上的优先性;第二个层面,在"义"和"礼"的范围之内,不必谈"利",因为在孔子看来,只要符合"义"和"礼",利就自然而然获得了。孟子也说:"何必曰利?亦有仁义而已矣!"这一点,赵靖先生在《中国经济思想通史》中谈得很透辟:"'义'以外的'利'是君子所不当言,'义'以内的'利'是君子所不需言——这就是孔丘'罕言利'的秘密所在。……在孔丘看来,'义'不但体现着君子之德和君子之质;而且'义'对'利'既有约束规范的作用,又有保证的作用,所以在'义'和'利'的关系中必须把'义'放在主导的地位,而'利'只能处于从属地位。"符合"义",则"利在其中矣"。"义以生利"的观点,从现代经济学的视角来看,也是有很深刻的合理性的。如果一个行为主体在经济运行和企业实践中遵循了"义",模范地执行了道德准则,为社会创造了价值与福利,则其社会声誉(社会资本)必定增多,则其成功的可能性就大,就会获得更多的财富回报,也就是说,"义"直接带来了"利"并保障了"利"。

自荀子以来,秦汉以降迄于宋明,儒家传统义利观发生了变化,出现了一批敢于批判矫正传统、肯定人的利益需求的功利主义学派。荀子基于他的"性恶"的人性假说,提出了"义利两有"的价值观。司马迁也提出了顺应自然的人性观和接近于功利主义的经济伦理观。他根据人的趋利避害的自然本性,提出"善因论":"夫神农以前,吾不知已。至若诗书所述,虞夏以来,耳目欲极声色之好,口欲穷刍豢之味,身安逸乐,而心夸矜势能之荣。使俗之渐民久矣,虽户说以眇论,终不能化。故善者因之,其次利道(导)之,其次教诲之,其次整齐之,最下者与之争。"(《史记·货殖列传》)

到了南宋,功利主义经济伦理思潮方兴未艾,永康学派的陈亮和永嘉学派的叶适倡导功利之学,成为当时反理学的代表人物。他们所建立的以"事功"为核心的功利主义思想体系,是宋代功利学最完美的形态,也是中国功利主义伦理思想的成熟状态。他们主张道德和功利、理和欲的统一。综观两千年来义利观的演变,我们可以看出,孔子义利观一直是居于主流地位的,它对我国商业文明形成积极影响。历代儒商,从子贡、范蠡到近代,积累了丰富的经济伦理思想与实践,形成中国优秀的商业文化传统,这是十分值得珍视的文化遗产。

二十九　困而学之

7.17　子曰："加我数年,五十以学《易》,可以无大过矣。"

［释义］孔子说："让我多活几年,五十岁的时候学习《易经》,便可以没有大过错了。"

7.18　子所雅言,《诗》《书》。执礼,皆雅言也。

［释义］孔子用当时通行的语言(即雅言)的时候,读《诗经》《尚书》,以及行礼都用雅言。

7.19　叶公问孔子于子路,子路不对。子曰："女奚不曰,其为人也,发愤忘食,乐以忘忧,不知老之将至云尔。"

［释义］叶公问子路孔子这个人如何,子路不回答。孔子说:"你为什么不说:他这个人发愤努力就忘了吃饭,乐观而忘记忧愁,不知道衰老将要到来,如此而已。"

7.20　子曰："我非生而知之者,好古,敏以求之者也。"

［释义］孔子说："我不是那种生来就懂得知识的人,我是爱

好古代文化并勤勉敏锐地追求的人。"

7.21　子不语怪、力、乱、神。

[释义]孔子不谈论怪异、强力、叛乱和鬼神。

7.22　子曰:"三人行,必有我师焉,择其善者而从之,其不善者而改之。"

[释义]孔子说:"即使三个人一块行走,其中也必然有我值得效法的老师,我要选择他的好处去学习,而他不好的地方我要改正。"

7.23　子曰:"天生德于予,桓魋其如予何?"

[释义]孔子说:"老天在我身上赋予了德性之使命,桓魋能把我怎么样呢?"

7.24　子曰:"二三子以我为隐乎?吾无隐乎尔。吾无行而不与二三子者,是丘也。"

[释义]孔子说:"你们这些弟子以为我有什么事隐瞒你们吗?我并没有对你们有所隐瞒。我没有任何行为不告诉你们这些弟子的,这就是我孔丘。"

7.25　子以四教:文、行、忠、信。

[释义]孔子教弟子四件事:学习古代文献、正确的行动与实践、对人与事的忠诚、与人交往的守信。

7.26　子曰:"圣人,吾不得而见之矣!得见君子者,斯可矣。"

子曰:"善人,吾不得而见之矣;得见有恒者,斯可矣。亡而为有,虚而为盈,约而为泰,难乎有恒矣。"

[释义]孔子说:"圣人,我看不到了,能见到君子,就可以了。"孔子说:"善人,我见不到了,能见到有恒心有操守的人,就可以了。没有却装作有,空虚却装作充盈,穷困却装作富足,这样人很难保持恒心与操守。"

7.27 子钓而不纲,弋不射宿。

[释义]孔子钓鱼,不用大绳结的网截鱼;射鸟,但不射那些归巢歇宿的鸟。

7.28 子曰:"盖有不知而作之者,我无是也。多闻,择其善者而从之,多见而识之,知之次也。"

[释义]孔子说:"大概有一种人,不知道却装作知道,我不这样。多听,择取那些好的东西来学习效仿;多看,记在心里。这样,比'天生知道'要差些(但也是很好的了)。"

孔子把人分为四类:第一类是"生而知之者",天赋智慧,上下天地无所不通无所不晓,这是最高的境界,然而"生而知之"的人,世间罕见,或者说简直没有。第二类是"学而知之",即通过不倦的学习与修炼,而达到通晓智慧的境界。这样的人天资聪颖,禀赋极高,悟性极强,学而立至,禅宗中有所谓"顿悟"者,大概是指这样的人。第三类是"困而学之",即心有困顿疑惑,故发愤学习,刻苦砥砺,力求解开困惑,得见大道。这样

的人天资鲁钝,根器并不锐利,然而志向坚定,笃志向学,孜孜矻矻,好学不倦,终于得悟真理,修成正果。禅学中所谓"渐悟"者,大概是"困而学之者"。第四类是"困而不学者",这些人虽内心有困顿,却无强大的内在动力去学习。因而终生陷于困顿,不能得见光明,不能达到心灵的开悟之境。孔子在《述而篇》中说:"我非生而知之者,好古,敏以求之者也。"《季氏篇》说:"生而知之者,上也;学而知之者,次也;困而学之,又其次也;困而不学,民斯为下矣。"《礼记·中庸》说:"或生而知之,或学而知之,或困而知之。及其知之,一也。"人达到对世界万物及生命本体的"知"的境界,有很多途径,而这不同的途径并非一个人主动选择的,而是与一个人的资质、禀赋有关。资禀不同,则达到"知"的通道与方式就不同,其整个的人格风貌与学问气象就不同,其问道修为的风范与格调就不同。

我们如果从这个角度来看历代哲人的学术范式及人格风貌,就会发现,历代哲人学术范式与人格风貌各异,其根源则在于其资禀之差异。有根器锐利者,感悟力极强,一点就化,举一反三,触类旁通,其悟性所至,一切问题皆可迎刃而解,可谓所向披靡。这样的人通脱颖悟,在人格气象上必磊落飘逸,斩截痛快,富于感召力与决断力,一往无前,勇猛精进,有光风霁月鸢飞鱼跃气象。另一类人根器鲁钝(并非愚蠢),然而志向超迈,矢志不渝,循序渐进,锲而不舍,亦可臻于大成。这样的人虽无捷思颖悟之力,然而志笃思深,勤恳不辍,求索深密,踏实精湛,不求一时之顿悟,而求长久渐进之功。此类人在人格气象上必持重稳健,敦厚深邃,威严肃穆,钻之弥深,体之弥切,包容大器,此所谓"体大思精"者也。

我在读王阳明《传习录》时,曾写下一篇札记,谈及王阳明与朱熹之学术路径及人格气象之不同:"朱子与阳明,一为渐教,一为顿教。朱子言格物致知,阳明言自心了悟。朱子言学作圣贤,阳明言圣人气象在我。朱子言涵养工夫,阳明只道致良知。二圣根器有别,路数迥异,未可轻易论定是非上下。朱子有敦厚朴重之貌，阳明呈鸢飞鱼跃气象。朱子深邃，阳明澄澈；朱子厚重，阳明激扬；朱子质实，阳明畅达；朱子见其工夫，阳明识其本体。各得其妙，各臻其极，各见其圣。学者宜知此中分别，不可拘泥执着一端。"

王阳明与朱晦庵，其学问路径与人格气象差异极大，而究其根本，则在于其天资禀赋之不同。王阳明学不了朱晦庵，而朱晦庵也学不了王明阳。王阳明编《朱子晚年定论》，旨在阐明朱熹对自己学术的反思，悔悟自己的支离之病，然而须知朱子此番悔悟，亦是经过数十年格物致知的渐进之功而得来，没有此前的踏实用功（所谓支离功夫），使不会有晚年的幡然悔悟。所以孔子说，不论"生而知之""学而知之"还是"困而知之"，"其知一也"，他们的终点是一样的，皆是达到对这个世界（外界及自我）之洞察，然而路径却各有不同。阳明以自身学术路数为标准来观照与衡量朱子学问，有其偏颇之处，不能完全说明朱子学问之非，也不能完全证明阳明自家学问之是，唯天资不同，须采取不同路径而已。世界上的后学者，亦必有赞同王阳明者，厌朱子者，见王阳明书必欢欣雀跃，击掌惊呼，而见朱子则退避三舍，视其为保守迂腐之辈；亦必有赞同朱子学说，而不以王阳明为然者，读朱子学则深心叹服，拳拳服膺，而视王阳明为外道邪说。道理在什么地方？纯粹因生命格调与资禀不同而已。因此学者须于两家异同处深切玩味，并结合自己的性格禀赋特征，采其所长，避其所短，方能在学问人格上有所造就。朱子学之弊，在于支离，在整体上的、本体论意义上的通悟方面稍欠，带学究气，然而其长处在于笃实厚重，使学人渐入门径，循序用功，自然可达圣境；而阳明学之弊，则易流于轻浮、蹈空，虽有通悟却不质实，虽勇猛却欠厚重，带名士气，其末流则流于静坐空谈之野狐禅，不可不警惕。

孔子自谓"非生而知之者"，他不是谦虚自抑，而是有自知之明。孔子对自己的评价是"好古敏求",大约是处于"学而知之"与"困而知之"之间。从孔子的人格气象来看,他欣赏那些持重稳健的人("君子不重则不威"),欣赏谨言慎行的人("多闻阙疑,慎言其余;多见阙殆,慎行其余),而不太喜欢那些"暴虎冯河"式的勇猛刚直之人,因此总体来说,孔子"温而厉,威而不猛,恭而安"(7.38),是一个老成持重、恭敬宽厚之人。他好学不厌,诲人不倦,气象敦穆,学问笃实,他是靠"学而时习之",靠不断的孜孜以求,勤勉实践而达到"知"的,从这一点来看,孔子是一个"渐悟派"。他说:"加我数年,五十以学《易》,可以无大过矣。"可见他在知天命之年仍然勤学不倦,苦心孤诣地追求学问与真理,不断使自己的人格趋于完善,不断使自己对这个世界的洞察趋于完美。所以,如果我们细加揣摩,便会发现,孔子与孟子的学问路数与人格气象是颇为不同的。孔子笃实,孟子超迈;孔子厚重,孟子勇猛;孔子中庸稳健,有仁者气象,而孟子激扬浩然,有英雄气概;孔子哲学之核心为"仁",重修养与积累,而孟子则重"心",重视人的心灵力量与主观意志。孔孟虽是一家,而学问路数与人格气象却截然分开,而朱子与陆王之分野,实际上从孔孟之时就已奠定。孔子的学问很老实,带有鲁地特有的质朴风范,他从来不把自己看作"天纵之将圣"(9.6),不把自己神化,而是老老实实做学问,老老实实修身。他说:"盖有不知而作之者,我无是也。多闻,择其善者而从之,多见而识之,知之次也",虽然这样比"生而知之"要差,但是秉持着这种踏实执着的求学之心,不急躁,不虚伪,着实用功,"恒"心向道,则一定可以达到学问与人格的高境界。

三十　坦荡君子

7.29　互乡难与言，童子见，门人惑。子曰："与其进也，不与其退也，唯何甚？人洁己以进，与其洁也，不保其往也。"

[释义]互乡这个地方的人，外人难以与他们沟通。一个童子得到孔子的接见，孔子弟子们很困惑。孔子说："我们要赞许他们的进步，不要欢迎他们的退步，何必要对他们的过去苛刻呢？人家容貌整洁地过来见我们，我们要赞许他们的洁净，不要守住他们过去的错误不放。"

7.30　子曰："仁远乎哉？我欲仁，斯仁至矣。"

[释义]孔子说："仁难道离我们很远吗？我要追求仁，仁就会来到。"

7.31　陈司败问："昭公知礼乎？孔子曰："知礼。"孔子退，揖巫马期而进之，曰："吾闻君子不党，君子亦党乎？君取于吴为同姓，谓之吴孟子。君而知礼，孰不知礼？"巫马期以告。子曰："丘也幸，苟有过，人必知之。"

[释义] 陈司败问："鲁昭公懂得礼吗？"孔子说："他懂得礼。"孔子出来，陈司败向巫马期作揖，并走近一步，说："我听说君子不偏袒，难道孔子这样的君子也偏袒吗？鲁昭公从吴国娶了夫人，吴国和鲁国同为姬姓，给她起名吴孟子，如果说鲁昭公知礼，谁还不知礼呢？"巫马期把陈司败的话告诉了孔子。孔子说："我很幸运啊，只要我有过错，别人就一定知道。"

7.32 子与人歌而善，必使反之，而后和之。

[释义] 孔子与别人唱歌，如果唱歌好，必定请人家再唱一遍，然后又随之唱和。

7.33 子曰："文莫，吾犹人也。躬行君子，则吾未之有得。"

[释义] 孔子说："文献上的学问，大概我跟别人差不多。亲自践行成为一个君子，那么我还没有什么大成就。"

7.34 子曰："若圣与仁，则吾岂敢？抑为之不厌，诲人不倦，则可谓云尔已矣。"公西华曰："正唯弟子不能学也。"

[释义] 孔子说："如果讲到圣和仁，我怎么敢当？我只不过是修养仁德从不厌倦，教诲弟子从不疲惫，如此而已罢了。"公西华说："这些正是弟子所难以效仿的。"

7.35 子疾病，子路请祷。子曰："有诸？"子路对曰："有之。诔曰：'祷尔于上下神祇。'"子曰："丘之祷久矣。"

[释义] 孔子生病，子路请求为老师祷告。孔子说："有神灵这回事吗？"子路回答说："有啊。诔文上说：'为你向天地神祇祷

告。'"孔子说:"我早已祷告过了。"

7.36　子曰:"奢则不孙,俭则固。与其不孙也,宁固。"

[释义]孔子说:"奢侈就会滋养骄傲,生活俭朴则会使人固陋。与其骄傲,不如保持固陋。"

7.37　子曰:"君子坦荡荡,小人长戚戚。"

[释义]孔子说:"君子胸怀坦荡,而小人却常常忧虑愁闷。"

7.38　子温而厉,威而不猛,恭而安。

[释义]孔子温和而严厉,威严但不凶悍,恭敬庄重而神态安详。

中国儒家传统中有三辨,即义利之辨、华夷之辨、君子小人之辨。义利之辨乃揭示中国人经世立身之本,以义为上,以义制利。华夷之辨乃揭示华夏礼乐文化之根本。君子小人之辨乃揭示中国人修身养性之本。孔子言君子小人处很多,他倡导弟子们构建一种君子人格,以君子为修身养性的标准。孔子虽出身贫贱,却处处以"君子"为立身处世的目标。他坚信,贫寒子弟只要通过终生不懈的修炼与磨砺,就能成为真正的君子,成为道德上的君子。而那些拥有贵族身份的人,尽管表面上看可能是"君子",但如果不能在修身方面严格要求自己,而是放纵邪僻,不加检束,则完全有可能成为"伪君子",真小人。在这里,孔子完全抛弃了以往单纯以"家庭出身"为标准来判断君子小人的腐朽概念,而是以道德人格为标准来区分君子小人,这种政治理念与教育理念,是具有革命性的,对于当时礼崩乐

坏的社会的积极建构的意义，可谓相当重大。孔子招收贫寒子弟，目的是培养君子，使他们成为道德高尚、人格超迈、境界高远、胸怀开阔的仁义之士，他们要有极为清醒而自觉的道义担当，要成为治国安民的栋梁。

何谓"君子之风"？君子之风乃胸怀坦荡，磊落无私，乐观豁达，不忧不惧。孔子说："君子坦荡荡，小人长戚戚。"（7.37）为什么君子坦荡无忧，而小人却常常忧忧戚戚，愁眉不展？有一次，司马牛问孔子什么是君子。孔子说："君子不忧不惧。"司马牛又问："不忧不惧就是君子吗"？孔子说："内省不疚，夫何忧何惧？"君子不忧不惧，是因为内心毫无愧疚，当他检视反省自己的时候，"仰不愧于天，俯不怍于地"，一个人达到俯仰无愧怍的地步，又何来忧愁恐惧呢？《宪问篇》中说："君子道者三，我无能焉：仁者无忧，知者不惑，勇者不惧。"子贡说，这是"夫子自道"（14.28）。孔子一生患难不已，可是他一直保持豁达达观的心态，即使困于陈蔡，处于极度危急的状态，他却仍然弦歌不辍，不改其乐。他"发愤忘食，乐以忘忧，不知老之将至"（7.19）。孔子为什么不是一副"忧国忧民"的忧戚愁苦的面容？是因为他是真正的仁者、智者、勇者。这样的仁者、智者、勇者，内心坦荡，不计得失，光明磊落，胸中毫无滓秽，一片澄澈。君子有大格局，不会在一些琐屑小事上计较利害得失，从不患得患失。《阳货篇》说："鄙夫可与事君也与哉？其未得之也，患（不）得之；既得之，患失之；苟患失之，无所不至矣。"（17.15）那些小人，在没有得到（名利）的时候，生怕得不到；已经得到（名利）之后，又担心失去；如果生怕失去（名利），那些小人就会无所不用其极，不择手段地去维护自己的既得利益。而君子并不患得患失，得失不扰于心；小人患得患失，锱铢必较，为蝇头小利而不择手段。这就是孔子所说的："君子固穷，小人穷斯滥矣。"（15.2）

《荀子·子道》曰："子路问于孔子曰：'君子亦有忧乎？'孔子曰：'君子，其未得也，则乐其意；既已得之，又乐其治。是以有终身之乐，无一日之忧。小人者,其未得也,则忧不得;既已得之,又恐失之。是以有终身之忧,无一日之乐也。'"这段话把"君子坦荡荡,小人长戚戚"解释得更为透彻。君子之志,不在自身之小名小利,而在自己理想之实现,他的目标,是实现一种"大人格",为国为民,乃至为天下苍生。因此,君子当其远大志向还没有得到实现的时候,他就以内心远大的理想与志向为乐,他被理想与志向所鼓舞,所引导,所感召,充满期待,充满希望,充满激情,充满追寻理想与志向的快乐与幸福,这就是"其未得也,则乐其意",这个"未得"是理想尚未变成现实;这个"乐其意",是乐于其志,乐于其远大理想,这个"意",已经具有某种超越意义,超越于他个人的名利之上。而当他的理想与志向得到完满的实现的时候,君子又为实现理想而欣慰,衷心喜悦于到达理想之彼岸,这就是"既已得之,又乐其治",这个"治",就是理想之实现与完成,臻至自己理想的境界。如此看来,一个君子便常常坦荡无忧,他没有不乐的时候,总是乐观豁然,充满激情与喜悦,总是坦然而平淡地看待一切,总是不忧不惧,一切顺其自然,得也乐,不得也乐,根源在于他的得与不得,都无关乎他的私利,而是具有某种超越性的价值,所以君子才能"有终身之乐,无一日之忧"。而小人刚好相反,汲汲于私利,患得患失,没得到之时唯恐自己得不到,得到之时又唯恐失去,因此常常忧虑,终身不乐,"有终身之忧,无一日之乐",其根源在于格局狭隘,唯知为己,不知为人,如此逼仄之心胸,谈何快乐?

儒家所倡导的人格,是一种大丈夫人格。孔子说:"女为君子儒,无为小人儒",即要成为一个有大人格的真君子,而不要成为人格矮小的伪君子,不要做"小人儒"。孔子认为君子之境可以通过持续不断的学习而达到,"求仁,斯仁至矣",只要有内心强烈的意愿与不懈追求的内在意志,君子就可以修养而成。因此君子首先要"好学":"君子食无求饱,居无求安,敏于事而慎于言,就有道而正焉,可谓好学也已。"(1.14)君子要多做少说,谨言慎行,而且要言行一致。孔子说:"君子欲讷于言而敏于行。"(4.24)"先行其言,而后从之"。君子必须文采兼备,既有朴质正直之内在,又有文雅之外在,"质胜文则野,文胜质则史,文质彬彬,然后君子"(6.18)。因为在孔子看来,文和质是不可分的,内在反映于外在,外在折射内在,"文犹质也,质犹文也"(12.8)。君子还要有独立人格,他既与外部世界保持一种和谐与均衡,能在群体中维持一种和谐的人际关系,又能够很好地维护内心世界的完整性,卓然自立,独立不倚。所以孔子说:"君子和而不同,小人同而不和。"(13.23)君子能保持群体的团结,但又不拉帮结派,结党营私,"君子周而不比,小人比而不周"(2.14),这也就是孔子所说的"君子群而不党"(15.22)。这就是"君子之风",他堂堂正正、坦坦荡荡地站立在大地之上,不忧不惧、不惭不怍,他追寻内心世界之完美,不断地自我锤炼,自我检讨,严于求己,恕以接物,无怨无尤,庄严敬笃;他既与大众保持宝贵的和谐,又不迎合世俗,从而保持了内心人格的完整、独立与尊严;他在大是大非问题上不可移易,有大丈夫气概,其气浩然,沛乎天地之间,充塞宇宙之内,这就是孔子理想中的"君子"。

泰伯篇
第八

三十一　任重道远

8.1　子曰："泰伯，其可谓至德也已矣。三以天下让，民无德而称焉。"

[释义] 孔子说："泰伯，这个人可以说有极崇高的品德了。他多次把天下让给弟弟季历，老百姓不知道用什么言语来赞誉他的美德。"

8.2　子曰："恭而无礼则劳，慎而无礼则葸，勇而无礼则乱，直而无礼则绞。君子笃于亲，则民兴于仁；故旧不遗，则民不偷。"

[释义] 孔子说："容貌端庄但不懂礼，就会导致疲倦；做事谨慎而不懂礼，就容易怯懦；勇敢而不懂礼，就会作乱为祸；直率而不懂礼，就会刺伤别人。君子对亲戚要厚道，那么老百姓就会提升他们的仁德；君子不遗弃他的故旧友朋，那么老百姓对人就不会薄情。"

8.3　曾子有疾，召门弟子曰："启予足！启予手！《诗》云：'战战兢兢，如临深渊，如履薄冰。'而今而后，吾知免夫！小子！"

［释义］曾参病了，把学生们召集过来说："看看我的脚！看看我的手！《诗经》上说：'小心谨慎，像站在深渊边上，像走在薄冰之上。'从今以后，我知道我可以免于祸患了！年轻人啊！"

8.4　曾子有疾，孟敬子问之。曾子言曰："鸟之将死，其鸣也哀；人之将死，其言也善。君子所贵乎道者三：动容貌，斯远暴慢矣；正颜色，斯近信矣；出辞气，斯远鄙倍矣。笾豆之事，则有司存。"

［释义］曾参病了，孟敬子过来探视。曾参说："鸟要死的时候，它的鸣声是哀婉的；人要死的时候，他的话是善意的。君子注重三个方面的处世之道：容貌端肃，就会远离粗暴与怠慢；表情严正，就容易取得信任；言辞语气恰当，就可以远离粗鄙悖逆。至于那些礼仪方面的小节，自有专人去管。"

8.5　曾子曰："以能问于不能，以多问于寡；有若无，实若虚，犯而不校——昔者吾友尝从事于斯矣。"

［释义］曾子说："自己能力高，而向能力低的人请教；自己学问大，却向学问小的人请教；自己学富五车却像没有学问；自己内心丰富，但却像非常贫乏，（显得很谦虚）；即使被冒犯，也不去计较——以前我的朋友（疑为颜回）就曾做到这个地步。"

8.6　曾子曰："可以托六尺之孤，可以寄百里之命，临大节而不可夺也，君子人与？君子人也！"

［释义］曾子说："可以把幼小的孤儿托付给他，可以把国家存亡的重任寄托给他，面临生死安危的紧要关头而不会屈服于外力，这样的人是君子吗？真是君子啊！"

三十一　任重道远

8.7　曾子曰:"士不可以不弘毅,任重而道远。仁以为己任,不亦重乎?死而后已,不亦远乎?"

［释义］曾子说:"士不可以没有刚强勇毅的品格,因为他重任在肩,道路遥远。他把成就仁德作为自己的使命,这难道不是一项沉重的使命吗?他到死才能停下追寻仁德的脚步,这难道不是一项远大的任务吗?"

中国儒家传统中特别注重培养读书人一种"士"的精神。整个社会在读书人身上寄托了特别的希望,认为读书人既读书明礼,就应该在社会上担当起特别的重任,读书人应该成为社会道德的标杆,成为承载道统的人格典范。因此,中国人特别看重读书人的道德情操与精神气节的培养,称之为"士气""士节""士风",而那种气节卓异之人被称为"高士""志士""名士""奇士"。中国儒家传统对一个读书人的要求,就不仅是拥有客观的知识,不仅是博学多闻,而更是在道德操守上有更高的标准,也就是要具备士的精神。当代大学教育也应如此,不光要培养博学广识的技术精英,而且要培养大学生的高尚道德情操,要使求学者成为真正具备"士"的精神的知识分子,而不仅仅是一个"知道分子"。知识分子有更广阔的关怀,有高远的理想,有卓异的人格与节操;而"知道分子"则仅仅局限于专业知识,不注重修炼自己的道德操守与人格境界。

在儒家的理想教育模式中,所谓"士",首先就要有清醒而明确的社会担当意识。"士不可以不弘毅,任重而道远。仁以为己任,不亦重乎?死而后已,不亦远乎?"这里提出"任重道远"的命题。"士"的身上,承担着整个社会的道德理想,如果这个被寄予厚望的"士"的阶层都发生道德坍塌,那么整个社会的道德大厦就难以维系。"士"要以在天下实现仁德、推行仁德为己任,这难道不是件极其沉重的伟大使命吗?"士"就是要使整个世界都践履一种道德人格,使普天下之人皆能成为遵守仁德的典范,这是何等艰巨的使命!而这个使命,需要"士"终生倡导、终生践行不息、终生推行不倦,直到死才停歇,这实在是一项极其远大的使命!如果说"君子"在孔子的语境中主要是指一个人的个人人格修养与内心修为的极高境界,那么"士"在孔子的语境中则更指向一个读书人的社会角色与社会价值。从社会维度来说,"士"是整个社会整个人类的道德理想所系,无论社会发生什么样的动荡、巨变、灾难,而"士"的精神不能衰落,不能动摇,不能移易。他们在任何时候都要保持高度的人格操守,"造次必于是,颠沛必于是",于坎坷艰险苦难困境中亦不能丢弃自己的信仰,不能忘怀自己的社会担当,好为士林保存一丝骨气,一丝血脉。如果士风犹存,则无论这个世界发生什么危难巨变,都可转危为安,其文化血脉不至中辍。但如果士风败坏,整个社会精英阶层都出现道德坍塌的问题,则整个社会必然"礼坏乐崩"(17.21),遂至不可救药。在今日大学教育中,我们仍然要注重"士风"的培育,使未来知识精英们要有社会担当意识,要自觉地承担起自己的社会重任,而不仅仅成为"精致的利己主义者"。

  士人既"任重道远",就必须具备坚忍、刚强、勇毅的品格,此所谓"弘毅"。"弘"者,强也,坚忍不拔,健行不息,不惧磨折困苦,不怕坎坷险阻,一往无前,力行不殆。"弘"也有宏大、开阔之意,士人必须有宏大开阔之胸襟,不被琐屑卑微尘事所扰搅、所羁绊,所谓"不畏浮云遮望眼,只缘身在最高层"也。"毅"乃坚毅有恒,因为士的身上承当重任,不能不有坚毅之品性,遇雷霆万丈而从容应对,遭逢危险事变而不改初心,排除万难,恒久努力,不达目标不罢休,真正做到"死而后已"。"弘毅"就是持续不懈地努力,虽身在坎陷亦不改其意志,持之以恒,信念坚定。因此士一定不能意志脆弱，一定不能左右摇摆，他要有极强大的自我意念力与约束力，在困难中勇毅坚持，在挫折中隐忍等待，就像西南联大校训所说的"坚毅刚卓"，百折不回，极富有忍耐与恒心。孔子赞赏"有恒者"（7.26），孟子也说："无恒产而有恒心者，惟士为能"，只有士能葆其恒心，因为他知道自己"任重道远"，知道自己担负着伟大而艰巨的使命。

但凡有这种清醒而自觉的使命感与社会担当意识的人，总是信念坚定，不为艰险所摇撼。《论语·述而篇》说："天生德于予，桓魋其如予何？"《史记·孔子世家》记载：孔子离开曹国，前往宋国，去与弟子习礼大树下。宋司马桓魋欲杀孔子，拔其树。孔子离开，弟子曰："可以速矣。"孔子曰："天生德于予，桓魋其如予何？"孔子在生死存亡的大考验前，从容不迫，勇毅不惧，他确信"天生德于予"，这是何等豪迈的话！何等自信而坚定！他相信上天在自己身上赋有特殊的使命，那些"桓魋"们又能把我怎么样呢！《子罕篇》：子畏于匡，曰："文王既没，文不在兹乎？天之将丧斯文也；后死者不得与于斯文也。天之未丧斯文也，匡人其如予何？"孔子在匡地被拘五日，但他不怕死，自信"天之未丧斯文"，匡人不能拿他怎么样。他要"为往圣继绝学"，拯救天下。孔子的自信来源于他对自己所担负的伟大使命的认识。一个人有了自觉的社会担当意识与使命感，就会在生命中保持一份淡定与从容，对生命中遭遇的那些琐屑痛苦与磨难就有了更强大的抵抗力与忍受力。一个人使命感越强，自我期许越高，就会有越强的生命意志，就会有更强盛的生命力；他的气魄与格局越大，关注的层面越高，他对日常尘世中的艰难困苦就会有越强的免疫力，他在挫折前更不易消沉与颓唐。

士人既然被赋予伟大的社会使命，他就必须具备一种大人格，他就必须在个人利益与社会理想发生矛盾的时候勇于放弃个人利益，而担当社会理想。

曾子曰:"可以托六尺之孤,可以寄百里之命,临大节而不可夺也。"一个人在遭逢大的变故仍旧"不可夺",就是因为他有一种坚定的信念,有使命感。孔子说过:"志士仁人,无求生以害仁,有杀身以成仁。"(15.9)孟子也说:"舍生而取义。"志士宁可放弃自己的生命也要坚守自己的理想信念,这是何等强大的意志力!士以社会理想与正义为立身处世的首要原则,"士见危致命,见得思义"(19.1),假若当今的知识分子,能有这样的操守与担当,那么我们这个社会仍然是大有希望的。当今社会,士之精神衰微,"士"的社会担当意识泯灭殆尽,某些读书人(知识分子)的道德操守甚至堕落到社会平均水平以下,大学培养的某些高等人才不唯不能做世人的道德榜样,反而成为社会所唾弃蔑视的人格低下者。而大学中的教师,不唯不能做"经师",不能授业解惑,更不堪做"人师",难以传道立人,做人格上的楷范!孔子说"士"可以做到"杀身以成仁",此等磊落刚强之人格,光明俊伟之风范,直可以傲立千古而不朽也。

三十二　守死善道

8.8　子曰:"兴于《诗》,立于礼,成于乐。"

[释义]孔子说:"《诗》使人感奋,习礼使人在社会上立得住,音乐使人得以成就人格。"

8.9　子曰:"民可使由之,不可使知之。"

[释义]孔子说:"对老百姓,可以让他们去做什么,却不能让他们知道为什么(这样做)。"

8.10　子曰:"好勇疾贫,乱也;人而不仁,疾之已甚,乱也。"

[释义]孔子说:"一个人自命勇敢但却厌恶穷困,终究要出乱子。一个人对不仁之人,痛恨得过分,也会造成祸害。"

8.11　子曰:"如有周公之才之美,使骄且吝,其余不足观也已。"

[释义]孔子说:"使如一个人有周公那样美妙才华,却骄横而吝啬,那么他也就没有什么别的东西值得看了。"

8.12 子曰:"三年学,不至于谷,不易得也。"

[释义]孔子说:"学习了三年,还没想到去做官,这是不容易做到的。"

8.13 子曰:"笃信好学,守死善道。危邦不入,乱邦不居。天下有道则见,无道则隐。邦有道,贫且贱焉,耻也;邦无道,富且贵焉,耻也。"

[释义]孔子说:"一个人有坚定的信仰并努力学习,到死都极力持守大道而不放弃。危险的国家不要去,混乱的国家不要居住。天下若太平,就出来做事;天下若混乱,就隐藏起来。如果这个国家政治昌明,你还贫困微贱,这就是你的耻辱;如果这个国家混乱,你却富有而身份显贵,这也是你的耻辱。"

8.14 子曰:"不在其位,不谋其政。"

[释义]孔子说:"不在那个职位上,就不要谋划那种职分上的政务。"

8.15 子曰:"师挚之始,《关雎》之乱,洋洋乎盈耳哉!"

[释义]孔子说:"从师挚开始演奏,到最终以《关雎》结尾,满耳都是美妙的音乐啊!"

8.16 子曰:"狂而不直,侗而不愿,悾悾而不信,吾不知之矣。"

[释义]孔子说:"狂妄而不正直,幼稚而不老实,无能而不诚信,对这种人我不知道该说些什么了。"

8.17 子曰:"学如不及,犹恐失之。"

[释义]孔子说:"做学问唯恐达不到(高的境界),而达到这种境界又唯恐失去。"

有人说孔子颇像堂·吉诃德,怀抱理想主义,不顾现实,屡败屡战,一往无前。这个比喻在某个层面上是对的,但并不完全。孔子向往周礼,"郁郁乎文哉!吾从周。"他一心想恢复周的礼乐秩序,声称:"如有用我者,吾其为东周乎!"(17.5)他一生恓恓惶惶地到各国游说,要实现心目中理想的"仁德之政",但却屡屡碰壁,期间还遭遇生死磨难,但他"虽九死其犹未悔"(屈原句),始终不放弃自己的理想,始终以拯救这个"礼坏乐崩"的堕落世界而努力。从这个层面来说,他确实是一个堂·吉诃德式的理想主义者。但这只是孔子的一个侧面。孔子并不是一个愚憨、蛮干、逞勇之人,他在理想主义和执着之外还有务实主义、现实主义、理性主义的一面,这一点是堂·吉诃德们所不可比拟的。他深谙政治斗争之奥妙,对人世纷争与人类的道德本性有着深刻的洞察。他推行他的政治主张,并不是蛮干,不是硬来,而是极为灵活,极为理性。在这方面,孔子显示了他高超的生命艺术,在极为残酷的政治与社会局势之中,孔子所采取的高度艺术的人生策略,他所展现的生命格局与取舍智慧,对千百年后的中国知识分子都有极为深远的影响。

孔子说自己是"笃信好学,守死善道"。信仰笃定而执着,以内心强大的意志力追寻自己的信仰与理想,坚守不懈,坚定不移,至死不渝。"守死善道"就是坚守理想到死不改,此处的"善"应为保全、保守、护卫之意,要为自己所笃信的"道"献身。《子张篇》说:"执德不弘,信道不笃,焉能为有？焉能为亡？""弘"者强也，一个人假如不能以强大的内心持守仁德，不能以坚定的信念信守仁德，则这个人一定不可能在复杂的人生中站立得住，不能正确地看待荣辱得失。"有"就是"得"，就是顺遂富贵，就是名利双收，而"亡"就是失，就是坎坷险阻，就是苦难祸殃、颠沛造次。一个"执德不弘、信道不笃"的人，既不可能在富贵顺遂中长久持守仁德，更不可能经受苦难坎险的打击，因为他意志脆弱，信心不强。所以孔子说："焉能为有？焉能为亡？"孔子意志坚定，处难而不惊，"临大节而不可夺"(8.6)，"三军可夺帅也，匹夫不可夺志也"(9.26)，这呈现出他笃定坚守的一面。即使周游列国失意返鲁之后，孔子也没有放弃他的理想，而是转换了他实现理想的方式。他一面通过"删诗书"、"作春秋"、系统整理古代文献来阐发他的道德理想，另一方面又通过教书育人来把他的政治理念灌输到年轻一代心灵之中。他鼓励他的学生从政，从而间接地实现他自己的政治理想。从某种意义上说，他的行动取得了辉煌的成果，他所整理的古代文献流传至今，塑造了中华民族独特的政治哲学与道德哲学，孔子的思想至今仍在政治、社会、经济各个领域中发挥作用；同时，他的教育事业也取得了成功，他的学生继承他的政治理念，治理国家，并通过整理孔子的教学言行而纂成教学笔记《论语》，至今仍发生巨大影响。孔子在别人看来是一个"知其不可而为之者"(14.38)，他"独执偏见，一意孤行"，可是他这种"笃信好学、守死善道"的理想主义气质使他通过更为坚韧长久的方式而保全了自己笃信的"道"。

但是，孔子虽"知其不可而为之"，却不主张硬干，蛮干，他是不主张当"烈士"的，他是一个现实主义的理想主义者，务实主义的理想主义者，如同鲁迅所说的"韧的战斗"，而不是逞强好勇去做"烈士"。他在推行其政治理想时善于观察形势，注重把握时机，强调要善于运用高超的处世艺术，深谙"用舍行藏"之道。他曾经对颜渊说："用之则行，舍之则藏"

(7.11),是行还是藏,要看客观形势是否对自己有利,而不要盲目行动。就像《易经》"乾卦"中所说的,何时"潜龙在渊",何时"见龙在田",何时"飞龙在天",要看外部条件。孔子主张使用灵活的政治策略,如果这个国家政治清明,就要适时出山,"用世"、"入世"、"有为",以彰显自己的才能;如果世道不济,政治黑暗,就要适时隐藏,要隐居起来,"出世"、"无为",明哲保身,不要涉险。他说:"邦有道,不废;邦无道,免于刑戮"(5.2);又说:"宁武子,邦有道,则知;邦无道,则愚。其知可及也,其愚不可及也。"(5.21)宁武子人这个很会洞察时世,"邦有道"之时,他显得很聪明能干,积极用世有为,而"邦无道"之时,他又装呆扮傻,显得蠢蠢笨笨、无才无能。所以孔子感叹说,我们学得了宁武子的"智",却学不了他的"愚",宁武子"愚不可及"!"愚不可及"表明一种最高的智慧,因为这样的人知道在什么情况下"止""藏""隐""退",而有些人只知"行"而不知"止",只知进而不知退,只知得而不知失,死矣!《泰伯篇》曰:"危邦不入,乱邦不居。"何谓"危邦",何谓"乱邦"?《大戴礼记·盛德》说:"是故官属不理,分职不明,法政不一,百事失纪,曰乱也。……地宜不殖,财物不蕃,万民饥寒,教训失道,风俗淫僻,百姓流亡,人民散败,曰危也。"《申鉴·政体》说:"上多欲,下多端,法不定,政多门,此乱国之风也。……上下相疏,内外相蒙,小臣争宠,大臣争权,此危国之风也。""危""乱"不仅是地域问题,也是时势问题。君子要辨时识机,明智地决定是行还是止,是隐还是现。所以孔子说:"天下有道则见,无道则隐。邦有道,贫且贱焉,耻也;邦无道,富且贵焉,耻也。"(8.13)。又说:"邦有道,谷;邦无道,谷,耻也。"(14.1)"谷"就是出来赚取名利,就是入世用世以求闻达。孔子认为,在天下有道之时,要勇于入世,直率坦诚地表达自己,行动直截了当,不要拘谨畏缩;而当时势不济之时,却要谨慎谦逊,低调行事,不可因轻率傲慢而招致灾祸。他说:"邦有道,危言危行；邦无道，危行言孙（逊）。"(14.3)"逊"是收敛、隐藏、低调、慎重，而不是率真鲁莽、直来直去、铤而走险。要善于保护自己，隐蔽自己。孔子极其讲究"避"的艺术，他既勇敢，又讲策略，既"知其不可而为之"，又处世明哲，善保善全，不会横冲直撞涉险取祸。而这正是儒家的风范。儒家在处世中采取一种中庸的均衡的态度，既不是绝对的用世有为，也不是绝对的隐居无为，而是要依据时势来判断出入进退、用舍行藏。而道家偏于无为，走隐者路线。所以一个儒者，完全可以在时势亨通之时施展其治世之才华与抱负，积极用世，经世济民，以天下为己任；而当时势不济之时，他又可以隐居起来，深居山林，得江湖野逸之趣，出世无为，成为方外之人，追求心灵上的超脱与自由。他进退自如，行止从容，是真正的大彻大悟者，这是儒家的高明处。他不凝滞于物，既不执着于有，也不执着于无，既不汲汲于用世，也不一味无为，而是中道而行，辨机而动。所以孔子赞赏史鱼的"直"，但更称许蘧伯玉的明达君子之风："直哉史鱼！邦有道，如矢；邦无道，如矢。君子哉蘧伯玉！邦有道，则仕；邦无道，则可卷而怀之。"(15.7)能在时机不济之时毅然退隐，"卷而怀之"，是需要极大的勇气、决断和智慧的。进虽难，退更不易，适时而退，实乃大彻大悟之人，能舍弃，是更高的智慧，而且更深一步说，能在关键时刻毅然舍弃，坦然归隐，不是一种更有意义的坚守与笃信吗？

三十三　天下归心

8.18　子曰:"巍巍乎!舜禹之有天下也,而不与焉。"

［释义］孔子说:"真是崇高啊!舜禹拥有天下,却从不为私利!"

8.19　子曰:"大哉尧之为君也!巍巍乎!唯天为大,唯尧则之。荡荡乎,民无能名焉。巍巍乎其有成功也,焕乎其有文章!"

［释义］孔子说:"尧作为君王,真是伟大啊!他多么崇高啊,只有天是最伟大的,而唯有尧能效法天。尧的声名真是浩荡无边啊,人民找不出恰当的语言来赞誉他。他的功业何等崇高,他的礼仪制度何等灿烂辉煌!"

8.20　舜有臣五人而天下治。武王曰:"予有乱臣十人。"孔子曰:"才难,不其然乎?唐虞之际,于斯为盛。有妇人焉,九人而已。三分天下有其二,以服事殷。周之德,其可谓至德也已矣。"

［释义］舜有五位贤臣就把天下治理得很好。周武王说:"我有十个能干的大臣。"孔子说:"贤才难得,难道不是吗?唐尧虞舜那时候,人才最为兴盛。武王的能臣中有一个女子,其实他只有九个

能臣而已。周文王拥有天下九州的三分之二，仍然向殷商称臣，周的道德，真可谓是至高无上的！"

8.21　子曰："禹，吾无间然矣。菲饮食而致孝乎鬼神，恶衣服而致美乎黻冕，卑宫室而尽力乎沟洫。禹，吾无间然矣。"

[释义] 孔子说："对于禹，我没有什么可指摘的。他饮食很简陋却用盛大的祭品祭神灵，他衣服朴素却将祭典上的服装做得很华丽，他的宫殿很寒伧却尽最大努力修缮水利设施。对于禹，我实在是没有什么可指摘的了。"

孔子自称"述而不作，信而好古"（7.1）。他"述"的是三代的礼乐制度，他对于唐尧虞舜的典章文物与治国风范极为向往，常常发出热烈而衷心的赞叹。很显然，古代圣王所创造的文化礼仪就是孔子心目中的"理想国"，他赞美唐尧虞舜，实际上是另一种对当时"礼坏乐崩"的天下无序状态的抨击与绝望的表示。他一生的梦想是恢复周礼，到了晚年，他时而生出对现实的无奈之感叹，他说："甚矣吾衰也！久矣吾不复梦见周公！"（7.5）做梦很久不再梦见周公，被孔子视为自身生命衰微的象征，他对这种衰微感到沮丧和痛苦。

孔子所赞叹与服膺的古代圣王的标准是什么？从孔子所称美的唐尧虞舜的行为，可以看得出孔子的政治理想与治国理念。《卫灵公篇》载孔子曰："无为而治者，其舜也与？夫何为哉？恭己正南面而已矣。"他赞美舜的治理天下的功业，其最突出之处却是"无为而治"，使我们联想到道家的治国哲学，即"无为而无不为"。老子也说"圣人处无为之事，行不言之教"（《道德经》二章），"为无为，则无不治"（《道德经》三章）。圣人治国，崇尚虚静无为，他只要庄严端正地坐在那里，给国民一种道德人格上的示范，就可以垂裳而治，没有必要筋疲力尽鞠躬尽瘁地忙于料理天下事。老子要治国者虚静无为，不要多言多动，目的是使人民处于朴质无欲的状态，不要争奇斗巧，以使民风纯朴，"我无为，而民自化；我好静，而民自正；我无事，而民自富；我无欲，而民自朴"（《道德经》五十七章）。儒家更进一步，认为舜之所以可以达到"无为而治"，是因为舜这些古代圣王建立了举贤任能的政治制度，圣王能用贤人，"所任得其人，故优游而自逸"（《三国志·吴书·楼玄传》），舜就是因为"左禹而右皋陶，不下席而天下治"（《大戴礼记·主言》）。圣王虚静，不用劳碌，是因为得贤任贤，有人帮他分担。《颜渊篇》说："舜有天下，选于众，举皋陶，不仁者远矣。汤有天下，选于众，举伊尹，不仁者远矣。"（12.22）《泰伯篇》说："舜有臣五人而天下治。武王曰：'予有乱臣十人。'孔子曰："才难，不其然乎？唐虞之际，于斯为盛。"老子言虚静，无为而无不为，可是陈义过高，无落脚处；而孔子言舜"无为而治"，其落脚处乃在于举贤任能，所以王者可以"垂衣裳恭己无为而天下治"，这对于任何层面的治理都有启发。

孔子极其赞赏古代圣王无私的精神。《泰伯篇》说："巍巍乎，舜禹之有天下也，而不与焉！""有天下而不与"，是舜和禹的圣王风范，他们虽富有天下，却不把天下看作一己之私物，不任意妄为，更不会据为己有。老子也说："万物作焉而不辞，生而不有，为而不恃，功成而弗居。夫惟弗居，是以不去。"（《道德经》二章）圣王有极坦阔无私的胸怀，他们治理天下，功勋极高，却从来不自恃其功，不以圣王自居，所以能得到天下人的爱戴。《泰伯篇》中又说："大哉尧之为君也！巍巍乎！唯天为大，唯尧则之，荡荡乎，民无能名焉。巍巍乎其有成功也，焕乎其有文章！"（8.19）尧的气象很大，格局很大，他以"天"为榜样，坦荡无私，担当全天下之重担，却从不居功而自傲，他创建的典章礼仪焕然而有光彩，而他自己却从不彰显自己，谦逊博大，深得民心。

凡领袖者，必知谦下待人。《泰伯篇》说："三分天下有其二，以服事殷。周之德，其可谓至德也已矣。"（8.20）周文王当时据有天下之三分之二，尚且以谦卑姿态臣事殷商，因而孔子称其为"至德"。这种"至德"就是谦德，孙子赞赏谦退而礼让的人物，因此在他心目中，尧、舜地位高，因为他们都将位置禅让给贤者。他赞赏文王比武王更甚，因为文王谦退，而武王以讨伐得天下。他说："泰伯，其可谓至德也已矣。三以天下让，民无得而称焉。"（8.1）至德在让，说明孔子心目中把谦德视为至高无上的仁德。他又说："如有周公之才之美，使骄且吝，其余不足观也已。"（8.11）即使像周公这样才能极高、内质极美、功勋极大的人物，假如没有谦德，也是枉然。《韩诗外传》卷三曰：

周公践天子之位七年，布衣之士所贽而师者十人，所友见者十二人，穷巷白屋所先见者四十九人，时进善者百人，教士者千人，官朝者万人。当此之时，诚使周公骄而且吝，则天下贤士至者寡矣。成王封伯禽于鲁。周公诫之曰："往矣，子其无以鲁国骄士！吾，文王之子，武王之弟，成王之叔父也，又相天下，吾于天下亦不轻矣。然一沐三握发，一饭三吐哺，犹恐失天下之士。吾闻：德行宽裕，守之以恭者，荣；土地广大，守之以俭者，安；禄位尊盛，守之以卑者，贵；人众兵强，守之以畏者，胜；聪明睿智，守之以愚者，善；博闻强记，守之以浅者，智。夫此六者，皆谦德也。"

《说苑·敬慎》也有同样记载。在上者（治国者）以谦下待人，则得贤士，他愈是恭俭卑下，敬畏慎重，则愈是得到人民与臣属的爱戴，他越是把自己放在后面，人民却愈是把推举到前面，这与老子哲学亦相通。老子说："圣人去甚，去奢，去泰。"（《道德经》二十九章）又强调在上者要"善下"。"圣人欲上民，必以言下之，欲先民，必以身后之。是以圣人处上而民不重，处前而民不害，是以天下乐推而不厌。以其不争，故天下莫能与之争。"（《道德经》六十六章）。

孔子曰："谨权量，审法度，修废官，四方之政行焉。兴灭国，继绝世，举逸民，天下之民归心焉。所重民、食、丧、祭。宽则得众，信则民任焉，敏则有功，公则说。"（20.1）治国之领袖若能建立良好的制度法规，重视民生与礼仪秩序，宽容慈让，诚信公正，则终会使天下归心，无为而治。

子罕篇第九

三十四　博学多能

9.1　子罕言利，与命与仁。

[释义] 孔子很少谈及利、命、仁。

9.2　达巷党人曰："大哉孔子！博学而无所成名。"子闻之，谓门弟子曰："吾何执？执御乎，执射乎？吾执御矣。"

[释义] 达巷的一个街坊说："孔子真了不起啊！学问渊博，但是又没有什么使他成名的专长。"孔子听了，对学生们说："我到底干什么好呢？我赶车呢？还是做射手呢？我赶车吧。"

9.3　子曰："麻冕，礼也，今也纯，俭，吾从众。拜下，礼也，今拜乎上，泰也，虽违众，吾从下。"

[释义] 孔子说："用麻来做礼帽，这是古礼；现在用黑丝，俭朴一些，我也听从大家的做法。臣在堂下磕头拜君，这是古礼，而现在大家只在升堂后磕头，这是骄傲的行为。即使与众人做法不同，但我还是主张在堂下磕头拜君。"

9.4 子绝四：毋意，毋必，毋固，毋我。

［释义］孔子戒绝四个方面的弊端：不主观臆断，不盲目肯定，不固执己见，不自以为是。

9.5 子畏于匡，曰："文王既没，文不在兹乎？天之将丧斯文也，后死者不得与于斯文也；天之未丧斯文也，匡人其如予何？"

［释义］孔子在匡地被人囚禁，他说："周文王死了，继承其文化的重任难道不是在我肩上了吗？如果上天要消灭这些文化，我这样的后来者也就不会传承这些了；如果上天并未要消灭这些文化，匡人能把我怎么样呢？"

9.6 太宰问于子贡曰："夫子圣者与？何其多能也？"子贡曰："固天纵之将圣，又多能也。"子闻之，曰："太宰知我乎？吾少也贱，故多能鄙事。君子多乎哉？不多也！"

［释义］太宰问子贡："孔夫子是个圣人吗？他怎么这样多才多艺？"子贡说："我的老师本来就是上天要让他成为圣人的，并且让他多才多艺。"孔子听到后说："太宰他了解我吗？我小时候出身卑贱，因此学习到很多鄙贱的技艺。那些贵族们会有这么多的技艺吗？他们是不会有这么多技艺的。"

9.7 牢曰："子云：'吾不试，故艺。'"

［释义］牢说："孔子说：'我不被国家所任用，因此学到一些技艺。'"

9.8 子曰："吾有知乎哉？无知也。有鄙夫问于我，空空如也。

我叩其两端而竭焉。"

[释义]孔子说："我有知识吗？我其实没什么知识。有个乡下人问我，我空空的，什么东西也没有，我叩问他的问题的首尾两端，竭力弄清他所问的问题。"

9.9　子曰："凤鸟不至，河不出图，吾已矣夫！"

[释义]孔子说："凤凰不再飞来，黄河不再出现图谶，我也快完了！"

9.10　子见齐衰者、冕衣裳者与瞽者。见之，虽少必作，过之必趋。

[释义]孔子见到那些穿丧服、穿礼服礼帽以及瞎眼的人，即使这些人年轻，孔子也一定站起来（表示郑重）；走过他们的时候，一定是小步快走（以示敬意）。

9.11　颜渊喟然叹曰："仰之弥高，钻之弥坚。瞻之在前，忽焉在后。夫子循循然善诱人，博我以文，约我以礼，欲罢不能。既竭吾才，如有所立，卓尔，虽欲从之，末由也已。"

[释义]颜渊慨叹说："我越是仰望老师，越感觉老师崇高；我越是钻研老师的学问，越感觉老师的学问深邃。看着他在前面，忽然又出现在我们后面。老师总是循序渐进地善于诱导我们。用古代文献来使我广博，又用礼仪来约束我的行为，使我想停止都不可能。我已经竭尽我的才能，好像已经可以卓然有所树立，我虽然想再追随老师（希望有所提升），可是却不知道往由什么途径。"

9.12　子疾病，子路使门人为臣。病间，曰："久矣哉，由之行诈也！无臣而为有臣。吾谁欺？欺天乎？且予与其死于臣之手也，无宁死于二三子之手乎！且予纵不得大葬，予死于道路乎？"

［释义］孔子病重，子路让弟子们做"臣"准备后事。孔子后来病渐好说："仲由骗我这么长时间！我不应当有'臣'来准备后事，现在他却让人做'臣'来准备后事。我骗谁呢？我能骗上天吗？而且我与其死在处理后事的所谓'臣'手里，宁愿死在你们这帮学生手里。而且我即使不能隆重出葬，也不至于死在道路上吧？"

孔子在他的时代是一个极其博学的人，他多才多艺，博闻多识，令时人赞叹。这一方面是因为他特别勤奋好学，在治学方面孜孜不倦，"学而不厌"，终生学习而不辍，因而学识超群，令学生佩服之至；另一方面，孔子与当时上流社会的贵族不同之处在于，他出身寒微，年轻时在社会底层受到过广泛的生活锤炼，使他接触到极为复杂的社会阶层与职业，因而不但学会各种生存之技能，而且对社会各阶层之生存境况与思想倾向有深刻的洞察。因此，孔子的学问广博而且踏实，立意高远而贴近社会，这使他见识卓越并能与大众的精神相对接。从孔子教育的大端而言，他倡导学生学习贵族精神与君子风范，他引导学生习礼乐，学习古代文献，而反对学生从事稼穑等劳苦人民才做的事情。从表面来看，孔子是蔑视劳动者的，以往的学者对此也多有诟病，但是从孔子的言论综合来看，这样理解孔子是比较片面而肤浅的。孔子强调的教育观念，相当于当今的博雅教育即人文教育(liberal education)，而非专科教育，他在《论语》中强调"博学"，强调学习诗书礼乐，而摒弃专业教育，其用意亦在此。

孔子并非反对实际的专业学问，实际上，他的学问的基础，正是根据于他早年广泛的社会实践。《子罕篇》曰：达巷党人曰："大哉孔子！博学而无所成名。"子闻之，谓门弟子曰："吾何执？执御乎，执射乎？吾执御矣。"(9.2) 乡邻们赞叹孔子学问的博大，在他们眼里，也许孔子是无所不知无所不晓的，但是"博学而无所成名"这个评价，却隐隐包含乡邻们内心深处的疑惑，你们的孔夫子那么博学，于学问无所不窥，那么他到底有何专长呢？在乡邻们看来，孔子虽博学，但是并没有什么"专业"上的长处值得夸耀，没有什么专业技能可使他成名成家！所以孔子的回答其实非常幽默，他回答说："吾何执？"就是"我手里掌握什么技能呢？"。"执御乎，执射乎？吾执御矣。"意思是："我是赶车好呢，还是射箭更强一些呢？我还是赶车更好一些罢。"在功利的乡邻眼中，孔教授总要有点专业特长吧，不能光教些大而无当的学问，不能光搬弄些看起来虚浮而没有实际作用的诗书礼乐的知识！而孔教授则极其深刻地洞察了这些达巷党人的内心困惑，而开玩笑说："我是赶车学专业的呢，还是射箭学专业的呢？"达巷党人的困惑实际上今天仍存在于中国的社会之中，并反映出对教育功能的深层疑问。

到底是应该着重于专业知识与技能的培养，还是应该着重于进行博雅教育（人文教育），使学生能够得到深厚的人文修养，获得正确的价值观与行动准则？是应该推行专业教育，还是应该推行"通识教育"？这个问题，涉及教育的根本取向问题，是一个极为深刻的问题。可以说，从达巷党人到现在的功利主义教育观的持有者，两千年来，他们都坚持实用主义的教育观，认为教育应该以专业技术的传授为主，这无妨称为"达巷党人问题"。对于"达巷党人问题"，孔子没有正面给以回答，而是以一个诙谐的方式调侃了一下达巷党人。孔子教育思想的核心，用现代语言来说，是倡导一种以培育"仁德"等道德观念与价值观，强调社会担当意识与人文关怀教育观，这种教育的目的是使学生真正成为有社会责任感、尊重社会道德秩序、有较高人文修养与社会使命感的人,最终宗旨在于"成人",而不是仅仅给学生一种谋生的技艺。现在很多大学仍然将目标定位于专业教育,仍然片面地注重专业知识的培养,而不重视人文精神的培养,忽视人格教育、人文教育、通识教育。其结果是,大学培养出来的人才,都是单向度的人才,仅仅具有一些实用技能,而不具备完善的人格,没有深厚的人文素养,也缺乏社会担当与社会责任意识,这样的人才,于社会益处甚小,有时还会酿成大害。家长与社会,对一个年轻人的要求仅仅是学得谋生的本领,满足于一些技术性的知识获取,关心的是孩子上大学所学的专业是否有用,而不关心孩子的全面发展、人格高度与人文素养。不能不说,在世俗的功利的"达巷党人"教育观影响之下,我们整个的社会期待都促使大学成为实用技能的培养所,而不是培育全面发展的人的高等教育机关,结果使大学教育日趋功利,人文精神日渐丧失,庸俗功利之风弥漫于教育界。而西方的著名大学,恰恰注重人文教育、博雅教育、通识教育,人文教育被广泛重视,历史、文学、哲学、心理、美学等通识课程广受欢迎,这对于一个人的人格完善和全面发展,对于社会价值观之确立,对于培养一个人的人文精神与社会责任意识都是极为重要的。一个人可以在某个领域学有专长,但是他同时又必须是一个人格健全的人,一个有着丰富趣味的人,一个有强烈人文情怀与社会担当意识的人。孔子的目标,是培养学生"博学而笃志,切问而近思,仁在其中"(19.6),是使学生"兴于《诗》,立于礼,成于乐"(8.8),"博学于文,约之以礼"(6.27, 9.11, 12.15),终生以"道"为追求目标,"君子学以致其道"(19.7),"君子谋道不谋食","忧道不忧贫"(15.32);他要培养"志于道"(4.9)的君子和"士",而不是擅长某种小技巧的人才,孔子注重礼乐诗书的教育,正是今日的通识教育、博雅教育、人文教育的滥觞。

孔子强调一个人具备多方面的才能,他要求"君子不器"(2.12),要博学，而不要把自己局限于过于狭小的领域。《子罕篇》载：太宰问于子贡曰："夫子圣者与？何其多能也？"子贡曰："固天纵之将圣，又多能也。"子闻之，曰："太宰知我乎？吾少也贱，故多能鄙事。君子多乎哉？不多也！"（9.6）太宰赞叹孔子多才多艺，能力超群，认为孔子是一个圣人。子贡当然对老师也是推崇备至，他认为孔子是"天纵之将圣"。所谓"天纵"，乃上天所赐，天生就该成为圣人，然而子贡又用"将圣"，即"将要成为圣人"，看来子贡在推崇自己老师时还留了些余地。子贡认为老师博学多能，亦来自上天之赋予。孔子听说太宰与子贡这段对话，颇不以为然，他既不太同意太宰把他树为圣人，也不太同意子贡所说的"天纵之将圣"。他说自己因为出身微贱，家境贫寒，因此为养家糊口，学习了很多本事，这些技艺都是下层人民为生活所迫而不得不会的。"吾少也贱，故多能鄙事"（9.6），孔子的这个回答坦坦荡荡，堂堂正正，我可不是什么"圣者"，也不是什么"天纵之将圣"，我的"多能"都是从底层生活来的，是由于艰苦生活的长期锤炼而锻造成的，不是天赋，不是不学而知的。从孔子的语气来看，他丝毫没有羞愧的神色，而是颇为自豪。"君子多乎哉？不多也！"那些天生的贵族，生活无忧无虑，锦衣玉食，能学到这么多本事吗？孔子也曾说过："吾不试，故艺。"（9.7）孔子因为不为国家所用，因此学到很多底层人民的技艺，这种由丰富的底层生活的历练而形成的"多能""博学"，使孔子与那些出身高贵但一无所成的"君子"（贵族）迥然不同，他更能体味下层人民的艰辛，更能洞察底层群众的吁求，更能看出社会的矛盾，这对他的国家治理思想与教育思想都有很大的影响。他接纳大批穷人子弟为学生，以君子之风熏陶他们，"有教无类"，这是对孔子自己受教育历程的一种自我肯定，也是对当时教育体制的革命。他能坚守士人的志节，坚持认为"士志于道，而耻恶衣恶食者，未足与议也"，这是早年艰辛的底层生活给他锻造的品格。

孔子虽博学、多能，有很多技艺，但是他所主张的教育体系仍是六艺之学，仍是礼乐诗书之学，他不主张学生们去学习那些小技小道，而主张学生们学习那些真正于治国有用的大道。这种思想，既有其合理性也有其局限性。"樊迟问稼"一事，使后人多诟病孔子忽视农业生产，鄙视劳动。实际上，这种批评虽表面看起来符合现代标准，却不得要领，没有体会孔子教育思想的精髓。《子路篇》："樊迟请学稼。子曰：'吾不如老农。'请学为圃。曰：'吾不如老圃。'樊迟出。子曰：'小人哉，樊须也！上好礼，则民莫敢不敬；上好义，则民莫敢不服；上好信，则民莫敢不用情。夫如是，则四方之民襁负其子而至矣，焉用稼？'"孔子说樊须为"小人"，并不是蔑视樊须道德人格低下，而是教导樊须勿从小的功利的视角出发，而要从大的治国之大道的视角出发去考虑问题。孔子倡导"君子之学"，也是从"在上者"的角度去考虑问题，他认为治国者只要倡导礼制，坚持国家治理中的公平正义原则，守信诚敬，则国家自然太平，老百姓自然安居乐业，何必发愁没有人耕稼呢？孔子的关注点与樊须不同，樊须从技术的视角出发，而孔子从治国之道的视角出发，当然，从现代教育的观点来看，农业技术这些技术性的学问也是极其必要的。孔子的教育观自有其偏颇，但是若从博雅教育与人文教育的观点来看，孔子的观点亦有其合理性，他自己出身寒微，"多能鄙事"，使得他多才多艺，他并没有因此而感到愧赧；但是孔子始终认为，教育应该以人文教育的大道为主，只关注技术性问题，关注技能的培训，会使学生偏离大道，不能完成其高远的使命。子夏曾经听孔子教导过："虽小道，必有可观者焉，致远恐泥，是以君子不为也！"（19.4）这句话可以解释孔子为什么不倡导樊须学习耕稼之事。这些技术性质的知识，属于形而下的"小道"，孔子肯定它们是有用的，"必有可观者焉"，但是要使学生追求高远的目标，追求大道，使他们有更广阔的胸怀，更远大的理想，更深远的人文关怀，从而担负更重大的使命（"任重道远"），就不能被这些小道所局限所羁绊，这就是"致远恐泥"，这个"泥"字值得深思。陷于技术性的探求，被技术性的知识所拘，一个人就难以"致远"，这是"君子不为也"。孔子的观点，对当今大学教育陷于技术主义，科学研究中陷于实用主义，都有极大的警示意义。大学教育既要注重技术之传授，更要关注人文精神之弘扬，科学研究中既要关注技术主义，又要回归其人文导向，体现更强烈的人文关怀。只关注小道，则"致远恐泥"，其弊大焉。

三十五　待贾而沽

9.13　子贡曰:"有美玉于斯,韫椟而藏诸?求善贾而沽诸?"子曰:"沽之哉!沽之哉!我待贾者也。"

[释义]子贡问:"我这里有一块美玉,是把它藏在柜子里呢,还是找一个识货的买家卖掉呢?"孔子说:"卖了吧!卖了吧!我也是在等候识货的买家呢!"

9.14　子欲居九夷。或曰:"陋,如之何?"子曰:"君子居之,何陋之有?"

[释义]孔子想到九夷去住,有人说:"那些地方简陋得很,怎么办?"孔子说:"君子在那里居住,有什么简陋呢?"

9.15　子曰:"吾自卫反鲁,然后乐正,《雅》《颂》各得其所。"

[释义]孔子说:"我从卫国返回鲁国,使得音乐文献归正其论,《雅》和《颂》各部分都在它应有的位置。"

9.16　子曰:"出则事公卿,入则事父兄,丧事不敢不勉,不为酒困，何有于我哉？"

[释义]孔子说："出来就服事公卿，在家就服事父兄，对于丧事不敢不勤勉尽责，不被宴乐所困扰，这些事我做到了什么呢？"

9.17　子在川上曰："逝者如斯夫，不舍昼夜！"

[释义]孔子在河边，叹息说："逝去的时间就像这河水，日夜不停地流走。"

9.18　子曰："吾未见好德如好色者也。"

[释义]孔子说："我没有看见过爱好仁德像爱好美色一样的人。"

9.19　子曰："譬如为山，未成一篑，止，吾止也；譬如平地，虽覆一篑，进，吾往也。"

[释义]孔子说："好比堆土成山，只差一筐土了。如果应该停止，我就停止；好比在平地上堆土为山，即使刚刚倒下一筐土，如果应该前进，我就毫不犹豫地前进。"

9.20　子曰："语之而不惰者，其回也与！"

[释义]孔子说："跟他说话却始终不会懈怠的，可能只有颜回了！"

9.21　子谓颜渊曰："惜乎！吾见其进也，未见其止也。"

[释义]孔子谈论颜渊时说："可惜他早死！我只看见他不断进步，没有看到他停滞不前。"

儒家的总体精神是积极用世的。孔子鼓励他的学生们从政，他自己也曾周游列国，遍干诸侯，来宣扬他的仁政思想。但是对于干禄从政之事，孔子并不是简单对待，而是针对不同情况有所取舍。他反对盲目地从政，他强调从政干禄之目的不在富贵，而在于实现其政治理想。

《子罕篇》："子贡曰：'有美玉于斯，韫椟而藏诸？求善贾而沽诸？'子曰：'沽之哉！沽之哉！我待贾者也。'"（9.13）从孔子回答子贡的语气看，他一点也不假道学，假清高，他劝子贡把美玉"卖了吧！卖了吧"，而且坦然承认自己就是一个"待贾"的人，他要等待一个真正识货的"善贾"来买自己的"美玉"（才能）。孔子认为美玉不能仅仅藏于椟中，而是要寻得善贾而沽之。等待善贾，而不是匆匆忙忙卖给不识货的人，是孔子干禄的前提条件。他勇于入世，愿意用世，但是又不急于用世，在用世之前，要对时势做清醒的判断，同时也要对自我定位有一个准确的判断。以"暴虎冯河"的态度盲目用世，急急忙忙从政，是孔子所不取的。

孔子赞赏在从政时的慎重，矜持态度，不汲汲于用世，才能以更清醒的态度用世；相反，那些急于要施展政治抱负的莽勇与盲目自信，为孔子所不屑。8.12中说："子曰：'三年学，不至于谷，不易得也。'"那种面壁三年苦学但不急于干禄从政的人，在孔子看来极为难得。"三年学，不至于谷"，表明这个人志向坚定，处世淡泊，心思宁静，不急于用世；但这样的人一旦用世，必行动果断，用政清宁，淡定从容，从而做出一番事业。孔子在这里强调从政者必须葆有一颗淡定静笃之心，厚积薄发，不急不躁，唯其心态超脱，故能成大事。《雍也篇》："季氏使闵子骞为费宰。闵子骞曰：'善为我辞焉。如有复我者，则吾必在汶上矣。'"（6.9）闵子骞的心态何其洒脱超然，何其淡泊宁静！闵子骞德行超迈，他有从政之资禀，然而却很超脱，不急于用世，宁可隐居汶上。《论语》记载此段，亦是表达孔门对这种心态脱洒、不汲汲于当官的真正君子人格的肯定。《公冶长篇》："子使漆雕开仕。对曰：'吾斯之未能信。'子说（悦）。"（5.6）孔子让漆雕开去做官，想必已经对漆雕开的去向有所安排，可是漆雕开并非闻之大喜，也没有急切地询问职位待遇，而是极其淡定而从容地回答孔子："老师啊，我对从政当官这件事还没有足够的信心，还没做好充分的思想准备。"对这个回答，孔子不但不恼火愠怒，反而非常欣慰，非常欣赏。为什么？因为他看到漆雕开心态坚定，淡泊深邃，他对自己是否适合从政有清醒的判断。他还要留给自己一点空间仔细地权衡，谨慎地审视，才能做决断。孔子所欣赏的，正是这种稳健而冷静的心态。这样的人一旦从政，才能不求名利，循序渐进，志笃而心静地推行他的政治理想。

孔子始终认为，一个人能不能从政，是否能当好官，不是取决于你是否内心有急切强烈的愿望想当官，而是取决于你的个人素质，取决于你的心态，取决于你的人格高度与操守。一个人有才能品质，是不可能被这个社会废弃的。"子谓仲弓曰：'犁牛之子骍且角，虽欲勿用，山川其舍诸？'"（6.6）天生我材必有用，假若一个人在学问上卓有所立，最终必然会得大用，因此不必心急，要顺其自然，心态达观而自信，淡定而无求。官禄不是求来的，而是因为你有了才德而自然得来的。《学而篇》："子禽问于子贡曰：'夫子至于是邦也，必闻其政。求之与？抑与之与？'子贡曰：'夫子温、良、恭、俭、让以得之。夫子之求之也，其诸异乎人之求之与！'"（1.10）子贡的话极其深刻，孔子并不是"求"闻其政，而是因为他人格高尚、德行卓越而自然而然地得到。孔子并不汲汲求人赐官赐禄，而是因为他怀抱仁德理想，才华超迈而获得别人的信任。所以，孔子经常讲"不求"，不要"求人"，而要"求己"。他说："君子求诸己，小人求诸人。"（15.21）君子关注自己的德行修养，学问人格，他努力使自己圆满，奋力追求人格学问的超越，这是内求，求己；而小人则为了富贵而求人，乞求他人来赐予。孔子讲的"待贾而沽"，是建立在"内求"基础上的"待贾而沽"，而不是乞求别人赐禄赐官的"待贾而沽"。孔子还说"不患人之不己知，患其不能也"（14.30），"君子病无能焉，不病人之不己知也"（15.19）。你不要埋怨自己不被重用，不被了解，你要把关注的重点放在提升自己的才能品质上；当不了官，与其怨天尤人，不如退而修己。所以，孔子教导子路要"不忮不求"（9.27），不妒忌，不贪求，自己做好自己，内求诸己，而不要外求，如此则人格学问日益精进，何必羡慕别人，又何必奢求爵禄呢？

在从政方面，孔子的态度既超越又积极，既体现他卓越的政治智慧，又体现出他的济世情怀。一方面，他是识时务的入世者，"邦有道则仕，邦无道则可卷而怀之"（15.7），态度务实，决不拘泥迂腐，空谈理想；另一方面，他又有经世之心，想要努力改变世界，实现他的政治抱负。孔子的一生都在这两者之间不断地游走，不断地抉择。《阳货篇》载子路反对孔子到谋反的佛肸那里谋事，孔子却说："不曰坚乎，磨而不磷；不曰白乎，涅而不缁。吾岂匏瓜也哉？焉能系而不食？"（17.7）。这里看得出孔子坚毅勇笃的作风，他认为自己虽到坏人那里，但目的却是实现其政治理想，而不会被坏人所影响，只要内心坚守德操，就难以被磨折；只要自己在德行上严格自律，清白处世，就难以被沾染。孔子自认为怀抱政治理想，必为世所用，并使国家得到治理，礼乐秩序得到恢复，怎么能终生做个"系而不食"的匏瓜呢？又有一次，公山弗扰在费邑造反，召孔子去。孔子想去，却又遭到子路的强烈反对。孔子却说："夫召我者，而岂徒哉？如有用我者，吾其为东周乎！"（17.5）孔子此处说："夫召我者，而岂徒哉？"与其说是公山氏召他，还不如说是孔子认为得到上天的召唤，从而唤醒了他的使命感与用世情怀，他要在那里实现他的政治抱负，使周朝的礼乐制度在东方得到传承与复兴。这表现了孔子勇毅理想的一面。可是，孔子对于用世却并不固执，不拘泥，不一条道走到黑。他很洒脱，于得失不稍措意，能出能入，能仕能隐，显示出极高的智慧。他说："道不行，乘桴浮于海。"（5.7）在他在政途上失意之后，又"欲居九夷"（9.14），而且要以君子之风使九夷尽得熏染，表现出他淡然得失、忘怀名利但不放弃理想的人生态度。

三十六　力行不止

9.22　子曰:"苗而不秀者有矣夫!秀而不实者有矣夫!"

[释义]孔子说:"庄稼长苗,却不吐穗的,有这样的呀!吐穗却不结果的,有这样的呀!"

9.23　子曰:"后生可畏,焉知来者之不如今也?四十、五十而无闻焉,斯亦不足畏也已。"

[释义]孔子说:"年轻人值得敬畏,哪里能断定将来这些年轻人不如现在的人呢?一个人到了四五十岁还没有什么名声,也就不值得敬畏了。"

9.24　子曰:"法语之言,能无从乎?改之为贵。巽与之言,能无说乎?绎之为贵。说而不绎,从而不改,吾末如之何也已矣。"

[释义]孔子说:"庄严肃穆而合乎法则的话语,我们能不接受吗?(当然接受),但是改正自己的错误才更可贵。对谦顺柔和而合乎自己心意的话语,我们能不感到愉悦吗?(当然感到高兴),但对它进行一番分析才更可贵。感到愉悦而不加分析,表面遵从却不改

正错误，对于这种人我不知道该怎么办好了。"

9.25 子曰："主忠信，毋友不如己者，过则勿惮改。"

［释义］孔子说："要坚守忠诚与信实来处世，不要与人格上比自己低下的人做朋友，有了过错不要害怕改正。"

9.26 子曰："三军可夺帅也，匹夫不可夺志也。"

［释义］孔子说："一支军队，可以被剥夺统帅；但一个大丈夫，却不能剥夺其意志。"

9.27 子曰："衣敝缊袍，与衣狐貉者立，而不耻者，其由也与？'不忮不求，何用不臧？'"子路终身诵之。子曰："是道也，何足以臧？"

［释义］孔子说："穿着破烂衣服，与穿着狐皮的人一块站立，而不感到羞愧，也就是子路能做到吧！《诗经》说：'不忌妒也不贪求，难道不值得赞美吗？'"于是子路常常诵读这句诗。后来孔子又说："（仅仅坚持不妒不贪）这样的处世之道，如何值得赞美呢？"

9.28 子曰："岁寒，然后知松柏之后凋也。"

［释义］孔子说："天气寒冷，而后才知道松柏（顶住严寒而）最后落叶。"

9.29 子曰："知者不惑，仁者不忧，勇者不惧。"

［释义］孔子说："智慧的人不会困惑，有仁德的人不会忧虑，勇敢的人不会畏惧。"

9.30 子曰:"可与共学,未可与适道;可与适道,未可与立;可与立,未可与权。"

[释义]孔子说:"有的人,可以跟他一起学习,却未必可以与他一起达到某种成就;有的人,可以跟他一起达到某种成就,却未必可以与他一同确立人生信仰与道路;有的人,可以与他一起确立生命信仰与道路,却未必可以同他一起通权达变。"

9.31 "唐棣之华,偏其反而。岂不尔思?室是远而。"子曰:"未之思也,夫何远之有?"

[释义]古诗中说:"唐棣的花,翩然来回摇摆,难道我不思念你,只可惜家住得太远。"孔子说:"只是不去思念罢了,(如果真的思念,)哪里还有什么遥远?"

儒家注重一个人的道德修养,孔子创立了以"仁"为核心的道德教育体系,从仁、义、礼、孝、悌、友、忠、信、宽、恕、恭、敬、让、敏、惠、中等方面来培养一个人的道德品质。儒家的德行教育的目标是"立人""成人"。但是,无疑地,要培养一个德行超迈的人需要经历一个极其艰苦的过程。这个过程从一个人幼小时代就要开始,至死方休。

德行修养没有止境。在这个漫长的修行过程中,最关键的是修行者要具备强大的愿力,要有强烈的内心愿望。没有这种内心强大的动力,是不可能忍受道德修养的长期过程的,不可能忍耐长期磨砺的考验。《学而篇》就说:"如切如磋,如琢如磨。"(1.15)儒家强调的是持久的修炼,不断地磨砺,才能打磨出光灿圆润的美玉出来。佛家讲修行的愿力,实际上儒家也同样讲究这个内心的愿力，要笃志力行。一个对德行修养的高远目标望而却步，内心怯懦而无强大愿力的人，是不能达到仁德的高境界的。《雍也篇》载："冉求曰：'非不说子之道，力不足也。'子曰：'力不足者，中道而废，今女画。'"（6.12）冉求对孔子所倡导的人格修养之道，是内心向往而欣悦的，他并不是不推崇老师的仁德教诲，而是内心怯懦，没有强大的内心愿力，没有持恒的勇气与意志力。孔子却认为：一个内心愿力不足者，力量不够者，在修养的中途就自动放弃，而冉求的问题比"中道而废者"更差，他尚在原地未动，根本没有鼓起修德砺志之勇气，更谈不上"中道而废"了。很显然，对于愿力与意志力不够强大之人，仁德之修炼是难以企及的目标。有愿力是修德进学的前提。冉求在修德进学上不是缺乏能力，而是缺乏内心的勇气与自信，"力不足"不是理由。孔子从来不认为一个人在修德上会"力不足"，他认为从可能性上而言，每个人都有能力达到仁德的高境界，但是前提是有强大的内心动力，要力行不殆，笃志修道。《里仁篇》："子曰：'我未见好仁者、恶不仁者。好仁者，无以尚之；恶不仁者，其为仁矣，不使不仁者加乎其身。有能一日用其力于仁矣乎？我未见力不足者。盖有之矣，我未之见也。'"（4.6）

在孔子看来，内心有"好仁"的强大愿望与动力，仁德就可以慢慢习得，可是天下人之所以没有臻至仁德的高境界，不是因为能力不够，而是因为内心动力不足，甚至不能"一日用其力于仁"，不能坚持不懈。其实修炼仁德有什么艰难的呢？仁德并不是高不可攀、虚无缥缈的东西，而是一个人基于强大的内在动力而每日力行不殆、勉力修炼而成的人格境界。孔子说："仁远乎哉？我欲仁，斯仁至矣。"（7.30）仁德离我们并不遥远，我内心向往仁德，仁德就自然来到。这个"欲"很重要。仁德并不是神秘的东西，而只是在人的"一念"之间，这个"一念"，就是内心的愿望，就是"我欲仁"的"欲"。从"我欲仁，斯仁至矣"，就可以理解"放下屠刀，立地成佛"的内在意义。《子罕篇》说："'唐棣之华，偏其反而。岂不尔思，室是远而。'子曰：'未之思也，夫何远之有？'"（9.31）"唐棣之华"在这里指"美好的德操"，即仁德。《诗经》中说："岂不尔思？室是远而"，是在强调自己客观上存在的困难，因为住得太远而无法满足自己对"唐棣之华"的爱慕，这仍然是冉求的问题，即担心自己力量不足而无法达到仁德的高境界。而孔子一针见血地指出，这哪里是因为距离遥远？只是因为你还没有真正爱慕思念它而已！若是真正内心有着强烈的愿望，有着坚韧不拔的意志力，有巨大的勇气，则"唐棣之华""何远之有？"这就呼应了7.30所说的"欲仁仁至"的观点。

儒家欣赏在修德之路上精进不止、力行不殆、锲而不舍的有志之士。佛家讲"勇猛精进"，与儒家精神相契合。《子罕篇》："子曰：'语之而不惰者，其回也与！'"（9.20）颜回对孔子的教诲，总是竭尽全力地去实践，勤恳勇毅，不敢懈怠。颜回说："仰之弥高，钻之弥坚。瞻之在前，忽焉在后。夫子循循然善诱人，博我以文，约我以礼，欲罢不能。既竭吾才，如有所立，卓尔。"（9.11）尽管孔子的道德学问如此高深，尽管修德进学之途如此艰辛卓绝，但是颜回仍然笃志遵从，达到"欲罢不能"的程度。所以孔子不仅欣赏颜回"闻一以知十"（5.9）的聪慧过人，更欣赏颜回"三月不违仁"（6.7）的坚毅有恒，欣赏他勇猛精进的学者风范。《子罕篇》："子谓颜渊曰：'惜乎！吾见其进也，未见其止也。'"（9.21）颜渊终身勉力于仁德，孜孜矻矻，无怠无忽，才达到道德的至高境界。惰怠乃修德之最大障碍。《公冶长篇》："宰予昼寝，子曰：'朽木不可雕也，粪土之墙不可杇也！'"（5.10）精神上的懈怠阻碍了我们的修行，真正失志于追求仁德的人，须日日儆醒，旦夕惕厉，不可稍有倦怠懒惰，如此恒久用功，方得大成。《泰伯篇》载：曾子有疾，召门弟子曰："启予足！启予手！《诗》云：'战战兢兢，如临深渊，如履薄冰。'而今而后，吾知免夫！小子！"（8.3）曾参的临终遗言，正是一个终生勤勉修行、日夕儆醒自律、至死方休的儒家圣者的写照。曾子说"吾日三省吾身"(1.4),又说"死而后已"(8.7),都是这种勇猛精进、勤谨持恒的儒家精神的体现。

乡党篇第十

三十七　尽礼得时

10.1　孔子于乡党，恂恂如也，似不能言者。其在宗庙朝廷，便便言，唯谨尔。朝，与下大夫言，侃侃如也；与上大夫言，訚訚如也。君在，踧踖如也，与与如也。

[释义]孔子在本乡人面前，非常恭顺的样子，好像不能说话似的。当他在宗庙中，朝廷上的时候，他言语非常明白流畅，只是又非常谨慎。上朝的时候，他与下大夫说话，非常放松快乐；与上大夫说话，正直而恭敬。君主在的时候，他恭敬谨慎而安详。

10.2　君召使摈，色勃如也，足躩如也。揖所与立，左右手，衣前后，襜如也。趋进，翼如也。宾退，必复命曰："宾不顾矣。"

[释义]君主召孔子去接待外国宾客，他神色庄严，脚步也快起来。他向两边同站的人作揖，左右拱手，衣服前后摆动，但始终整齐。有时他快步上前表示敬意，好像鸟儿舒展翅膀一般。宾客走了之后，必定会向君主回复："客人已经走远了。"

10.3　入公门，鞠躬如也，如不容。立不中门，行不履阈。过位，色勃如也，足躩如也，其言似不足者。摄齐升堂，鞠躬如也，屏气似不息者。出，降一等，逞颜色，怡怡如也。没阶，趋进，翼如也。复其位，踧踖如也。

［释义］孔子走进朝廷的大门，非常恭谨，就像那里没有容纳他的地方。他不在门的中间站立，走路也不踏门槛。经过君主之位的时候，他神色庄严，脚步很快，说话也好像底气不足的样子。当他手提衣服下摆上堂的时候，非常恭谨，屏住呼吸，好像不呼吸的样子。走出朝廷，随着台阶下降，他的神色逐渐放松，非常愉快。走完了台阶，他脚步轻快地快步向前，好像鸟儿展翅。当他回到自己的位置，又显出内心恭敬而不安的样子。

10.4　执圭，鞠躬如也，如不胜。上如揖，下如授。勃如战色，足蹜蹜如有循。享礼，有容色。私觌，愉愉如也。

［释义］孔子出使外国时，手拿玉圭，神色恭敬，好像拿不动的样子。向上举好像作揖，拿下来像授予别人。神情庄严，如同作战的神色，脚步紧密，如同沿着一条狭窄道路行走。行聘问之礼的时候，神色和气。私下与外国君臣见面时，神色轻松愉快。

10.5　君子不以绀緅饰，红紫不以为亵服。当暑，袗絺绤，必表而出之。缁衣，羔裘；素衣，麑裘；黄衣，狐裘。亵裘长，短右袂。必有寝衣，长一身有半。狐貉之厚以居。去丧，无所不佩。非帷裳，必杀之。羔裘玄冠不以吊。吉月，必朝服而朝。齐，必有明衣，布。

［释义］君子不用接近黑色的颜色做衣服的镶边，也不用红、紫这样贵重的色彩作家居衣物。夏天，他穿着粗细葛布做的单衣，一定裏以衬衣使他露在外面。黑色衣服配紫羔皮，白色衣服配麑

裘，黄色衣服配狐裘。居家的皮袄比较长，右边的袖子比较短。睡觉时一定有小被子，长度是身长的一又二分之一。用狐貉的毛作坐垫。丧服满了，什么也可以佩戴。如果不是上朝或祭祀用的衣服，一定要裁去一些多余的布。紫羔和黑礼帽不用来吊丧。正月初一，一定着朝服，上朝去参加朝贺。斋戒沐浴之时，一定有浴衣，用布做成。

10.6　齐必变食，居必迁坐。食不厌精，脍不厌细。食饐而餲，鱼馁而肉败，不食。色恶，不食。臭恶，不食。失饪，不食。不时，不食。割不正，不食。不得其酱，不食。肉虽多，不使胜食气。唯酒无量，不及乱。沽酒市脯，不食。不撤姜食，不多食。

［释义］斋戒的时候，一定改变饮食，居住也一定移动位置（而不与妻室同居）。粮食要舂得极精，鱼与肉要切得极细。粮食发霉，鱼与肉腐败，都不吃。食物颜色难看，不吃。气味难闻，不吃。烹饪的方法不得当，不吃。不到该吃饭的时候，不吃。不按正确方法切割的肉，不吃。没有调味的酱醋，不吃。肉虽然多，不要吃得比主食多。只有酒不限量，但不要到了酒醉乱志的程度。买来的酒与干肉不吃。吃饭时从不撤掉姜。不多吃。

10.7　祭于公，不宿肉。祭肉不出三日。出三日，不食之矣。

［释义］参加国家公祭，不把祭肉再放到第二天。其他祭肉不要放到超过三天，超过三天，就不再吃了。

10.8　食不语，寝不言。

［释义］吃饭时不说话，睡觉时不说话。

10.9　虽疏食、菜羹、瓜祭，必齐如也。

［释义］即使是粗食、菜汤、瓜，也在临食前拿出一点来祭，而且像真的斋戒一样敬肃。

10.10　席不正，不坐。

［释义］坐席摆得不端正，不坐。

10.11　乡人饮酒，杖者出，斯出矣。

［释义］行乡饮酒之礼后，待老人持杖者出去，自己才出去。

10.12　乡人傩，朝服而立于阼阶。

［释义］乡人行傩礼迎神赶鬼，则穿朝服站在东边台阶上。

10.13　问人于他邦，再拜而送之。

［释义］孔子让使者问候国外的友人，一定要向使者拜两次送行。

10.14　康子馈药，拜而受之。曰："丘未达，不敢尝。"

［释义］季康子给孔子送药问候，孔子拜而接受了。却说："我不知道药性，不敢尝试。"

10.15　厩焚。子退朝，曰："伤人乎？"不问马。

［释义］马棚失火，孔子退朝回来，得知此事说道："伤人了吗？"却不问马是否烧伤。

10.16　君赐食，必正席先尝之。君赐腥，必熟而荐之。君赐生，必畜之。侍食于君，君祭，先饭。

［释义］君主赐熟食，必定正席位先尝尝。君主赐生肉，必定煮熟后，先荐奉祖先。君主赐活物，一定养着它。在君主身边侍奉同食，当君主饭前行祭礼时，先吃饭为君主尝食以表敬意。

10.17　疾，君视之，东首，加朝服，拖绅。

［释义］孔子生病，君主来探视，他便头朝东而卧，把朝服披在身上，拖上一条大带。

10.18　君命召，不俟驾行矣。

［释义］君主有命来召唤，孔子不等车辆驾好马，就立即徒步先走。

10.19　入太庙，每事问。

［释义］孔子进入太庙，每件事他都要问一问。

10.20　朋友死，无所归，曰："于我殡。"

［释义］朋友死了，没有人收殓，孔子说："我来负责殡丧事宜。"

10.21　朋友之馈，虽车马，非祭肉，不拜。

［释义］朋友有馈赠，如果不是祭肉，即使是赠车马，他也不拜谢。

10.22　寝不尸，居不客。

［释义］孔子睡觉时不像死尸一样直挺挺躺着。居家时，不过分强调容仪像做客一样。

10.23　见齐衰者，虽狎必变。见冕者与瞽者，虽亵必以貌。凶服者式之，式负版者。有盛馔，必变色而作。迅雷风烈必变。

［释义］孔子见到穿齐衰孝服的人，即使是平常很亲密的人，也一定改变神色（以示敬意）。见过戴礼帽和盲眼的人，即使是卑亵之人，也一定改变容貌（以示礼貌）。路上遇到凶服的人，即使是负贩凶服的卑贱之人，也要手扶车前横木身体前倾（表达敬意）。宴会上有丰富菜肴，必定改变神色，从席上起身，（以示对主人盛意的敬重）。遇到疾雷大风，一定改变神色（以表敬天之意）。

10.24　升车，必正立，执绥。车中不内顾，不疾言，不亲指。

［释义］孔子上车时，一定先端正站好，拉着升车的绳索。在车上，他不向内回视，不快说话，不用手指指点点。

10.25　色斯举矣，翔而后集。曰："山梁雌雉，时哉时哉！"子路共之，三嗅而作。

［释义］（孔子看到几只野鸟）见到人们神色稍有变化，就飞走了，在天上飞了一阵，又都安集在一起。孔子说："这些山梁上的雌雉呀，真是知道时宜呀，真是知道时宜呀！"子路向它们拱拱手，这些鸟再三惊视，振翅而飞。

圣人之学，看似高深，实则平易。立意虽则高远玄渺，似乎深不可测，如颜回所说："仰之弥高，钻之弥坚。瞻之在前，忽焉在后。"（9.11）然而圣人讲修德进学，总是落到极平易处，使学者有着手处，而不是凭空蹈虚，

沦为空谈玄学。大道在何处？不过是在平常日用之间。起居坐卧，洒扫应对，伦常日用，行止取舍之间，都包含着立身处事之大道，都能磨炼并昭显一个人的人格风范与道德操守。正因平易，反觉伟大；高深圣道，正寓于平常生活之间，性情动容之际。西人读《论语》，但觉处处充满烦琐、细碎而无关宏旨的道德说教与行为指南，实在不懂得儒家哲学之妙处，正在于将高深哲学贯彻于生活，于生活的行动取舍中而彰显真正人格的伟大。

《乡党篇》集中讲孔子在日常生活中的表现，既有在宗庙朝廷中的行动言语规范，也有日常饮食起居之习惯、待人接待之辞气。从这些细节中，可看出儒家修身之平实广大，圣人气象之平易高远。其中贯穿始终的精神是"礼"与"情"融合为一的思想。"礼"是一整套礼乐制度的合称，"礼"的目的是营造一种和谐有序的社会秩序，其主旨是"和"，其精髓是"度""宜"。《学而篇》说："礼之用，和为贵；先王之道，斯为美。小大由之。有所不行：知和而和，不以礼节之，亦不可行也。"(1.12) 礼的功用是和谐，是使社会有秩序，但不是平等。人类社会发展到现在，追求平等，但这只是抽象意义上的平等，落实到现实中，人与人之间仍有地位上的不平等，也存在因年龄、能力、阅历、品质、资历等原因而形成的事实不平等。单纯讲平等，是不现实的，孔子强调的"礼之用，和为贵"，是在确立一种等级秩序基础上的社会和谐，但任何"和"都要"以礼节之"，不是为和谐而和谐。

同时，在"礼"的实施层面，孔子强调"度"，即不过分，要合宜。"义"就是"宜"，就是"度"，既不是"不及"，也不是"过"，而是恰到好处。《里仁篇》说："君子之于天下也，无适也，无莫也，义之与比。"(4.10) 君子立于天下，应酬万事，没有什么事必做，也没有什么事必不可做。做与不做的标准只有一个，就是"义"。"义之与比"，是一个极其重要的原则，在"礼"的实践层面，"合宜"而不是过分，也是一个极其核心的原则。在《先进篇》中，子贡问孔子："子张和子夏谁更好？"孔子说："子张，有些过；子夏有些不及。"子贡又问："那么子张比子夏好些吗？"孔子回答："过犹不及"，"过"和"不及"是一样不好的。《子罕篇》说："譬如为山，未成一篑，止，吾止也。譬如平地，虽覆一篑，进，吾往也。"（9.19）进与止，标准是"义之与比"。"义"就是恰到好处的行为尺度。

因此，无论是一个人日常接人待物，还是治国平天下，既要讲"礼"，又要掌握火候，要有"度"。任何看起来好的品德，若过度，则会"过犹不及"，成为坏品德。所以《泰伯篇》说："恭而无礼则劳，慎而无礼则葸，勇而无礼则乱，直而无礼则绞。"（8.2）从个人修养层面来说，对人恭敬自然很好，然而过于恭敬，见人卑躬屈膝，到处赔笑脸，低眉顺首，礼数太多，则会使自己非常疲惫，对方也会感到厌烦；一个人对事慎重当然很好，可是如果过于谨小慎微、不敢做事、时时战战兢兢、处处"三思而后行"（孔子反对"三思而后行"的过于谨慎的做法，而是认为思两次就可以了，"再，斯可矣"[5.20]），就会显得拘谨而怯懦，这样的人什么也做不成；一个人勇敢当然很好，但如果勇猛过度，有勇而无谋，刚猛莽撞，不计后果，"暴虎冯河"，则终会作乱坏事；一个人正直当然很好，可是若过于直率，说话直不楞腾，出言不逊，不顾及别人感受，也不看场合，则会伤害他人。做人要讲究"适度"，从表面上看，"恭""慎""勇""直"都是好品质，可是如果做过了头，都会走向反面，导致消极后果，所以要"以礼节之"。治国平天下也是如此。"恭"，"供给敬事"也，比如课农桑兴水利之事，如果一味强调"恭"而无"礼"节之，则会劳民，使人民不堪其扰，感到疲惫不堪，这就是"恭而无礼则劳"。治国者做事要谨慎，但如果过于"卑约省事"（见王闿运《论语训》），则难以兴利除弊。这就要讲求治国的"度"，这是"礼"的根本。

但是，"礼"既有构造一个有秩序的理性的和谐社会的客观功能，同时

"礼"也是营建人与人之间温情关系的制度规范。儒家既讲礼法秩序,又讲情感关系,是情礼交融,情理结合。家庭成员之间的孝、悌、和睦,营造了家的温情世界;而宗族乡党之间的信睦互助,则营造了族群社区成员之间的温情世界。"礼"不是冷冰冰的一套制度、一堆说教、一系列清晰界定但没有感情的权利义务关系,而是有着浓厚情感内涵的社会秩序与生命共同体的外在价值表现。礼规定了外在的形式,而内在的内容则是人类不分族群与时代而普适的情感需求。由家庭人伦(孝悌),到社区人伦(信、友),再到国家人伦(忠),儒家构建了一个情感与理性、制度与心灵平衡的社会生存模式。

《乡党篇》中的孔子,在宗庙、在朝廷、在乡党、在家居,表现出不同的行为举止,但都极为妥帖合宜,适合那一个特定空间与场合的礼仪要求。他在宗庙中,庄严谨饬,充满宗教式的虔诚郑重;在朝廷中,他练达从容,严肃敬畏,表现了一个承担国家使命的重臣的使命感、担当意识、忠诚志愿与完成使命的自信;他在乡党邻舍之间,不狂妄、不急躁、谦逊温和、包容和睦,为乡邻营造一种和谐敬笃的氛围;在家居之时,他神色和悦,事事整饬有序,井井有条,为家人树立一种勤谨而温情的生活趣味。在所有这些场合,孔子的表现都不同,神色行动也因空间、时间不同而各异,但都显得从容合度,不悖常礼。与不同地位的人交往,他也有不同的风范:与君主交往,庄严而忠诚;与大夫们交往,自信从容而慎重;与外国宾客交往,庄重而愉悦;与朋友交往,讲义气而有原则;与老人交往,他恭敬而有礼;与残障者和弱势群体交往,他充满同情心与道义感,尊重对方的人格。

孔子饮食有度,讲究时令,为的是培养有节制的品行,并培养严谨整饬的生活习惯。《乡党篇》记录了孔子很多饮食的细节,一般人以为孔子是一个精致的讲究生活艺术的"生活家",实际上并不全然如此。孔子的饮食与穿着，极其讲究，但重点并不是生活之享乐与养生之需要，而是着眼于得体、尽礼、有度、得时、不乱。而达到这些要求的饮食起居习惯，必然是合乎养生原则的。所以孔子在当时的医疗保健水平之下能活到七十三岁，达到当时人寿数的顶峰，不是没有原因的。饮食起居虽小节，却是一个人心性的表现，锤炼人格、提升修养、培育胸怀、怡养情操，必从一点一滴、一行一动开始。饮食有节，起居有常，整饬而有节制，从容而不慌乱，此乃养成君子仁德之始点。因此清朝《朱子家训》中第一句话就说："清晨即起，洒扫庭除，当内外整洁"，懂得洒扫应对之道，才有可能修身齐家治国平天下。佛家也是如此，一部《金刚经》开头却记着佛陀着衣持钵，沿街乞食，吃完饭，收拾衣钵，洗足敷座。"尔时，世尊食时，着衣持钵，入舍卫大城乞食。于其城中次第乞已，还至本处。饭食讫。收衣钵。洗足已。敷座而坐。"如此寻常，如此平易，如此简朴而又如此认真，如此节制而又如此从容，圣人气象，原本如此平实而又高深！

《乡党篇》所载之孔子，于行止坐卧中自有分寸，无论在宗庙朝堂，还是在乡党家居，都能把握合适尺度，合宜尽礼，内心与外表呈现出高度的和谐。他事事强调礼，但并不伪善，他的恭敬谨饬乃发自衷心，并非矫揉造作，并非为取悦他人。孔子并不是唯唯诺诺、故作恭谨、伪装老实，而是堂堂正正、坦坦荡荡、光明磊落、表里澄澈。他说"女（汝）为君子儒，无为小人儒"（6.13），孔子追求"君子儒"，"文"与"质"高度统一，内心与外表高度统一，"文质彬彬，然后君子"（6.18）。他强调事事尽礼，但也讲灵活性与原则性的统一，并不拘泥，他的底线与最终标准是合乎"义"。《子罕篇》载："子曰：'麻冕，礼也，今也纯，俭，吾从众。拜下，礼也，今拜乎上，泰也，虽违众，吾从下。'"（9.3）他有时体现灵活性，"从众"，变通礼节、与时俱进；但有时又择善固执，并不迁就大众的潮流。孔子不为群众的喧嚣所左右，心中有坚定的原则，表现出一个"士"的独立精神。

《子路篇》载:"子贡问曰:'乡人皆好之,何如?'子曰:'未可也。''乡人皆恶之,何如?'子曰:'未可也。不如乡人之善者好之,其不善者恶之。'"(13.24)《卫灵公篇》说:"众恶之,必察焉;众好之,必察焉。"(15.28)孔子并不事事走群众路线,而是坚持从礼与义的标准出发,做出自己的独立判断,那种伪善的表里不一的"乡愿"之人,是"德之贼"(17.13),是"小人儒"(6.13),是应该被鄙弃的人格,他们并不是真正的尽礼,而是要取悦大众,哗众取宠。

《乡党篇》最后的"雌雉"一章,极有神趣。"色斯举矣,翔而后集。"野鸟们一看周围情势不对,便神色惊惧,高飞远引,等到观察形势安定下来,又翔集一处,神色怡然。当子路要走去喂食(一说捉鸟,一说拱手)的时候,雌雉惊顾而飞,不为所惑,逃脱而去。孔子看到这一景象,盛赞"时哉时哉!",以为雌雉乃动止得时的圣者。所谓"时",就是合时宜,识时势,知时变,察时流,然后择行止,知久速,能取舍。这就是"圣之时者也"。孟子说:"可以仕则仕,可以处则处,可以速则速,圣之时者也。"君子尽礼,唯得其时中,合乎时宜,当行则行,当止则止,方无愧无怍,自适自得,如山梁雌雉般,时而色举,时而翔集,动静得时,方可备"圣者"气象。

先进篇
第十一

三十八　升堂入室

11.1　子曰:"先进于礼乐,野人也;后进于礼乐,君子也。如用之,则吾从先进。"

［释义］孔子曰:"先学习礼乐,而后从政,这是一般的士;先从政,而后学习礼乐,是贵族子弟。如果让我使用人才,我宁可用先学习礼乐而后从政的士。"

11.2　子曰:"从我于陈、蔡者,皆不及门也。"

［释义］孔子说:"跟我一起在陈、蔡等国受困的人,都不在我这里了。"

11.3　德行:颜渊、闵子骞、冉伯牛、仲弓。言语:宰我、子贡。政事:冉有、季路。文学:子游、子夏。

［释义］孔子的学生中,德行出众的有颜渊、闵子骞、冉伯牛、仲弓。言语出众的有宰我、子贡。行政能力出众的有冉有、季路。熟悉古代文献的有子游、子夏。

11.4　子曰:"回也非助我者也,于吾言无所不说。"

[释义]孔子说:"颜回啊,不是一个对我有所帮助的人,他对于我的话没有不感到欣悦的。"

11.5　子曰:"孝哉闵子骞!人不间于其父母昆弟之言。"

[释义]孔子说:"闵子骞是个孝子啊。人们对他父母兄弟称誉他的话,没有什么异议。"

11.6　南容三复白圭,孔子以其兄之子妻之。

[释义]南容很多次诵读"白圭"诗,(他言行谨慎),孔子就把哥哥的女儿嫁给他。

11.7　季康子问:"弟子孰为好学?"孔子对曰:"有颜回者好学,不幸短命死矣,今也则亡。"

[释义]季康子问:"您的弟子中谁最好学?"孔子回答:"有一个叫颜回的人好学,可惜不幸短命死了,现在就没有好学的人了。"

11.8　颜渊死,颜路请子之车以为之椁。子曰:"才不才,亦各言其子也。鲤也死,有棺而无椁。吾不徒行以为之椁,以吾从大夫之后,不可徒行也。"

[释义]颜渊死了,他父亲颜路请求孔子卖掉车子来为颜渊制作外椁(棺外面的一层)。孔子说:"不管是有才还是无才,但总归是自己的儿子。孔鲤也死了,只有内棺,而没有外椁。我不能卖掉车子光步行来为颜渊作椁。因为我也曾任大夫,是不能没有车而步行的。"

11.9　颜渊死。子曰:"噫!天丧予!天丧予!"

［释义］颜渊死。孔子说:"哎!上天要我的命呀!上天要我的命呀!

11.10　颜渊死,子哭之恸。从者曰:"子恸矣!"曰:"有恸乎?非夫人之为恸而谁为?"

［释义］颜渊死,孔子哭得非常悲痛。跟随他的人说:"您太悲痛了!"孔子说:"我过于悲痛吗?如果不为这个人悲痛,我还为什么人悲痛呢?"

11.11　颜渊死,门人欲厚葬之,子曰:"不可。"门人厚葬之。子曰:"回也视予犹父也,予不得视犹子也。非我也,夫二三子也。"

［释义］颜渊死,弟子们想厚葬颜渊,孔子说:"不行。"弟子们却厚葬了颜渊。孔子说:"颜回把我看作父亲,我却不能把颜回当作儿子来看待,(我没有厚葬我儿子孔鲤,而颜回却被厚葬)。这不是我的错啊,是这帮小子们干的。"

11.12　季路问事鬼神。子曰:"未能事人,焉能事鬼?"曰:"敢问死。"曰:"未知生,焉知死?"

［释义］子路问如何服事鬼神,孔子说:"不能好好地服事人,怎么能服事好鬼神呢?"子路说:"冒昧地问老师什么是死?"孔子说:"还没弄明白生的道理,怎么能懂死的道理?"

11.13　闵子侍侧,訚訚如也;子路,行行如也;冉有、子贡,侃侃如也。子乐:"若由也,不得其死然。"

[释义]闵子骞陪在孔子身边，十分恭敬而正直；子路表现得刚强有为；冉有和子贡温和而喜悦。孔子非常开心。可又说："像子路这样的人，恐怕得不到善终啊。"

11.14　鲁人为长府。闵子骞曰："仍旧贯，如之何？何必改作？"子曰："夫人不言，言必有中。"

[释义]鲁国修理府库。闵子骞说："照着老方法去做，怎么样？何必要改变呢？"孔子说："这个人不太多言，但是每次说话一定非常中肯。"

11.15　子曰："由之瑟，奚为于丘之门？"门人不敬子路。子曰："由也升堂矣，未入于室也。"

[释义]孔子说："子路在我这里怎么能弹这样调子的瑟呢？"因为这句话，孔子的弟子们不太尊敬子路。孔子说："子路这个人，人品学问已经有一定境界了，只不过还没有达到精深的地步。"

在中国儒家的文化传统中，"师"的地位很显要，供奉及祭拜，总要"天地君亲师"依次而拜。古人说："学高为师，身正是范。"讲的是好老师的标准，前者是学问，后者是德操，二者皆可为后生效仿，方可为师。有些人学问好，但德行不堪，便不得为师，因此在"学"与"德"两者之间，德是本，学是末。本末兼备，才可算是真正的师。中国古代又有"经师"与"人师"的说法，认为"经师易遇，人师难遭"，"人师"比"经师"是更高层次的要求。汉灵帝时，太原名士郭泰在太学任教，德学并臻，名动京师，

深得太学生们爱戴,时洛阳神童魏昭十一岁入太学,在拜访郭泰时说:"尝闻'经师易遇,人师难遭',愿在左右,供给洒扫"。司马光《资治通鉴》记此事,胡三省注曰:"经师,谓专门名家,教授有师法者;人师,谓谨身修行,足以范俗者。""经师"须博学,以授业解惑;而"人师"须终生为道德守卫者,以传道为己任,代表着教师的更高境界。

孔子诚然是古今"人师"第一,他不但开创了中国私学的先河,而且因为极高的教学艺术与师德风范而成为人师典则。《论语》中所显示的孔子与其弟子的互动答问,情意深切,水乳交融,师生心灵相通而无间,师生之间的沟通如此灵动,如此亲切,而又如此富于哲理,如此引人入胜!千载而下,亦令读者感动!

孔子之弟子,多为贫寒平民出身,即孔子所谓"先进于礼乐"的"野人"(11.1),但是孔子以"君子"之德要求他们,相信这些贫寒子弟终将成人,并担当大任。孔子教人,重在因材设教,视其禀赋资质而"循循然善诱人"(9.11);同时亦注重"情景式教学",在不同情境下给予弟子不同开示,往往使弟子于当下有所开悟。孔子与弟子的相互问难,多含机锋,如同禅宗中的"话头"或"公案",唯细细参之,方可得其三昧,学者不应只停留于表面功夫,而应细究其本,方能深体圣道,探得骊珠而返。

孔子因材设教,其法因人而变。其一曰熏染会意法。此法以颜回为典型。颜回是孔子最钟爱的学生,不但聪颖过人,才华超群(子贡说:"回也闻一以知十,赐也闻一以知二"[5.9]),而且朴厚深邃,德行超迈,在才与德两方面都足为表率。颜回持守仁德而不懈,磨砺身心而不殆,孔子表扬他"三月不违仁"(6.7),且安贫乐道,箪食瓢饮而不改其乐(6.11)。他在道德追求上精进不止,力行不殆,孔子说他"吾见其进也,未见其止也"(9.21),"语之而不惰"(9.20)。颜渊是孔子心目中唯一好学之人,孔子曾对哀公说:"有颜回者好学,不迁怒,不贰过,不幸短命死矣。今也则亡,未闻好学者也。"(6.3)对季康子也发出几乎同样的感叹(11.7)。孔子曾经感叹："回也非助我者也。"即是说："颜回不是对我有所助益的人。"为什么呢？因为若师生相互问难，则达教学相长之效，弟子愈是问难于师，老师愈能发挥其道，故其道愈显精深明澈。可是颜回却不曾问难于孔子，他在听孔子讲道时，总是"于吾言无所不说"(11.4)，对老师的言论始终心感欣悦，深思而细体，悦纳而力行。孔子前一句话似是反话，明贬实褒，实为赞叹颜回能深悟师道，明达圣理，而不逞口才之辩。颜回表面上木讷持重，然而内心却敏而好学。孔子叹曰："吾与回言终日，不违，如愚。退而省其私，亦足以发，回也不愚！"(2.9)对于颜回这样禀赋过人、天生颖悟的学生，实际上教学方法变得极为单纯，师者以身教，弟子以神会，师生之间融洽无间，相得益彰。师生名为两人，实则一体，一言一行，皆心领神会。孔子与颜回的关系，实在如同"佛祖拈花、迦叶微笑"一般，此等意境，乃师生之最高境界，也是最上乘之教学艺术！老师对于此等学生，不需耳提面命，谆谆教诲，更不必施以呵斥责罚，学生自然"闻一知十"，"欲罢不能"(9.11)，其德学自然精进无疆。颜回死，孔子大恸，对天长呼："天丧予！天丧予！"(11.9)别人说："老师，您哀恸太过了！"孔子却反问："有恸乎！非夫人之为恸而谁为？"可见哀恸之深，情意之切！但即使为此，孔子还是不同意颜回父亲提出的卖车置椁的请求(11.8)，并反对弟子们厚葬颜回(11.11)，他从礼的高度出发，把理与情分得很清楚。

其二法曰"棒喝警醒法"。此法用于子路（仲由）最多。子路其人，尚刚好勇，坦直猛烈，性情急躁，但又诚挚率真得可爱。对于子路，孔子或先扬后抑，或直接施以棒喝，目的乃在于去其刚猛愚勇之气，纠其朴野急躁之性，努力使之沉静圆润，行止有度，文质相兼。子路在《论语》中是出现次数最多的。孔子很少正面肯定子路，《雍也篇》中，孔子说："由也果。"(6.8)《先进篇》说："所谓大臣者，以道事君，不可则止。今由与求也，可谓具臣矣。"(11.24)孔子认为子路有治国之才具，"由也，千乘之国，可使治其赋也"(5.8)，同时孔子认为子路行事光明磊落，一诺千金，"无宿诺"(12.12)。

实际上，子路直率坦诚，刚勇有为，这是优点，属于孔子所说的勇于进取、敢于行动的"狂者"。对于他性格中的这一面，孔子是赞许的，所以《先进篇》中载："闵子侍侧，訚訚如也；子路，行行如也；冉有、子贡，侃侃如也。子乐。""子乐"两个字何其传神！孟子说："得天下英才而教育之，一乐也。"孔子正是乐在其中，他看到弟子们性情各异，而都如此英姿勃发，一片向上之气象，心中欢喜不置，衷心慰藉。可是接着又冒出一句话："若由也，不得其死然。"(11.13)在乐的同时，孔子却暗自长叹一声，认为子路以其性格刚猛好勇之缺陷，会不得其死，后来果被孔子言中。孔子对于子路之教导，常采取先扬后抑之法，如《公冶长篇》，孔子说："道不行，乘桴浮于海。从我者，其由与？"子路闻之喜。孔子话锋一转，说："由也好勇过我，无所取材。"(5.7)说他逞强斗勇，缺陷很大，定使子路极感沮丧，进而深悔喜之过早。又有一次，孔子表扬子路："衣敝缊袍，与衣狐貉者立，而不耻者，其由也与。'不忮不求，何用不臧？'"子路听到这番表扬，很是受用，"终身诵之"。可是孔子话锋一转，又说："是道也，何足以臧？"(9.27)指出这种道德境界，并不是最高境界，仅仅做到"不忮不求"，还不能算仁德之至境，若达到颜渊箪食瓢饮不改其乐方为至境。孔子多次棒喝子路"野哉由也！"(13.3)，以儆示子路去其朴野恃勇之气。《先进篇》中孔子说："由之瑟，奚为于丘之门？"(11.15)估计子路鼓瑟，不见琴瑟之和谐雅润，而尽露刚暴粗野急蛮之气息，孔子由瑟音而断其人，有警醒开示之意。孔子感叹说："由也升堂矣，未入于室也。"(11.15)与颜回相比，子路的人格境界还修炼不够。所以孔子教子路要认识何为真正的"勇"，真正的勇要合乎仁义要求，要适度合宜，而不可逞强好勇，恃勇而乱为。《阳货篇》中，孔子教子路"六言六蔽"："好仁不好学，其蔽也愚；好知不好学，其蔽也荡；好信不好学，其蔽也贼；好直不好学，其蔽也绞；好勇不好学，其蔽也乱；好刚不好学，其蔽也狂"（17.8）。听得出来，后面三句话，是直接讲给子路听的，要他不要过于"直""勇""刚"，因为过直则绞，过勇则乱，过刚则狂，皆于修身有碍。有一次子路故意问孔子："君子尚勇乎？"他本来可能期望听到孔子肯定答复，结果老师却说："君子义以为上。君子有勇而无义为乱，小人有勇而无义为盗"（17.23），直指其弊，陈说利害，希望子路能以之为鉴。有一次孔子当面赞美颜回："用之则行，舍之则藏，唯我与尔有是夫！"子路听了可能极不服气，于是问孔子："子行三军，则谁与？"子路自认刚勇，他故意设此问，要将老师一军，"您老要统率三军，要任用谁呢？"子路当然认为，要统率三军，不能用颜回这样的木讷儒雅书生，而必用他子路这样的勇者。但老师的棒喝令人深思："暴虎冯河，死而无悔者，吾不与也。必也临事而惧，好谋而成者也。"（7.11）可见孔子教诲弟子之良苦用心。

　　孔子的棒喝警醒法也曾用于宰予，他因宰予昼寝而大骂"朽木不可雕也，粪土之墙不可圬也"（5.10）；孔子也曾因冉求助季氏聚敛而发下狠话："非吾徒也，小子鸣鼓而攻之，可也。"（11.17）师不知棒喝，不可为良师。禅家常用棒喝，为的是斩断痴根，去除魔障，一念顿悟，遽归法藏。孔子用棒喝警醒之法，亦是如此，贵在良苦用心，内蕴菩萨心肠，却外显霹雳手段，直截打破颠倒妄想，警醒傲妄迷狂，而使人窥得圣学本意。经师碍于文字，而人师直指本心。

三十九　春风侍坐

11.16 子贡问："师与商也孰贤？"子曰："师也过，商也不及。"曰："然则师愈与？"子曰："过犹不及。"

［释义］子贡问："颛孙师（子张）与卜商（子夏）谁更好？"孔子说："颛孙师有点过头，卜商有点不够。"子贡说："那么，颛孙师比卜商要好些了？"孔子说："过头与不够是一样的。"

11.17 季氏富于周公，而求也为之聚敛而附益之。子曰："非吾徒也，小子鸣鼓而攻之，可也。"

［释义］季氏比周公还富有，而冉求却还为季氏敛财，使其财富更多。孔子说："冉求不再是我的弟子了，同学们只管鸣鼓来攻击他好了。"

11.18 柴也愚，参也鲁，师也辟，由也喭。

［释义］高柴愚笨，曾参鲁直，颛孙师偏激，仲由莽撞。

11.19 子曰："回也其庶乎屡空，赐不受命而货殖焉，亿则屡中。"

［释义］孔子说："颜回这个人（在仁德方面）差不多够好了，却每每陷于困乏之中。而子贡这个人，没有得到国家许可就做买卖，但他每次预测市场行情都能猜中。"

11.20　子张问善人之道。子曰："不践迹，亦不入于室。"

［释义］子张问老师什么是善人之道。孔子回答说："善人不依循别人的足迹，但也不能达到较高的境界。"

11.21　子曰："论笃是与。君子者乎？色庄者乎？"

［释义］孔子说："我赞同言辞笃定严肃的人。但这些人到底是君子呢，还是装作神色庄严呢？（要进行分辨）。"

11.22　子路问："闻斯行诸？"子曰："有父兄在，如之何其闻斯行之？"

冉有问："闻斯行诸？"子曰："闻斯行之。"

公西华曰："由也问闻斯行诸，子曰有父兄在；求也问闻斯行诸，子曰闻斯行之。赤也惑，敢问。"子曰："求也退，故进之；由也兼人，故退之。"

［释义］子路问："听到这道理就去行动吗？"孔子说："有父兄在，怎么能听到道理就行动呢？（要征求父兄的意见谨慎行事）。"冉有问："听到这道理就去行动吗？"孔子说："听到道理就去行动吧！"公西华说："子路问听到道理就去行动吗，老师回答有父兄在，（要征求父兄意见谨慎行事）。而冉求问听到道理就去行动吗，老师说听到就去行动吧！我感到很困惑，请问老师为什么两次回答不一样呢？"孔子说："冉求性格怯懦谦退，所以要鼓励他前进；

而子路勇气过人，所以要使之谦退谨慎。"

11.23　子畏于匡，颜渊后。子曰："吾以女为死矣。"曰："子在，回何敢死？"

［释义］孔子在匡地被困，颜渊被落在后面，（后来才赶到）。孔子说："我还以为你死了呢！"颜渊说："老师还健在，我怎么敢先死呢。"

11.24　季子然问："仲由、冉求，可谓大臣与？"子曰："吾以子为异之问，曾由与求之问。所谓大臣者，以道事君，不可则止。今由与求也，可谓具臣矣。"

曰："然则从之者与？"子曰："弑父与君，亦不从也。"

［释义］季子然问："仲由、冉求，可以做大臣子吗？"孔子说："我还以为你问别人，原来是问仲由与冉求啊。所谓大臣，秉持仁道，事奉君王，如果不能实现就停止。今仲由与冉求这两个人，作为大臣完全具备这个条件。"季子然又问："既然这样，他们会很顺从吧？"孔子说："杀害父亲与君王，这样的事，他们是不会顺从的。"

11.25　子路使子羔为费宰。子曰："贼夫人之子。"
子路曰："有民人焉，有社稷焉，何必读书，然后为学？"
子曰："是故恶夫佞者。"

［释义］子路让子羔做费县县宰。孔子说："你害了别人的儿子了。"子路说："有老百姓可以保护，有社稷可以服务，（这些都是学习），何必非读书才叫学习呢？"孔子说："我因此之故厌恶那些巧

言善辩之人。"

11.26 子路、曾皙、冉有、公西华侍坐。

子曰:"以吾一日长乎尔,毋吾以也。居则曰:'不吾知也!'如或知尔,则何以哉?"

子路率尔而对曰:"千乘之国,摄乎大国之间,加之以师旅,因之以饥馑。由也为之,比及三年,可使有勇,且知方也。"

夫子哂之。

"求,尔何如?"

对曰:"方六七十如五六十,求也为之,比及三年,可使足民。如其礼乐,以俟君子。"

"赤!尔何如?"

对曰:"非曰能之,愿学焉。宗庙之事如会同,端章甫,愿为小相焉。"

"点!尔何如?"

鼓瑟希,铿尔,舍瑟而作,对曰:"异乎三子者之撰。"

子曰:"何伤乎?亦各言其志也。"

曰:"莫春者,春服既成,冠者五六人,童子六七人,浴乎沂,风乎舞雩,咏而归。"

夫子喟然叹曰:"吾与点也!"

三子者出,曾皙后。曾皙曰:"夫三子者之言何如?"

子曰:"亦各言其志也已矣。"

曰:"夫子何哂由也?"

曰:"为国以礼,其言不让,是故哂之。"

"唯求则非邦也与?"

"安见方六七十如五六十而非邦也者?"

"唯赤则非邦也与?"

"宗庙会同,非诸侯而何?赤也为之小,孰能为之大?"

[释义]子路、曾皙、冉有、公西华陪着孔子坐着。孔子说:"我是比你们都大几岁,但你们不要顾虑我是你们的老师。你们平常总说:'没有人了解我呀!'如果有人了解你们,你们想干些什么?"子路连忙回答说:"假若有一个一千辆兵车的国家,处在大国之间,外面有别国军队的威胁,国内又有灾荒,要是我来管理,只要三年,就可使老百姓勇敢无畏,并且懂得道义。"孔子向子路微微一笑。孔子又问:"冉有,你怎么样?"冉有回答:"如果有六七十里或五六十里的小国,我要去治理,三年之后,可以让老百姓人人富足。至于推行礼乐教化,那就要等待君子来实施了。"孔子又问:"公西赤!你怎么样?"公西赤回答说:"我不敢说我能干有本事,我愿意学习。宗庙里的事,或者同外国盟会,穿着礼服礼帽,我愿意当个小司仪。"孔子又问:"曾点!你怎么样呢?"曾皙正在弹琴,琴声稀落,听老师叫自己,铿的一声停下来,丢下琴站起来说:"我的理想与他们三个不同。"孔子说:"那有什么要紧呢?只不过各自谈谈自己的志向而已。"曾皙说:"暮春时节,春服做好了,陪同五六位青年和六七个少年,在沂水边洗澡游泳,再在舞雩台上吹吹风,唱着歌曲回家来。"孔子感叹说:"我赞同曾点啊!"子路、冉有、公西华都出去了。曾皙留在后面。曾皙问孔子:"老师啊!那三位同学讲得如何?"孔子说:"只不过是各自谈自己的志向罢了。"曾皙又问:"您为什么笑子路呢?"孔子说:"治国应当讲求礼让,而子路的话一点不谦让,因此笑他。"曾皙问:"那么冉有讲得不算是有志治国吗?"孔子说:"哪里有六七十里或五六十里的土地还不

算是一个国家呢?"曾晳又问:"那么公西赤讲的不是治理国家吗?"

孔子说:"宗庙祭祀,会盟外国,这不是诸侯的事又是什么?公西华说自己只能当小相,那么谁能做大相呢?"

孔子为我们树立了最好的师德风范。作为老师,他胸怀磊落,与学生坦诚相见,从不隐瞒自己的观点。《论语》中的记载是非常真实的,孔子不是一个呆板的故作威严的师者形象,而是嬉笑怒骂,极具性情,他时而发誓赌咒,时而痛斥狠批,无不体现出他与学生亲密无间的关系。在西方,也唯有苏格拉底的教学艺术可以与孔子相媲美。孔子对学生敞开心扉,他既在学生面前表达他的沉思与深悟,也同时表现他的愤怒、困惑乃至内心的软弱与无奈。《述而篇》说:"二三子以我为隐乎?吾无隐乎尔。吾无行而不与二三子者,是丘也。"(7.24)在学生面前,孔子就是这样一个没有矫饰、没有伪装、坦坦荡荡、清澈透明的人,他以这样真诚无伪的姿态面对他的学生,给学生以人格上无形的感染与熏陶。对比孔子,现代教育体系下最大的弊端是隔绝了师生之间真正亲密无间的沟通,使得师生之间缺乏真正的情感碰撞与精神层面的融汇。

前文已谈及孔子教学的"熏染会意法"与"棒喝警醒法"。孔子在教导学生时亦善用"诱导鼓舞法"。他的教学法极其富有艺术性,方式极其灵活。他善于发掘学生内心的悟性,也善于促使学生的自我反省。他对学生的启发开示时而含蓄,时而直截了当,总是恰到好处,令学生醍醐灌顶般开悟。他对学生的表扬与肯定使学生如沐春风,充满向上的精神鼓舞力量。《学而篇》载:子贡曰:"贫而无谄,富而无骄,何如?"子曰:"可也,未若贫而乐,富而好礼者也。"子贡曰:"《诗》云:'如切如磋,如琢如磨',其斯之谓与?"子曰:"赐也,始可与言《诗》已矣,告诸往而知来者。"(1.15)这段子贡与孔子的对话极精彩,孔子对子贡的话先是加以充分肯定,然而又指出其境界与修养的不足,指出其人格发展应该遵循的至理大道,使学生心服口服。子贡的颖悟在此也表达得淋漓尽致,他从孔子的开示中感悟到自身人格境界的局限,遂以《诗经》中的诗句"如切如磋,如琢如磨"来表示他希望坚持不懈磨砺德学、精进不已的内心愿望。而老师的大声赞叹亦极为难得。孔子热切地赞扬子贡的悟性,认为他"告诸往而知来者",这对子贡而言必定是巨大的内心感召与鼓舞。作为读者,两千年后我们读至此处亦备受感动,感受到一种师者的呵护、激励与父辈的关怀之意,殷殷之情,令人动容。

又有一次,孔子与子夏就《诗经》中的诗句进行了有趣的讨论。子夏问曰:"'巧笑倩兮,美目盼兮,素以为绚兮'何谓也?"子曰:"绘事后素。"曰:"礼后乎?"子曰:"起予者商也,始可与言《诗》已矣。"(3.8)这段对话像不像禅宗中充满机锋的师生对话?令人拍案叫绝。孔子讲"绘事后素"是直解《诗经》中诗句,暗含深意。而子夏天资颖悟,"礼后乎"三个字点出老师暗藏的深刻寓意,意谓礼乐如同绘事,必先有素洁之质而后才能修饰以礼乐。子夏这句话,完全透彻地悟到孔子思想的妙处,我们可以想象出当时孔子内心是何等欣慰,何等惊喜。他也许哈哈大笑,也许拍着子夏的肩膀,说:"启发我的人原来是子夏啊,我们可以一起谈《诗》论道了。""起予者商也",作为老师,孔子说这句话是很重的,他认为是子夏启迪了他,而不是他启发了子夏。但就是从孔子这句话中,我们可以体会孔子的真性情,体会师生之间亲密无间的从游关系,体会中国古代教育中教学相长、师生相互激发的妙处。

孔子的"诱导鼓舞法"并不仅仅用一种模式,他有时用"反激法",意在提升学生,使学生知其不足;有时用"提点法",使学生知境界之高低与修养之次第；有时用"追问法"，逐步深化主题，引导学生渐行渐远，渐思渐深。如《公冶长篇》中载：子贡曰："我不欲人之加诸我也，吾亦欲无加诸人。"子曰："赐也，非尔所及也。"（5.12）孔子的回答，语气很冷淡，结论非常令人沮丧。孔子明确地告诉子贡，这样的境界，不是你能够达到的境界。我们可以想象子贡听到这句评语时的沮丧失意表情。子贡这句话，实际上讲的是孔子思想的核心"恕道"，即"己所不欲，勿施于人"的境界。"恕道"看似平实，实则高深；看似易行，实则极难施行，一般人很难达到这个境界。孔子下此断语，意不在打击子贡之信心，而是要使子贡知所不足，有所内省，深刻反思自己的德行，践履忠恕之道。这就是"反激之法"。

孔子也善用"提点法"。《颜渊篇》载：子张问："士何如斯可谓之达矣？"子曰："何哉，尔所谓达者？"子张对曰："在邦必闻，在家必闻。"子曰："是闻也，非达也。夫达也者，质直而好义，察言而观色，虑以下人。在邦必达，在家必达。夫闻也者，色取仁而行违，居之不疑。在邦必闻，在家必闻。"（12.20）这段话也很精彩，子张问"士"如何才能做到"达"，孔子并未直接回答，而是反问子张之意。子张的答问，显然极其肤浅而幼稚。孔子接过话来，当下判下否决之语，而后将"达者"与"闻者"之区分剖析清楚，三言两语，切中要害，想必令子张醍醐灌顶，自知学问修养之固陋浅薄。子张心目中的"达者"乃虚伪矫饰之乡愿之人，唯博取虚名而不务其仁德之实。而孔子之所谓"达者"乃质直好义、忠信谦卑的真正的君子。孔子的答语，精准清晰，使听者当下大悟。

孔子在课堂中，还常用"追问法"，这种方法于学问之研讨极其有用，然而却取决于有没有好的"问者"，即孔子所谓"助我者"。《子路篇》载："子适卫，冉有仆。子曰：'庶矣哉！'冉有曰：'既庶矣，又何加焉？'曰：'富之。'曰：'既富矣，又何加焉？'曰：'教之。'"（13.9）冉有之追问，迫使孔子逐渐深化其思考，最终形成精彩的治国思想，即"庶之"（人口繁庶)、"富之"(经济繁荣)、"教之"(伦理教化)相结合的治国方略。

孔子还常用"群体问难法",相当于我们现代大学中的"讨论课"(seminar)。"子路曾皙冉有公西华侍坐"一章师生言志、答问切磋、文采斐然,读来令人兴味盎然,"虽不能至,心向往之",对那种春风侍坐的景象心仪不已。此章历来被读者激赏,其中所展现的孔子高超的教学艺术,儒家的政治理想,以及孔门师生的为人风范,均令人回味与深思。此章开篇乃孔子作为忠厚长者与师者对弟子的鼓励之语,语气温厚而谦和,启引后学,激励其勇气与自信。"以吾一日长乎尔,毋吾以也",鼓励大家不要拘谨,不要在师长面前不敢发表自己的观点,而要敞开心扉,畅所欲言,直抒怀抱。子路很直,他"率尔而对","率尔"这两个字用得极其传神,把子路刚直之性格,好勇之气质,做事不假思索、直截了当之行为风范表现得淋漓尽致。子路的理想,是拯救一个兵祸饥馑、内忧外患困扰的国家,实现他的政治抱负,"比及三年,可使有勇,且知方也",国民有勇武之气,并且胸怀道义,这个理想不可谓不大,而孔子却"哂之"。"哂之"不是轻蔑侮慢,而是轻轻一笑,不以为然之意。孔子在后面给曾皙做的点评中说:"为国以礼,其言不让,是故哂之",孔子所"不以为然"的,并非子路的政治理想,而是子路发言的态度,刚勇轻率,锋芒毕露,毫无谦退礼让之心,而有骄狂自大之态,这不是君子该有的风范,以这样的心态治国,必荒率行事,仓促施政,行动鲁莽而不谨慎,易误事殃国,且遭杀身之祸。冉有性格温和,偏于怯懦,发言语气就圆缓很多,他的愿望是在一个小国实施他的政治抱负,"比及三年,可使足民",使人民富足安康,比子路的理想更务实,更接地气。冉有说完,孔子未置可否,但在后面的点评中,孔子是赞许冉有的治国方略的。"安见方六七十如五六十而非邦也者?"孔子这一反问,是肯定冉有的治国安邦之才能,含有鼓舞之意,也就是11.22中所言"闻斯行之"之意思。而后孔子又问公西华之志。公西华谦退有礼,态度从容:"非曰能之,愿学焉。宗庙之事如会同,端章甫,愿为小相焉。"公西华的理想,表面上看起来似乎低调而不事张扬,但是诸侯会盟,宗庙祭祀,都是国之大事,外交与礼乐,哪里是小相所为之事?在后面的点评中,孔子亦深许其治国之才,并嘉奖其谦让之志,"宗庙会同,非诸侯而何?赤也为之小,孰能为之大?"孔子意谓公西华胸怀极大,抱负极远,而反以谦退之言出之,乃可造之才。等到问到曾晳的时候,曾晳"鼓瑟希,铿尔,舍瑟而作",可见其他同学跟老师探讨问题的时候,曾晳并没有洗耳恭听,而是一直在抚弄瑟,等到老师问及,才放下瑟对答。在孔子的一再鼓励之下,曾晳才说出他的理想,而这个理想的描述,并不是用平实的"有勇""足民""宗庙"等言论,而是用了极其富于诗意的文学语言,令人绝倒:"莫春者,春服既成,冠者五六人,童子六七人,浴乎沂,风乎舞雩,咏而归。"曾晳的话,非写实也,而是写意笔法,为我们描绘了一个极具诗意、极有浪漫情调、极富感召力与感染效果的画面。暮春三月、天气晴和、杨柳扶疏,一干少年身着春服,在春水中净身涤虑,在舞雩台上迎着春风披襟放怀,而后一路歌咏而归。曾晳虽对治国之具体方略不着一字,但是他所描绘的图景,正是儒者心目中理想的羲皇盛世的景象。人们安乐祥和,无所挂虑,国家礼乐有序,和谐安定,治邦到此境界,虽尧舜之世亦不过如此!此章中曾晳气象超迈,格局开阔,不染俗尘,卓然不群,然而又和悦自然,不奇纵怪诞,故深得孔子之嘉许。曾晳说完,"夫子喟然叹曰:'吾与点也。'"孔子深深感喟,衷心赞赏,所嘉许者不唯曾晳所描绘的大同之世的社会理想图景,而且感喟其气象与格局之超迈广大。王阳明亦有诗赞曰:"铿然舍瑟春风里,点也虽狂得我情。"四人言志,孔子独对曾晳大加赞叹,而此章又未闻孔子喟叹之原由,颇使人有"意犹未尽,余音绕梁"之感。此篇似乎未完,师生言志,想必对话极其丰富,但是记录者戛然而止,独对曾晳不加半句评点,颇有禅味。此段历代注家颇有争议,朱熹曾评曰:"曾点之学，盖有以见夫人欲尽处，天理流行，随处充满，无少大阙。故其动静之际，从容如此，而其言志，则又不过即其所居之位，乐其日用之常，初无舍己为人之意。而其胸次悠然，直与天地上下同流，各得其所之妙，隐然自见于言外。"朱熹此段评点，虽有人说他颇受道释影响，他自己晚年也有悔悟，但我认为仍有其道理。孔子深许曾晳，与其说是肯定其政治理想，不如说是欣赏其气象格局。敦化兴国、盛世和美之景象固可欣慰，然而曾晳身上所洋溢的天地浩然气象，那种超拔尘俗、极具超越感、充满自有意志与出世情怀的精神状态，正是"点也虽狂得我情"的深刻原因所在，更令后世向往不已。

颜渊篇第十二

四十　天下归仁

12.1 颜渊问仁。子曰:"克己复礼为仁。一日克己复礼,天下归仁焉。为仁由己,而由人乎哉?"

颜渊曰:"请问其目?"子曰:"非礼勿视,非礼勿听,非礼勿言,非礼勿动。"

颜渊曰:"回虽不敏,请事斯语矣。"

[释义]颜渊问什么是仁。孔子说:"克制自己的欲望,践行礼,这就是仁,假如有一天我们能做到克制自己的欲望并践行礼,天下人都会称誉我们的仁德。实践仁德要靠我们自己的行动,难道还要靠别人吗?"颜渊问:"请问老师行动的纲要?"孔子说:"不符合礼的不要看,不符合礼的不要听,不符合礼的不要说,不符合礼的不要动。"颜渊说:"我虽然不聪敏,但也要勉力实践这句话。"

12.2 仲弓问仁。子曰:"出门如见大宾,使民如承大祭。己所不欲,勿施于人。在邦无怨,在家无怨。"仲弓曰:"雍虽不敏,请事斯语矣。"

[释义]仲弓问什么是仁。孔子说:"出门就像见到贵宾,使用

老百姓就像承担重大祭礼，非常恭敬谨慎。自己所不愿做的事情，不要施加于别人。在国家做事没有埋怨，在家也没有埋怨。"仲弓说："我虽不聪敏，但也想勉力实践这些话。"

12.3　司马牛问仁。子曰："仁者，其言也讱。"

曰："其言也讱，斯谓之仁已乎？"子曰："为之难，言之得无讱乎？"

［释义］司马牛问什么是仁。孔子说："仁德之人，他说话非常迟钝。"司马牛问："说话迟钝，这就可以算作仁德了吗？"孔子说："做事艰难努力，说话能不迟钝吗？"

12.4　司马牛问君子。子曰："君子不忧不惧。"

曰："不忧不惧，斯谓之君子已乎？"子曰："内省不疚，夫何忧何惧？"

［释义］司马牛问什么是君子，孔子说："君子不忧虑不惊惧。"司马牛说："难道不忧虑、不惊惧就算是君子了吗？"孔子说："君子内心反省，没有愧疚，那还有什么忧虑惊惧？（这不算是一个君子吗？）"

12.5　司马牛忧曰："人皆有兄弟，我独亡！"子夏曰："商闻之矣：死生有命，富贵在天。君子敬而无失，与人恭而有礼，四海之内，皆兄弟也。君子何患乎无兄弟也？"

［释义］司马牛忧虑地说："人家都有兄弟，只有我没有！"子夏说："我听老师说：人的生死自有其命运，是否获得富贵要看天意。一个君子处世持敬而没有过失，与人交往内心恭敬而有礼貌，四海之中，都是我们的兄弟。君子为何还要忧虑没有兄弟呢？"

12.6　子张问明。子曰："浸润之谮，肤受之愬，不行焉，可谓明也已矣。浸润之谮，肤受之愬，不行焉，可谓远也已矣。"

［释义］子张问什么是"明"。孔子说："那些日积月累的谗言和令人有切肤之痛的诬告，对于一个人都不能产生影响，这个人就可以说是明达了。那些日积月累的谗言和令人有切肤之痛的诬告，对于一个人都不能产生影响，这个人也可以说是胸怀高远了。"

12.7　子贡问政。子曰："足食足兵，民信之矣。"子贡曰："必不得已而去，于斯三者何先？"曰："去兵。"子贡曰："必不得已而去，于斯二者何先？"曰："去食。自古皆有死，民无信不立。"

［释义］子贡问如何从政治国。孔子说："要使国家富足，这就是足食；要使国家军事强大，就是足兵；还要得到人民的信任。"子贡说："如果不得已一定要去掉一个，那么在这三个当中，先可以去掉哪一个？"孔子说："去掉足兵这一项。"子贡说："如果不得已一定要再去掉一个，那么在剩下的两个当中，可以先去掉哪一个？"孔子说："去掉足食这一项。因为自古以来人都要死，但是若没有人民的信任，这个国家就难以稳固。"

12.8　棘子成曰："君子质而已矣，何以文为？"子贡曰："惜乎，夫子之说君子也，驷不及舌。文犹质也，质犹文也。虎豹之鞟犹犬羊之鞟。"

［释义］棘子成问："君子有内质就可以了，还要文采干什么？"子贡说："您所说的君子，很可惜是错误的。君子一言，驷马难追。文采就是内质，内质就是文采。虎豹和犬羊如果剥掉富有文采的毛，其皮革就没有区别了。"

12.9　哀公问于有若曰："年饥，用不足，如之何？"有若对曰："盍彻乎？"曰："二，吾犹不足，如之何其彻也？"对曰："百姓足，君孰与不足？百姓不足，君孰与足？"

［释义］鲁哀公问有若说："今年出现大饥荒，我的用度匮乏，应该怎么办呢？"有若回答说："为什么不执行十分之一的税率呢？"鲁哀公说："十分之二的税率我都嫌不够，怎么能实行十分之一的税率呢？"有若说："老百姓富足了，国君还会匮乏吗？老百姓匮乏，国君会富足吗？"

孔子的道德梦想是实践仁德，其政治理想是实现仁政。"仁"的理念，其内涵极为丰富。本篇多处集中阐释孔子"仁"的思想。孔子在回答颜渊问仁时，说："克己复礼为仁。一日克己复礼，天下归仁焉。""克己"，就是克制一己之私欲，"复礼"，乃践行礼，"克己复礼"乃以内心的自我约束来自觉践行礼的要求。一个和谐的有秩序的社会，良好的运行，必有赖于每一个社会成员发自衷心自我约束，自觉敛束自己的欲望，把自己的行为规范在道德范围之内，不逾越社会的道德底线。"复礼"，一说为"恢复周礼"，也有一定道理，却有局限。在这里，我更倾向于把"复礼"中的"礼"解释为一种带有普适性的、社会所通行且为大众所必须遵循的底线伦理。现实社会中，无论古今，每个人的行为都要实现其幸福的最大化，当然此幸福包含着极其复杂的多重维度。但是一个人的幸福最大化目标的实现是建立在尊重他人幸福最大化的行为以及整个社会秩序的基础上的，他必须首先敬重这套社会道德准则与社会秩序。因此，从超越时代与阶级的角度来看，孔子提出的"克己复礼"的命题有其普世价值，即使现在自我道德约束与

践行底线伦理仍然是实现优良社会治理的前提。如果社会中每个人不能自我克制自我约束，不能尊重大众普遍认可的社会伦理秩序，那么这个社会就会面临系统性崩溃。孔子又提出，"为仁由己，而由人乎哉？"一个人"克己复礼"约束自我践行礼，乃发乎每个人衷心的行为，是一个自觉的行为，完全以一个人自觉的内在的动力为基础，因而他的外在行为全然合乎礼的要求，而他的内在则焕发出对仁德的觉醒。这就是孔子在《述而篇》中所说的"仁远乎哉？我欲仁，斯仁至矣"(7.30)。达到仁德取决于个人的主观努力，仁德不远，而存乎人心而已。人人皆可成圣贤，关键是我们能否有向上之心，有"欲仁"之内在功力。"一日克己复礼，天下归仁"的意义还在于，一旦我们能抛掉自我，浑然无私，与天地同化，则天下熙然同归于仁德之境，人人皆享大同之世矣。"非礼勿视，非礼勿听，非礼勿言，非礼勿动"，不是要我们做一虚伪的道德僵尸，不是教我们谨小慎微，做一"乡愿"之人，而是教我们收敛身心之持己功夫。儒家不光讲道，讲境界，也讲功夫，讲实修之径。"四非"之语，不是外界强加于我们的束缚与羁绊，而是纯粹发自内心的修养功夫，私欲净尽，持己以礼，行动坐卧，皆合礼仪，这样的境界，才是仁德的境界。

　　孔子在回答仲弓问仁时，又提出了关于"仁"的另一个极其重要的命题："己所不欲，勿施于人。"(12.2) 孔门精华，可谓尽涵于此八字之中。自己所不愿意、不喜欢的事物或行为，不要施加于别人，这个看起来极容易而实行起来极其困难的道德信条，是一个社会得以维系的重要基础之一。在《卫灵公篇》中，子贡问曰："有一言可以终身行之者乎？"子曰："其恕乎！己所不欲，勿施于人。"《礼记·中庸》："忠恕违道不远。施诸己而不愿，亦勿施于人。"子贡亦曰："我不欲人之加诸我也，吾亦欲无加诸人。"(5.12) 在儒家的伦理观念中，不可把自己的意志强加于人，要尊重每个人的主体独立性与尊严，这就是孔子所"一以贯之"的恕道。"恕"者，非宽恕也，乃同情（推己及人之意）也。"恕"就是要推己及人，以同情与理解的心态去对待别人。这也就是亚当·斯密在其《道德情操论》中所提出的核心概念"同情心"。"同情心"非我们平常所说"怜悯"，而是一个人从自己出发，推己及人，以相同的立场与感情去理解与对待他人。一旦有了这种"己所不欲，勿施于人"的恕道与同情心，社会伦理之实践就有了一条底线，就具备了达成社会共识的基点。所以亚当·斯密从"同情心"推到关于伦理的"一致的估价"，社会有了道德共识，有了一致的社会评价标准，从而形成整个社会通行且尊重的伦理原则。孔子的思路实际上是与斯密相通的。一个人不喜欢别人粗暴地对待自己，那么他也就不会粗暴地对待别人；一个人不愿意自己的财物被别人不合理地占有，那么他也应该尊重他人的财产权利；一个人不愿意自己行使正当权利的机会被剥夺，所以他也不应当剥夺他人行使正当权利的机会。这就是"己所不欲，勿施于人"，这就是"同情心"与"恕道"，从这个原则推开去，我们就可以构建一个民主法治与伦理社会的基础。"恕道"与"同情心"的原则，可以贯通人类社会一切伦理关系，因为人类一切伦理关系，都是相互对应的，如果每个人都坚持"己所不欲，勿施于人"的原则，这个社会就会达到一种有序、均衡与和谐状态。

"己所不欲，勿施于人"既是社会伦理之基础，也是政治伦理的基本准则。《礼记·大学》曰："所恶于上，毋以使下；所恶于下，毋以事上；所恶于前，毋以先后；所恶于后，毋以从前；所恶于右，毋以交于左；所恶于左，毋以交于右；此之谓絜矩之道。"如果持有这样的政治伦理原则，在上者与在下者、君与臣、治人者与治于人者，皆可以和谐共处矣。《孟子·离娄上》曰："得天下有道，得其民，斯得天下矣；得其民有道，得其心，斯得其民矣；得其心有道，所欲，与之聚之，所恶，勿施尔也。民之归仁也，犹水之就下、兽之走圹也。"得天下在于得民，得民在于得心，得心在于行"恕道"，在于尊重老百姓的心愿，要对老百姓持一种理解与同情之心。这也就是孟子的民本精神，这种民本精神，其前提仍是"已所不欲，勿施于人"。《韩诗外传》卷三把这种基于"同情心"的治国原则说得更清楚："己恶饥寒焉，则知天下之欲衣食也；己恶劳苦焉，则知天下之欲安佚也；己恶衰乏焉，则知天下之欲富足也。知此三者，圣王之所以不降席而匡天下。故君子之道，忠恕而已矣。"但是，在现代国家治理中，除了执行"已所不欲，勿施于人"的原则，还要避免走另一个极端，即警惕"已所欲，乱施于人"。你所愿意做、喜欢做的事，也不要一厢情愿地强硬地施加于别人，这也是违背恕道的。恕道的核心精髓是尊重他人的主体独立性，尊重他人的偏好，尊重个体选择的权利，尊重个体的尊严。所以"已所欲"，也不能"乱施于人"，不能"强施于人"，而是要"慎施于人"，要取得他人的同意，这才是恕道的真精神，也是现代民主社会的精神。

一旦全社会中的每一个个体都践履这种"已所不欲，勿施于人"的恕道，则天下就能在这样一个具备底线伦理精神的民主原则下，形成一种和谐牢固的共同体，人人彼此尊重，人人自律，既保持各自的独立性，又能与他人达成一种"同情"与和谐，这样的世界，就离大同世界不远了。从这种推己及人的原则出发，天下不同的文化就可彼此宽容，彼此融汇，"各美其美，美人之美，美美与共，天下大同"（费孝通语），达到世界一体的境地。所以12.5中子夏回答司马牛"人皆有兄弟，我独亡"的忧虑时说："君子敬而无失，与人恭而有礼，四海之内，皆兄弟也。君子何患乎无兄弟也？""四海之内，皆兄弟"是儒家建立在恕道与礼乐精神原则基础之上而构建的理想世界，它既是一种人格境界，也是一种政治治理的境界。儒家之沧海汪洋之气象、博大宽宏之胸怀，尽在斯语矣。

四十一　君子德风

12.10　子张问崇德辨惑。子曰："主忠信，徙义，崇德也。爱之欲其生，恶之欲其死。既欲其生，又欲其死，是惑也。'诚不以富，亦祗以异。'"

[释义] 子张问如何提升品德和辨析迷惑。孔子说："坚持忠诚信用原则，遵从义，这样就可以提升品德。喜欢一个人，就想要他生；厌恶他，又想要他死。既想要他生，又想要他死，这就是迷惑。（以下八字为错简，省略。）"

12.11　齐景公问政于孔子。孔子对曰："君君臣臣、父父子子。"公曰："善哉！信如君不君、臣不臣、父不父、子不子，虽有粟，吾得而食诸？"

[释义] 齐景公向孔子问为政之道。孔子回答说："君要尽君之道，臣要尽臣之道，父要尽父之道，子要尽子之道。"齐景公说："好啊！假如君不尽君之道，臣不尽臣之道，父不尽父之道，子不尽子之道，即使有粮食，我能吃得到吗？"

12.12　子曰:"片言可以折狱者,其由也与?"子路无宿诺。

[释义]孔子说:"根据片面之辞就能判决案件的,大约只有仲由吧?"子路只要有承诺,从没有延迟而不履行诺言的。

12.13　子曰:"听讼,吾犹人也,必也使无讼乎。"

[释义]孔子说:"审判诉讼案件,我也跟别人差不多。(但最高境界)是必要使天下没有诉讼才好啊!"

12.14　子张问政。子曰:"居之无倦,行之以忠。"

[释义]子张问为政之道。孔子说:"居于一个职位,不要懈怠厌倦;履行政事,要出于忠心。"

12.15　子曰:"博学于文,约之以礼,亦可以弗畔矣夫。"

[释义]孔子说:"广博地学习文献知识,并用礼来约束自己,也就可以不违背圣道了。"

12.16　子曰:"君子成人之美,不成人之恶。小人反是。"

[释义]孔子说:"君子成全别人的美处,不助成别人的坏处。而小人相反。"

12.17　季康子问政于孔子。孔子对曰:"政者,正也。子帅以正,孰敢不正?"

[释义]季康子向孔子请教为政之道。孔子回答说:"政字,就是正的意思。你如果率先端正,谁还敢不端正呢?"

12.18 季康子患盗，问于孔子。孔子对曰："苟子之不欲，虽赏之不窃。"

［释义］季康子忧虑鲁国盗贼太多，请教孔子如何处理。孔子回答说："如果你自己不贪求财物，那么即便你奖赏行窃，老百姓也不会去偷窃。"

12.19 季康子问政于孔子曰："如杀无道，以就有道，何如？"孔子对曰："子为政，焉用杀？子欲善而民善矣。君子之德风，小人之德草。草上之风，必偃。"

［释义］季康子向孔子请教政治说："如果杀掉那些坏人，来亲近好人，怎么样呢？"孔子回答说："你治理国家，怎么还用得着杀人呢？你如果心里向善，人民就会向善。在上位的君子的品德好比风，在下位的百姓的品德好比草，风吹到草上，草必然随风而倒。"

12.20 子张问："士何如斯可谓之达矣？"子曰："何哉，尔所谓达者？"子张对曰："在邦必闻，在家必闻。"子曰："是闻也，非达也。夫达也者，质直而好义，察言而观色，虑以下人。在邦必达，在家必达。夫闻也者，色取仁而行违，居之不疑。在邦必闻，在家必闻。"

［释义］子张问："一个读书人，怎样才可以称为达呢？"孔子反问："你所说的达是什么意思？"子张回答说："在国家当官一定要有名望，在卿大夫家中服务也一定要有名望。"孔子说："这是闻，而不是达。达，就是一个人品质正直而心志好义，他善于察言观色，对人谦虚退让。这样的人，无论在国家任官还是在卿大夫家任职，

都能亨通显达。而所谓有名闻的人，他们外表爱好仁德但行动却违反仁德，以仁人自居而从不怀疑自己。这样的人，做官时会骗取名望，在卿大夫家也会骗取名望。"

12.21 樊迟从游于舞雩之下，曰："敢问崇德、修慝、辨惑。"子曰："善哉问！先事后得，非崇德与？攻其恶，无攻人之恶，非修慝与？一朝之忿，忘其身以及其亲，非惑与？"

［释义］樊迟陪孔子在舞雩台下游逛，说："请问老师如何提升品德、消除隐藏的怨恨，以及如何辨析迷惑。"孔子说："问得好！先勤勉地做事，而后考虑收获，这难道不就是提升品德了吗？专门批判自己的过错，不去攻击别人的过错，这难道不就可以消除别人隐藏的怨恨了吗？耐不住一时的愤怒，忘了自己的生命以及亲人的安危，这难道不是迷惑吗？"

12.22 樊迟问仁。子曰："爱人。"问知。子曰："知人。"樊迟未达。子曰："举直错诸枉，能使枉者直。"樊迟退，见子夏曰："乡也吾见于夫子而问知，子曰：'举直错诸枉，能使枉者直。'何谓也？"子夏曰："富哉言乎！舜有天下，选于众，举皋陶，不仁者远矣。汤有天下，选于众，举伊尹，不仁者远矣。"

［释义］樊迟问仁，孔子说："爱人。"问智，孔子说："善于洞察鉴别他人。"樊迟没有明白。孔子说："任用正直之人，使其位于邪恶枉曲之人之上，就可以使邪恶枉曲之人也能变得正直。"樊迟退了出来，见到子夏说："刚才我见老师，问什么是智，老师说：'任用正直之人，使其位于邪恶枉曲之人之上，就可使邪恶枉曲之人变得正直'，这是什么意思？"子夏说："这句话含义多么丰富！舜

统治天下，在众人中选了皋陶并任用他，结果那些坏人就远远地走了。商汤有了天下，从众人之中选了伊尹并任用他，坏人也远远地走了。"

12.23　子贡问友。子曰："忠告而善道之，不可则止，毋自辱焉。"

［释义］子贡问如何对待朋友。孔子说："（如果朋友有过失）你要忠心地劝告他，好好地引导他，但如果他执意不听从，你就要适可而止，不要自取其辱。"

12.24　曾子曰："君子以文会友，以友辅仁。"

［释义］曾子说："君子用礼乐文章来会聚朋友，借助于朋友之间的切磋来培植仁德。"

《论语》中包含着极为丰富的政治思想与经济思想，具有超越时间（不被历史所局限）的价值，即使在今天，仍然对国家治理与经济管理有巨大借鉴价值。从整体的政治学与经济哲学的倾向来看，孔子强调爱民、富民、珍惜民力、不过度剥夺人民，这些思想都或多或少地反映了他同情民生的倾向。

在答子贡问政时，孔子提出"足食、足兵、民信"三条治国方略。但是这三条方略是有轻重顺序的。子贡问："这三条中如果不得已要去掉一个，那么先去掉哪一个？"孔子说："去兵。"子贡又问："剩下的两条如果不得已要去掉一个，那么先去掉哪一个？"孔子说："去食。自古皆有死，民无信不立。"（12.7）

可见，"民信"重于"足食"，"足食"重于"足兵"。"民信"指的是老百姓信任治国者，如果得不到人民的信任与爱戴，即使再足食足兵，这个国家也不会安定。因此，"民信"是根基，而"足食、足兵"是附加条件。如果一个治国者在老百姓心目中有崇高的威信，深得人民的信任与爱戴，那么即使老百姓极其困苦艰难，甚至衣食不继，他们也会拥护治国者，不离不弃，共克时艰。那么如何才能得到老百姓的拥戴与信任呢？儒家认为关键是在上位者要爱民（"爱人"[12.22]），惜民（"使民以时"[1.5]），同时在可能的情况下还要尽最大努力富民（"富之"[13.9]），而当国家经济繁荣时还要提升老百姓的道德修养与人格境界，即"教民"（"教之"[13.9]）。然而治国的精髓是治国者率先垂范，以身作则，"先天下之忧而忧，后天下之乐而乐"，此所谓"先民"（"先之"[13.1]）。所以，"爱民""惜民""富民""教民""先民"这五个方面，在逻辑上是环环相扣的，而其关键在于治国者要做好"自己"，这样才能"民信"，使人民与自己同甘共苦。

鲁哀公与有若在探讨"年饥用不足"的对策时，完全持不同的政治立场，因而其经济思想也迥然相异。哀公想加大税收力度，以补其用度之不足；而有若却截然相反，提出"百姓足，君孰与不足？百姓不足，君孰与足？"（12.9），认为解决国家财政开支窘迫的关键在于发展经济使老百姓富足起来，如此就可以使国库丰盈；而如果加重剥夺百姓，提高税率，则百姓困苦，国家财政更趋陷于困境。在现代宏观经济管理中，也应当越是经济危机，财政紧缺时期，越是应降低税率，刺激经济，提振百姓信心，而不是竭泽而渔。有若的经济思想，在现在的眼光来看亦是非常有智慧的。如果治国者能在经济困难时期主动削减国家财政支出，并自我克制，国家财政状况就会得到改善。所以治国者"制欲"、不贪，则国家财政自然宽裕，天下自然太平。12.18中载："季康子患盗，问于孔子。孔子对曰：'苟子之不欲，虽赏之不窃。'"国家多盗贼，根源在何处？根源在民贫。何故民贫？盖因在上者贪心太过，用度太多，生活太奢，欲望太盛也。所以老子提出来"清心寡欲"，劝诫治国者克己去欲，而孔子也认为"多欲"乃"多盗"之源。在上者贪得无厌，奢靡无度，横征暴敛，致使百姓饥寒，逼迫他们为盗。其实真正的"大盗"是在上位者。若治国者自律甚严，克己奉公，俭约清淡，"去奢去泰"（《道德经》二十九章），那么人民富足，盗贼自然就会减少。孔子对季康子的回答尽管很含蓄，可是，内涵却是异常尖锐的批判，其基本立场是人本主义的。

孔子强调治国者的自律、克制与表率作用，因此儒家政治哲学的出发点不是教治国者如何治人，而是首先强调治国者要正己、治身，从自身的修养出发，把自己的身心行动检束好，才能治国、平天下。"正心诚意"是"治国平天下"之前提。孔子答季康子问政时说："政者，正也。子帅以正，孰敢不正？"（12.17）在上位者端正身心，行动合乎礼义，内心正直而无邪念，行政公正无私，一身正气，老百姓与官员谁还敢不端肃呢？所以"政"，就是"正"，而这个"正"，首先是正身正己，统治者以身作则，率先垂范，处处为老百姓作表率，则老百姓必影从矣。同时，治国者处身正直，就可以理直气壮地端肃政治风气，必使官场气象一新，充满正气。而那些身心不正之治国者，自己就不正，管起别人来自然没有底气。所以孔子说："其身正，不令而行；其身不正，虽令不从。"（13.6）又说："苟正其身矣，于从政乎何有？不能正其身，如正人何？"（13.13）儒家政治哲学不讲权谋，而唯讲正大气象，有此光明磊落正大无我之气象，则治国就顺理成章了。

孔子把治国的模范与表率作用概括为"君子德风"这一命题。在治国者与被治理者这一对矛盾中，在大部分时候，治国者居于主动地位。治国者的行动、心志、偏好、倾向直接影响和引导被治理者。所以孔子说："子欲善而民善矣。君子之德风，小人之德草。草上之风，必偃。"（12.19）治国者如风，他会对被治国者施以极大的导向作用，治国者像风一样，它向哪边刮，被治国者就像草一样向哪边倒伏。治国者向善、不贪、无欲、正直，则被治理者必会受其引导，也顺着向善正直的方向走。老百姓会辨别风向，主动投其所好，同时老百姓在无形中也极受在上位者之熏染引导，不知不觉地偃伏于在上位者所指示的方向。

　　孔子的政治哲学强调"正名"（13.3）。所谓"名"，乃对政治范畴的清晰定位，是政治权利与义务的明确划分。不能"正名"，"名不正，则言不顺"（13.3），政治秩序就会紊乱，国家治理就会陷入困境。"正名"的核心与精髓是政治治理中的每一个主体都正确而合宜地履行自己的权利与义务，既不能"不及"，也不能"过"，既不能逃避责任与义务，也不能僭越与滥用权利。在回答齐景公问政时，孔子说："君君臣臣、父父子子。"（12.11）孔子的答案，曾被反封建的斗士们狂加鞭挞，认为这八个字乃孔子维护封建纲常的落后思想之表现。从现代国家治理的视角来看，这八个字实质上深刻地揭示了政治治理与社会治理中权利义务对等的原则。这一原则是维持社会秩序与政治秩序的基石。"君君臣臣、父父子子"的真正含义是"君主要按照君主的标准与原则去履行君主的权利义务，臣属要按照臣属的标准与原则去履行臣属的权利义务，父亲要按照父亲的标准与原则去履行父亲的权利义务，儿子要按照儿子的标准与原则去履行儿子的权利义务"。这八个字更深一层的含义与逻辑推论就是："君若不君，则臣不臣；父若不父，则子不子"，即"假若君主未履行君主之权利义务，则终将使得臣子难以履行臣子之权利义务；假若父亲未履行父亲之权利义务，则必将导致儿子难以履行儿子之权利义务"。换句话说"君君"乃"臣臣"之前提，"父父"乃"子子"之前提。在这里，孔子将"君臣""父子"置于对等（但并不是平等）的政治范畴之中，其中居于主导与控制地位的"君"与"父"的行为合法性如何，直接影响居于从属与被控制地位的"臣"与"子"的行为正当性。"君"与"父"若不能按照礼义原则履行"君"与"父"之权利义务，则

"臣"与"子"的行为就会偏离正常轨道。君正，则臣忠；父慈，则子孝。君不公正，行为乖僻，待臣苛刻寡恩，胸怀狭小，打击异己，不能知人善任，则臣必然不忠，真正贤能的臣属必远去。父亲慈爱，教子有方，宽严有度，则儿子必孝亲恭谨，友悌兄弟。如果把"君君臣臣、父父子子"这八个字的历史内容抽象掉，则这八个字也可视为全部社会治理（包括现代企业治理、家庭治理）必须遵循的基本准则之一。其中所隐含的对等原则是建立在"同情"的心理基石之上，即孔子所一再强调与申说的"恕道"，即"己所不欲，勿施于人"的处世准则。君想要臣忠，君首先要正；父想要子孝，父首先要慈。臣民造反不忠，要看君的表现如何；子忤逆不孝，要看父的表现如何。有些人质疑具有儒家文化传统的东方国家能否与现代民主政治与社会治理理念相衔接相融合，然而从孔子对于对等政治原则的阐述来看，传统儒家伦理与现代政治制度与伦理仍能有较好的融汇度与耦合度，我们需要做的，是用现代眼光与语言，深刻揭示与理解孔子学说中超历史的价值范畴，这种"再诠释"与"重构"，乃一切人类文明生生不息并与时俱进的前提。

子路篇 第十三

四十二　名正言顺

13.1　子路问政。子曰:"先之劳之。"请益。曰:"无倦。"

[释义]子路问孔子从政之道。孔子说:"要带头勤于政事努力工作。"子路请老师再多讲一点。孔子说:"要不知疲倦。"

13.2　仲弓为季氏宰,问政。子曰:"先有司,赦小过,举贤才。"曰:"焉知贤才而举之?"子曰:"举尔所知。尔所不知,人其舍诸?"

[释义]仲弓当季氏的县宰,向孔子请教从政之道。孔子说:"你要先于行政人员,带头努力工作;要赦免下属与老百姓微小的过错;要善于任用贤能的人才。"仲弓问:"我怎么能了解贤能的人才并任用他们呢?"孔子说:"你只要荐举任用你所熟知的贤能之人就行了。你所不熟知的贤能之人,难道那些熟知他们的人会舍弃他们而不荐举任用吗?"

13.3　子路曰:"卫君待子而为政,子将奚先?"子曰:"必也正名乎!"子路曰:"有是哉,子之迂也!奚其正?"子曰:"野哉,由也!君子于其所不知,盖阙如也。名不正,则言不顺;言不顺,则事不成；事不成，则礼乐不兴；礼乐不兴，则刑罚不中；刑罚不中，则民无所错手足。故君子名之必可言也，言之必可行也。君子于其言，无所苟而已矣。"

［释义］子路说："卫国的国君等着让您去卫国主政，您会首先干什么事？"孔子回答说："那一定是首先正名了！"子路说："你要做这样的事啊，真是太过迂腐了！怎么正名呢？"孔子说："仲由啊，你怎么能这样粗野无知呢！一个君子，对于他所不了解的事，一定要保持谨慎谦逊的态度。名如果不正，那么说话就没有人顺服；说话没有人顺服，那么政事就难以推行；政事难以推行，那么礼乐制度就没法兴盛起来；礼乐制度不能兴盛通行，那么刑事处罚就会失去作用；刑事处罚失去作用，那么人民就会手足无措，不知道该怎么办。因此君子对一件事物正名，必定能够说得清楚名的内在意涵，而能够说清楚的，又必定可以被履行，付诸行动。君子对他所说的事，一定不能苟且凑合了事（而要付诸行动）。"

13.4 樊迟请学稼。子曰："吾不如老农。"请学为圃。曰："吾不如老圃。"樊迟出。子曰："小人哉，樊须也！上好礼，则民莫敢不敬；上好义，则民莫敢不服；上好信，则民莫敢不用情。夫如是，则四方之民襁负其子而至矣，焉用稼？"

［释义］樊迟向孔子请教如何种庄稼。孔子说："我不如老农懂得多。"樊迟又向孔子请教如何种菜。孔子说："我不如老菜农懂得多。"樊迟出去。孔子说："樊须啊，真是一个只关心稼穑之事的老百姓啊！如果在上位的人爱好礼乐，那么人民没有敢不敬重在上位者的；如果在上位的人崇高公义，那么人民没有敢不顺服的；如果在上位者恪守信用，那么人民没有敢不用同样的诚信之情对待在

上位者的。如果在上位者都能做到这些，那么四面八方的老百姓就会背着他们的小孩来投奔，如何还用得着学习稼穑的小技呢？"

13.5　子曰："诵《诗》三百，授之以政，不达；使于四方，不能专对。虽多，亦奚以为？"

［释义］孔子说："有的人，能背诵《诗经》三百首诗，但授权让他治理国家，他却难以完成使命；让他出使周边国家，他却不能完全应对外交任务。这样的人背诗虽多，然而又有什么用呢？"

13.6　子曰："其身正，不令而行；其身不正，虽令不从。"

［释义］孔子说："在上位的人，立身处事秉持公正，他即使不用命令臣属百姓，臣属百姓也会按他的意志行事；在上位的人，如果立身处事不能秉持公正，那么他即使强迫命令臣属百姓，臣属百姓也不会听从顺服他。"

13.7　子曰："鲁、卫之政，兄弟也。"

［释义］孔子说："鲁国与卫国的治国之道，就像兄弟一样相似。"

13.8　子谓卫公子荆善居室，始有，曰苟合矣；少有，曰苟完矣；富有，曰苟美矣。

［释义］孔子谈论卫国的公子荆，认为他善于居家过日子，刚刚有一点财富，他说差不多够用了；增加了一点，他说差不多完备了；再多有一点，他说差不多完美了。

13.9　子适卫，冉有仆。子曰："庶矣哉！"冉有曰："既庶矣，又何加焉？"曰："富之。"曰："既富矣，又何加焉？"曰："教之。"

[释义]孔子到了卫国，冉有侍奉在身边。孔子说："卫国人口真是繁庶啊！"冉有问："既然人口繁庶了，那么下一步应该做什么呢？"孔子说："让老百姓富足。"冉有又问："老百姓富足了之后，又该如何做呢？"孔子说："应该教化百姓。"

13.10 子曰："苟有用我者，期月而已可也，三年有成。"

[释义]孔子说："如果有哪个国家任用我来主政治国，我用一个月时间就可以让这个国家有起色，用三年就可以成功地使这个国家富强起来。"

13.11 子曰："'善人为邦百年，亦可以胜残去杀矣。'诚哉是言也！"

[释义]孔子说："'善人治理国家一百年，也可以去除残暴而制止杀戮之战了。'这句话何其正确啊！"

13.12 子曰："如有王者，必世而后仁。"

[释义]孔子说："如果有王者兴起，一定要三十年才能真正施行仁政。"

13.13 子曰："苟正其身矣，于从政乎何有？不能正其身，如正人何？"

[释义]孔子说："如果一个能做到自身端正，那么他从政还有什么难的呢？如果他不能做到自身端正，那么他怎么能去使别人端正呢？"

探讨孔子的政治哲学，有两个层次：一个是宏观的层次，涉及国家政治治理之原则；一个是微观的层次，涉及从政者平常处理政务的具体态度与方法。从宏观的层次来说，孔子的国家治理原则之核心是德治，即以礼乐制度治国，以德治国，所以孔子说："道之以政，齐之以刑，民免而无耻；道之以德，齐之以礼，有耻且格。"（2.3）这是孔子针对春秋乱世，面临礼崩乐坏之局面，而治国者多用严刑峻法之现象有感而发的。德治与礼治是要启发人民内心的道德自觉，使他们有羞耻之心，能够建立基于内心自觉的人格秩序，从而发自衷心地维系社会的伦理秩序，实现社会的和谐。任何法律之实施，都要基于人民的道德自觉，基于他们内心的人格觉醒，而不是基于强制；如果道德自觉不能建立，伦理秩序崩坍，再严厉的法律也没有用。而且，从更深的层次来说，法律之制定原本也依赖一定的伦理道德原则，因而刑政必源于德礼。德治与礼治所构建的社会秩序，从内在而言，依赖于人民的道德自觉；从外在而言，则依赖于一整套礼乐制度，用现代制度经济学的术语来说，包含着正规的礼制与非正规制度，如大量流传于民间的习俗，民间约定俗成的习惯。非正规制度表现为文化传统，如中国宗族祠堂之祭祀制度，家谱之修缮制度等，这些制度本身虽是较为软性的制度，但是在民间亦具有强大的奖善惩恶的力量。所以民间的孝道、教化等，就是古代政治制度不可或缺的有机组成部分。所以有人问孔子，你为什么不从政呢？孔子说："《书》云：'孝乎惟孝，友于兄弟，施于有政。'是亦为政，奚其为为政？"（2.21）民间之乡酒礼仪、祭祀修谱，乃至婚丧嫁娶，其中贯穿着德治与礼治的一般原则，渗透着父慈子孝的家族伦理，而家族伦理正是国家治理的前提。

而这些正式制度与非正式制度的实施，都需要界定社会中每一个角色的道德义务与权利,现代宪政国家也是如此。在一个现代宪政国家中,每一个社会角色的法律权利与义务都是清楚界定的,夫妇、父子、企业中的雇主与被雇佣者,政府中每一个角色等,所有这些主体的权利义务,都是要严格界定的,这就是孔子所谓"正名"。所以当子路问孔子"若要到卫国施政,则首要之务是什么"的时候,孔子回答:"必也正名乎!"子路则认为老师的回答极其迂腐,"正名"与富国富民等治国大事有何关系?孔子则说子路野蛮无知。孔子说:"名不正,则言不顺;言不顺,则事不成;事不成,则礼乐不兴;礼乐不兴,则刑罚不中;刑罚不中,则民无所错手足。"(13.3)"正名"看起来是一项务虚的行为,似乎与治国无关,然而只有每一个"名"都按照正确的道德原则被界定,每一个社会成员都对这个"名"有共同的认知,有一致的价值认同,则这个"名"就有了实际的意义,就有了可操作性。比如,如果所有人都对"父子"之"名"有共同的价值认同,因而"正""父子之名"就有了实际的意义,"正名"的同时也就是确定了父与子的一整套权利义务关系,这就同时构建了一整套与父子关系相关的社会制度,从而使社会秩序得到保障。现代宪政国家中,倘若"所有权"这样的"名"有了清晰的界定,并得到全社会的价值认同,则对于"所有权"的"正名"就会产生一系列保护产权的制度体系,从而也就构建了一种社会秩序。名正则言顺,所谓言顺,实际上就是这个"名"得到全社会价值认同,大家说起这个"名"都觉得很"顺";相反,若"名不正",则"言不顺",每一个人的权利义务未得到清晰界定,难以达成社会一致的价值认同,则一个社会难以维系正常秩序。此所谓"名不正"则"言不顺"。在社会权利与义务关系紊乱,不存在社会道德认同时,任何行动都会受到阻碍,此所谓"言不顺,则事不成"。如此则礼乐制度就不会有人遵循,于是礼崩乐坏,社会价值观陷于崩溃,此所谓"事不成,则礼乐不兴"。此时社会价值观混乱,人们行为失当,任何刑罚都失去标准,刑罚也就失去了惩恶扬善之意义,此所谓"礼乐不兴,则刑罚不中;刑罚不中,则民无所错手足"。所以正名的目的是要使"名可言",即全社会都有共同的价值认同,而"名可言"的目的是要施行这些价值体系,是要达到"言之必可行"(13.3)的目的。

《论语》中还包含了大量的微观层面的关于从政智慧的思想,教人如何施政,在这些方面,我们不得不承认,儒家在俗世智慧方面达到了极其精微而圆熟的地步,我们至今仍然可以从中汲取很多营养。孔子认为,施政的有效性首先在于施政者要知人善任,孔子说知(智)就是"知人",即深刻洞察人,举用那些正直而有能力之人,这样就会使国家走上正确轨道,即"举直错诸枉,能使枉者直"(12.22),子夏解释此语时说:"舜有天下,选于众,举皋陶,不仁者远矣。汤有天下,选于众,举伊尹,不仁者远矣。"这也就是《子路篇》中孔子所说的"举贤才"(13.2),而"举贤才"的方法很简单,即"举尔所知",就是举荐你所熟悉的贤能之人。而"尔所不知,人其舍诸?"意思就是:那些你所不熟悉的贤能之人,你也不要担心会遗漏掉,因为自有熟悉他们的人举荐他们,他们是不会被废弃的。举贤不避亲,即此理也。这是施政的第一要件,即知人举贤。

孔子认为成功的施政者必须具备明断与行动能力。他赞赏子路"片言可以折狱"(12.12)的明断与魄力,而批评那种书呆子气息浓郁而没有行动能力的迂腐之人,"诵《诗》三百,授之以政,不达;使于四方,不能专对。虽多,亦奚以为?"(13.5)这样的人,施政无方,行动迟缓,难以成事。孔子还强调从政之人应勤于政事,即"无倦"(13.1)。要"居之无倦,行之以忠"。(12.14)忠于职事,勤苦工作,敬事而不怕辛劳,这是从政者的必备素质。孔子认为,从政者的最高境界并不是明断诉讼,而是"无讼"(12.13)。他说"听讼,吾犹人也,必也使无讼乎"。从政者的最高境界是在矛盾尚处于萌芽中时就加以预防,从而提前消弭之,平息之,要有前瞻性眼光,有预判能力,有平常"润物无声"的施政功夫。

孔子认为，从政者应有高远志向，要实现其政治理想，而不仅仅是为了获得浅近的个人名利。孔子正确地区分了士追求的"达"与俗世之人追求的"闻"之间的不同。"达"是士追求内心理想并将此理想贯穿于治理国家的行动之中，"质直而好义，察言而观色，虑以下人。在邦必达，在家必达"；而"闻"是乡愿虚伪的、以追求外在名利为目标的行为，表里不一，沽名钓誉，"色取仁而行违，居之不疑。在邦必闻，在家必闻"（12.20）。士若只追求外在的"闻"而不追求内在的政治理想，就不能臻至"达"的境界。为政为学，皆是如此。如果为政为学皆为谋图虚名，即使名闻天下，又与自身道德修养何干？所以朱熹曾引程子的话为此段作注："学者须是务实，不要近名。有意近名，大本已失。更学何事？为名而学，则是伪也。今之学者，大抵为名"，甚是精到。儒家讲为政，不以名利为宗旨，而以礼义为根本，倡言"达则兼济天下"，是把从政者个人的政治理想与道德追求融汇于施政之中，这也就是孔子所说的"谋道"（15.32），就是"己欲立而立人，己欲达而达人"（6.30）。

四十三　近悦远来

13.14 冉子退朝。子曰:"何晏也?"对曰:"有政。"子曰:"其事也。如有政,虽不吾以,吾其与闻之。"

[释义]冉有从办公的地方回来。孔子说:"为什么这么晚?"冉有回答说:"有政务。"孔子说:"那不过是事务而已。如果有重大政务,即使与我无关,我也会知道的。"

13.15 定公问:"一言而可以兴邦,有诸?"孔子对曰:"言不可以若是。其几也,人之言曰:'为君难,为臣不易。'如知为君之难也,不几乎一言而兴邦乎?"

曰:"一言而丧邦,有诸?"

孔子对曰:"言不可以若是。其几也,人之言曰:'予无乐乎为君,唯其言而莫予违也。'如其善而莫之违也,不亦善乎?如不善而莫之违也,不几乎一言而丧邦乎?"

[释义]鲁定公问:"一句话就可以使国家兴盛,有这样的事吗?"孔子回答说:"说话不可以这样过于简单机械。人们常说:'做国君很难,做臣下也不容易。'假若知道做君上很难,(于是勤

勉谨慎地行事），这不就近于一句话便可使国家兴盛吗？"

定公又问："一句话可以使国家沦丧，有这样的事吗？"孔子回答说："说话不可以这样过于简单机械。人们常说：'我做国君没有什么快乐可言，只不过我说话没有人敢违抗罢了。'如果国君的话正确而没有人违抗，这不是好事吗？但假如说的话不对，却没有人敢违抗，那不就近于一句话便可以使国家沦丧吗？"

13.16　叶公问政。子曰："近者说（悦），远者来。"

［释义］叶公问如何施政。孔子说："近处的人们要使他们欢悦，远处的人民要使他们依归。"

13.17　子夏为莒父宰，问政。子曰："无欲速，无见小利。欲速则不达，见小利则大事不成。"

［释义］子夏当莒父的县宰，问如何施政。孔子说："不要光图快，不要光顾着小利益。光图快，反而达不到目的；光顾着小利，就办不成大事。"

13.18　叶公语孔子曰："吾党有直躬者，其父攘羊，而子证之。"孔子曰："吾党之直者异于是：父为子隐，子为父隐。直在其中矣。"

［释义］叶公对孔子说："我们乡党中有正直之人，他的父亲偷羊，儿子出来告发父亲。"孔子说："我们乡党中的正直之人不这样，父亲替儿子隐瞒，儿子为父亲隐瞒。正直也就在其中了。"

13.19　樊迟问仁。子曰："居处恭，执事敬，与人忠。虽之夷狄，不可弃也。"

［释义］樊迟问仁。孔子说:"平常生活起居要庄重端正,工作严肃认真,对人要忠诚。这些品质,即使到了野蛮不开化的外国,也不能废弃。"

13.20　子贡问曰:"何如斯可谓之士矣?"子曰:"行己有耻,使于四方,不辱君命,可谓士矣。"曰:"敢问其次。"曰:"宗族称孝焉,乡党称弟焉。"曰:"敢问其次。"曰:"言必信,行必果,硁硁然小人哉!抑亦可以为次矣。"曰:"今之从政者何如?"子曰:"噫!斗筲之人,何足算也?"

［释义］子贡问:"怎么才能叫作士呢?"孔子说:"自己行事有羞耻心,出使国外不辜负国君赋予的使命,这样的人可以叫作士。"子贡说:"请问次一等的士是怎么样的?"孔子说:"宗族都称赞他孝顺,乡邻都赞扬他尊敬长辈。"子贡说:"请问再次一等的士是怎样的?"孔子说:"说话守信用,行为坚定实在,像蹦蹦响的石头子一样的老百姓啊!但也算是再次一等的士了。"子贡又问:"今天那些执政的人怎么样呢?"孔子说:"咳,这些器量狭小见识浅薄的人,他们算得上什么呀!"

13.21　子曰:"不得中行而与之,必也狂狷乎。狂者进取,狷者有所不为也。"

［释义］孔子说:"如果没有那些行为合乎中道的人交往,那么一定要交往那些狂士和狷者吧。狂士积极进取,而狷者有所不为。"

13.22　子曰:"南人有言曰:'人而无恒,不可以作巫医。'善夫!不恒其德,或承之羞。"子曰:"不占而已矣。"

[释义]孔子说："南方人有句话说：'人如果没有恒心，连巫医也做不了。'这句话多好啊！《易经·恒卦》的爻辞中说：'如果没有恒久坚持的品德，就会招致羞耻。'"孔子说："(这句话是说，这样无恒心的人)不必去占卦也就罢了。"

13.23 子曰："君子和而不同，小人同而不和。"

[释义]孔子说："君子能与人保持和谐，却又不肯盲从附和；小人表面上盲从附和，却不能真正与他人保持和谐。"

13.24 子贡问曰："乡人皆好之，何如？"子曰："未可也。""乡人皆恶之，何如？"子曰："未可也。不如乡人之善者好之，其不善者恶之。"

[释义]子贡问："乡人们都喜欢一个人，怎么样？"孔子说："不行。"子贡又问："乡人们都厌恶他，这个人怎么样？"孔子说："还不行。最好是乡人中的好人都喜欢他，但乡人中的坏人都厌恶他。"

13.25 子曰："君子易事而难说也。说之不以道，不说也；及其使人也，器之。小人难事而易说也。说之虽不以道，说也；及其使人也，求备焉。"

[释义]孔子说："君子容易共事，但难于取悦他。如果不用正当的方法取悦他，他不会高兴；而当他使用人做事的时候，却能够按各人的才能来任用。小人难以与他共事，但容易取悦他。即使用不正当的方法来取悦他，他也会高兴；等到他使用人的时候，却往往求全责备，极其挑剔。"

13.26　子曰:"君子泰而不骄,小人骄而不泰。"

[释义]孔子说:"君子安坦而不骄傲凌人,小人骄傲凌人而不安坦。"

13.27　子曰:"刚、毅、木、讷,近仁。"

[释义]孔子说:"刚强、坚毅、朴质、谨言,就接近仁德了。"

13.28　子路问曰:"何如斯可谓之士矣?"子曰:"切切偲偲,怡怡如也,可谓士矣。朋友切切偲偲,兄弟怡怡。"

[释义]子路问:"怎么样才叫作士呢?"孔子说:"互相督促责善,并和睦相处,可以叫作'士'了。朋友之间要互相督促责善,兄弟之间和睦共处。"

13.29　子曰:"善人教民七年,亦可以即戎矣。"

[释义]孔子说:"善人教导人民七年,也能够让他们去作战了。"

13.30　子曰:"以不教民战,是谓弃之。"

[释义]孔子说:"驱使未经过训练的人去作战,这等于抛弃他们。"

孔子一生怀抱礼乐秩序之政治理想,孜孜以求,终生未悔。他曾经对自己的政治生涯有很高的期许,渴望凭一己之力,复周礼,施尧舜之治。期许既高,取法乎上,则孔子对现世的政治就不能不采取一种批判而俯视

之姿态。在他心目中,那些从政的读书人有几个不同的层次。第一层次的士是"行己有耻,使于四方,不辱君命",即严于律己,行事谨慎,有羞耻之心,不苟且,不放纵,敬业忠笃,不辱使命。这样的从政者,因为内心有羞耻感,因而做事不会逾越道德底线;因为生命有使命感,因而不会玩忽职守,懈怠疏忽,更不会忘记使命而走上邪路。今之从政者,因无羞耻感,故做事无底线,放纵邪僻,贪赃枉法;因无使命感,对自己的政治生涯没有过高的期许,只想利用职权快速地谋取一些琐屑小利,有辱其职业尊严。所以孔子告诫这些目光短浅的人:"无欲速,无见小利。欲速则不达;见小利则大事不成。"(13.17)一个好的政治家,必须眼光高远,期许甚高,不为眼前小利所羁绊,而以实现长远的政治目标而不懈奋斗。而政客则只顾眼前小利,忙于琐事,而忘记自己的大使命。这就是政治家与政客之间的区别。所以,当冉子退朝,回家很晚,孔子问他为什么这么晚的时候,冉子回答说:"有政。"(13.14)而孔子则说,不过是些"事"而已,"事"只是些琐屑的行政事务,而与"政"(那些关乎政治理想的治国安邦之大政)相差甚远。从政者之目标在于实现其高远的政治理想,在于施长远之政,而不能羁绊于琐屑之行政事务。

孔子认为从政之士的第二个层次是"宗族称孝焉,乡党称弟焉",即能得到周遭人们的认可与赞誉,获取群众道德上的肯定。一个人从政为人,若不能得到周遭的人的支持与认同,必难以成事,然而仅仅得到他人(群众)之肯定,还不是目的,也不是从政者的高境界。那些追求"在邦必闻,在家必闻",然而却"色取仁而行违"(12.20)的虚伪的从政者,不也会得到乡党宗族的赞誉吗?然而这样的从政者,乃乡愿伪善之士,而不是真正光明磊落的政治家。真正的政治家是要直道而行,独立不倚,不为哗众取宠,不取悦于大众,不被大众流行的偏见所裹胁,而能坚持自己独立的判断,矢志不渝地追求政治理想。大众之好恶并不是政治家的行为标准。所以当子贡问孔子:"乡人皆好之,何如?"孔子回答:"不行。"子贡又问:"乡人皆恶之,何如?"孔子回答:"也不行,不如乡人中的好人称道他,而乡人中的不善者厌恶他。"(13.24)

孔子认为从政之读书人的第三个层次是:"言必信,行必果。"但他认为这样的层次并不高,跟那些行事执着顽固的老百姓差不多,"硁硁然小人哉!"(13.20)粗看起来,"言必信,行必果"不是很好的从政者吗?说了必做,任何行动都要有结果,这难道不是践诺善终、言行一致、果敢坚毅之人吗?这六个字,为什么与"小人"联系在一起呢?"言必信,行必果"之意义,必须与"义"结合起来讲才能显示出来。也就是说,一个从政之士的行动准则不是"言必信,行必果",而是"义",即是否行动得宜。孔子说:"君子之于天下也,无适也,无莫也,义之与比。"(4.10)君子生于世间,没有什么必须要做的,也没什么必不能做的,他的做与不做的标准,只是"义",他要遵循"义"而言、而行。君子要以"义"为准绳,而避免陷于言行的固执武断,所以孔子说"毋意,毋必,毋固,毋我"(9.4),而要通权达变。"言必信,行必果"只是那种"硁硁然小人"的标准,这些老百姓像石头一样邦邦硬,一言既出必践行,一旦行动必求善终,而不问言行是否合宜,此种人择善固执,而择恶也必固执之也。然而从政者能做到"言必信,行必果"也已经不错了,故孔子说:"抑亦可以为次矣。"当子贡问孔子"今之从政者何如"?孔子不屑地说:"斗筲之人,何足算也?"充满鄙夷。对于那些胸怀狭小、目光短浅、功利贪婪的从政者,孔子是鄙视的,以为他们缺乏大政治家的远大理想与宽广胸襟。

儒家极重从政之道,尤重探讨领袖之道。作为政治领袖,富有天下,故担当天下之任,身上所背负的使命极其庄严,其一言一行皆系天下之安危。孔子在答鲁定公问政时,曾提出"一言可以兴邦""一言可以丧邦"的命题(13.15)。作为政治领袖,应知治国之难,料理天下之不易,故事事勤谨，慎于施政，兢兢业业，不敢怠慢疏忽。他知道他的每一个细小的言行都影响到国家之安危，人民之福祸，因而不敢放纵，不敢骄傲；而唯因其勤谨自律，其国乃得大治，天下乃得太平，国民乃被其福泽，这就是"一言可以兴邦"。而有些政治领袖，自恃其手中握有生杀予夺之权，认为"普天之下，莫非王土，率土之滨，莫非王臣"，因而恃权放纵，狂妄自大，对臣民颐指气使，任意欺压剥夺，骄奢邪僻，放纵残暴，最终导致民怒沸腾，国家陷于混乱崩坍，此即"一言可以丧邦也"。兴丧系于一身，为领袖者能无慎乎？领袖之慎行慎言，其根源在于敬畏民意，而非敬畏权力也。权力乃人民所赋予，故领袖应珍惜人民所赋之权，而不应恃权而纵驰，须自律儆醒，洞悉兴丧之机也。

好的政治领袖，必有极强的人格魅力，使人于不知不觉之中乐于追随，他谦和大度，海纳百川，部属在他面前从没有感到压力，而是心情舒畅，充满奉献之满足感；但是好的政治领袖，同时又具有极强的原则性，他虽极有包容性，然部属若逾越原则，他亦会毫不留情。所以孔子说："君子易事而难说也。说（悦）之不以道，不说（悦）也；及其使人也，器之。"（13.25）这样的人格高尚的政治领袖，你很难用低俗、庸俗、卑劣的手段去谄媚他、取悦他，如果你用不正当的方式去讨他的欢心，只能换来他对你的憎恶与蔑视；而当他真正任用一个人的时候，绝不以能否取悦他为标准，而是量才任用，知人善任，显示其胸襟大度与任人唯贤的气象。而小人正好相反，他一旦当权，则"难事而易说"，他对人百般挑剔，求全责备，既无胸怀，又无器识；然而他又极其容易被取悦，小恩小惠就可以使其心花怒放，他贪小利而忘大义。这样的政治领袖，不以贤能为标准任人，而往往"见小利"（13.17），贪小利，故其周围必聚拢道德低下之鼠辈，而道行超迈者自远之。

最高明的政治领袖能使"近者悦，远者来"（13.16）。他拥有天下，而能海纳百川，谦下能容，故使人民欣悦，安居乐业，各得其所；而外邦之民，则风闻而归赋之，"四方之民襁负其子而至"(13.4)，可使"天下之民归心焉"(20.1)。"近悦远来"是中国人的"王道"理想。行王道者以仁德使天下归心，而行霸道者终使天下人共诛之。

宪问篇
第十四

四十四　时然后言

14.1　宪问耻。子曰:"邦有道,谷;邦无道,谷,耻也。""克、伐、怨、欲不行焉,可以为仁矣?"子曰:"可以为难矣,仁则吾不知也。"

[释义]原宪问如何是耻。孔子说:"国家政治清明,就出去做官领取俸禄;国家政治昏暗,而出去做官领取俸禄,这是耻辱。"原宪问:"没有争强好胜、自矜自傲、埋怨和贪欲,这样的人可以算是仁了吧?"孔子说:"这样的人难能可贵,若说他们达到了仁,我不敢苟同。"

14.2　子曰:"士而怀居,不足以为士矣。"

[释义]孔子说:"士如果留恋安逸生活,就不配被称为士了。"

14.3　子曰:"邦有道,危言危行;邦无道,危行言孙。"

[释义]孔子说:"国家政治清明,要言语正直,行动也正直;国家政治昏暗,行动正直,但说话要谦逊。"

14.4　子曰:"有德者必有言,有言者不必有德。仁者必有勇,勇者不必有仁。"

[释义]孔子说:"有仁德的人必定有嘉言,然而有嘉言的人却不必然有仁德;仁义之人必定有勇气,但是,勇敢之人不必然有仁义。"

14.5　南宫适(kuò)问于孔子曰:"羿善射,奡荡舟,俱不得其死然。禹、稷躬稼而有天下。"夫子不答。南宫适出,子曰:"君子哉若人!尚德哉若人!"

[释义]南宫适问孔子说:"羿善于射箭,奡善于帅舟师而战,都不得好死。禹和稷亲自耕稼,却得到天下。"孔子不吱声。南宫适出去后,孔子说:"这人真是君子啊!如此崇尚仁德!"

14.6　子曰:"君子而不仁者有矣夫,未有小人而仁者也。"

[释义]孔子说:"君子之中没有仁德的人也许有吧,小人之中却没有仁德的人。"

14.7　子曰:"爱之,能勿劳乎?忠焉,能勿诲乎?"

[释义]孔子说:"爱他们,能不勤勉为其辛劳吗?忠于他们,能不尽心教诲他们吗?"

14.8　子曰:"为命,裨谌草创之,世叔讨论之,行人子羽修饰之,东里子产润色之。"

[释义]孔子说:"郑国制定外文辞令,总是先让裨谌打草稿,让世叔提出意见,让外交官子羽修改,再让子产来做文字上的润色。"

14.9 或问子产。子曰:"惠人也。"问子西。曰:"彼哉彼哉!"问管仲。曰:"人也。夺伯氏骈邑三百,饭疏食,没齿无怨言。"

[释义] 有人问孔子子产这人如何,孔子说:"子产乃宽厚仁慈之人。"问子西如何,孔子说:"他呀,他呀!(表示蔑视)。"又问到管仲,孔子说:"管仲是个人才。他剥夺了伯氏在骈邑的三百户采邑,使伯氏吃粗粮,但是到死都不说埋怨的话。"

14.10 子曰:"贫而无怨难,富而无骄易。"

[释义] 孔子说:"贫困却心无怨恨,这很难做到;富贵而不骄纵,比较容易做到。"

14.11 子曰:"孟公绰为赵、魏老则优,不可以为滕、薛大夫。"

[释义] 孔子说:"孟公绰当晋国赵氏与魏氏的家臣,是绰绰有余的,但是他的才能不足以当滕国与薛国的大夫。"

14.12 子路问成人。子曰:"若臧武仲之知,公绰之不欲,卞庄子之勇,冉求之艺,文之以礼乐,亦可以为成人矣。"曰:"今之成人者何必然?见利思义,见危授命,久要不忘平生之言,亦可以为成人矣。"

[释义] 子路问如何才能成为全人。孔子说:"假若有臧武仲的明智,有孟公绰的清心寡欲,有卞庄子的勇气,有冉求的多才多艺,再用礼乐来增加其文采,这样就可以成为一个全人了。"接着,孔子又说:"今天要成为全人,何必非要如此呢?见到利益就要考虑是否该得,见到危险却(可为正义而)肯付出生命代价,长久处于贫困却不忘记平生许诺的誓言,这样也就可以成为全人了。"

14.13 子问公叔文子于公明贾曰:"信乎,夫子不言,不笑,不取乎?"公明贾对曰:"以告者过也。夫子时然后言,人不厌其言;乐然后笑,人不厌其笑;义然后取,人不厌其取。"子曰:"其然?岂其然乎?"

[释义]孔子向公明贾问公叔文子的为人:"听说公叔文子先生不说话,不发笑,不取利,是真的吗?"公明贾回答说:"这个告诉你的人错了。先生到了该发言的时候才说话,人们不讨厌他说话;到了应该欢愉的场合才笑,人们不讨厌他笑;应该取利的时候才取,人们不厌恶他取利。"孔子说:"他是这样的人啊,难道他真是这样的人吗?"

14.14 子曰:"臧武仲以防求为后于鲁,虽曰不要君,吾不信也。"

[释义]孔子说:"臧武仲凭据防城,要求鲁国为自己的后代留位置,虽他说不是要挟国君,然而我却不相信。"

14.15 子曰:"晋文公谲而不正,齐桓公正而不谲。"

[释义]孔子说:"晋文公诡诈而不正派,齐桓公正派而不诡诈。"

中国儒家的学问,其宗旨归于"成人",即全部知识、经验之归宿与目标乃"成人"。"成人"不仅指生物意义上的成长,更指精神境界与价值层面的提升与确立。有些人可能终生都没有达到生命意义上的觉解,这样的人可说是终生未及"成人"之境,而仅作为生物体而存在。与道家的"自然无为"的追求不同,儒家的"成人"更指向道德层面的完善,指向"体仁",

一旦达到这样的境界，这个人也就完成了自己，找到并确立了生命的意义。孔子说："朝闻道，夕死可矣。"(4.8)这个"闻道"，并不是道听途说了关于生命的道理，而是生命主体自身经由艰苦的自我锤炼而体悟了生命之大道，这个体悟是生命的自觉，而不是被动的"听闻"，不是仅仅被动地接受了某一知识。

"成人"的过程当然是艰苦的，充满磨难的，其中最大的磨难不是来自外界的压力、非难、打击与排斥，而是来自内心的斗争与取舍。儒家"成人"中的学问功夫，不是光风霁月，不是摒弃外物而转向内心，而是直面生命的挑战与苦难。所以儒家既不单纯讲菩提树下的静坐、达摩的面壁深思，也不单纯讲道家的养静之功，而是强调守仁、立志、反省、克己。"守仁"即坚守内心秉持之仁德正义，不为外界的压力放弃自己的道德操守与价值信仰，所以孔子说："志士仁人，无求生以害仁，有杀身以成仁。"(15.9)即使抛弃生命也在所不惜，也要成全自己仁德之信仰，这就是"成人"之标志。"立志"就是确立生命之目标而矢志追寻之，孔子说："志于道。"(4.9, 7.6)就是将体道、悟道作为终生之志向。有些人终生从事某个职业，亦未达道，只是懵懂盲目地"经验"了一番，而未达到形而上之体悟，其根在不能"立志"，没有高远而脱离世俗的志向。"反省"就是自我检视，自我约束，自我鞭挞，曾子说："吾日三省吾身。"(1.4)一个不知反省，不知道"慎独"的人，是难以"成人"的。一个真正的生命，应该经由暗中的自我鞭挞与自我拷问，而达到灵魂的自我超越，自我洁净，达到生命的自我提升，才能真正地完成自己。"克己"就是克制和约束自己的欲望，孔子说："克己复礼为仁。一日克己复礼，天下归仁焉。"(12.1)有些人以放纵自己为快乐，而君子以克制自己为快乐，私欲净尽，乃得天理，欲望太重的人，是很难达到"成人"的高境界的。

"克己"是一桩极为艰难的事业。原宪问孔子："克、伐、怨、欲不行焉，可以为仁矣?"孔子回答说："可以为难矣，仁则吾不知矣。"（14.1）一个人生而具有一些劣根性，所谓克、伐、怨、欲，即平常人都有的好胜之心、骄矜之心、怨尤之心、贪欲之心。一个人"克己"就要从根本上去除克伐怨欲之心，忘怀得失，不怨不尤（"不怨天，不尤人"[14.35]），无忧无惧（"仁者不忧，知者不惑，勇者不惧"[14.28]）。人最大的毛病是"有欲"，欲望过大则冲破一切道德藩篱，无所忌惮，只求得满足一己之欲。正当的欲，乃人类发展之原动力，如爱之欲，渴望成功与创造之欲等。然而欲望过度，则为人类之灾难。一个人好虚名，直至沽名钓誉，虚伪浮华，于学问人格危害极大。一个君王好名，则好大喜功，奢侈无度，多事征伐，劳民伤财。因而过欲乃"成人"之最大障碍，学者须深思而明辨之。所以子路问孔子如何"成人"，孔子说要有"臧武仲之知，公绰之不欲，卞庄子之勇，冉求之艺"，然后再"文之以礼乐，亦可以为成人矣"（14.12）。我认为，这里面核心的东西是"不欲"，最难得也是"不欲"。若能做到"不欲"，则具备内心的勇敢刚毅，因为"无欲则刚"。你若有物质之贪欲，则在金钱物诱面前必软弱；你若有美色之贪欲，则在色诱面前必软弱；你若有虚名之贪欲，则在社会与他人的赞誉面前必软弱。若能做到"不欲"，则必具备"明智"（知），因为你摒弃了欲望，就在判断万事万物时恢复了理性，就能明智地断是非，明取舍。你就知道什么该做什么不该做，你就有了"行藏用舍"（7.11）的智慧。所以孔子说："邦有道，谷；邦无道，谷，耻也。"（14.1）一个人能够在政治清明时出仕，而在政治昏暗时隐藏，他在取舍上的决断力，取决于他"不欲"的程度，即他在何种程度上可以克制自己的欲望。

当一个人可以达到"克己""不欲"的境界的时候，他就最大限度地摆脱了外物的捆缚与羁绊，他就可以身心自由，"与天地精神往来"（庄子语）。人何故不自由? 乃为有欲也。及其无欲，则天高海阔，任性遨游，此时才达到了真正的自我超越。在西方，这表现为一种宗教性与神性的超越，忘记自我，忘记肉身，与神同在；在道家眼中，这表现为对俗世的超越，对功利性的超越，与天地同在，与万物同游；在佛家，脱尽物欲，出离红尘，得大解脱，得真涅槃，六根清净，直悟本心；在儒家，一个人私欲既尽，则不忧不惑不惧，他以仁德为依归，以成圣成贤为期许，日日精进无疆，心中坦坦荡荡无所挂碍，真正达到"天高海阔我自飞"的境界。孔子说："士而怀居，不足以为士矣。"(14.2)为什么这样的人不能算作是"士"？因为他还有所挂碍，有所依恋，有所系念，他内心还有贪欲，他还不能得自由。孔子在答子路时说："见利思义，见危授命，久要不忘平生之言，亦可以为成人矣。"(14.12)一个人能"见利思义"，不被利诱；能够"见危授命"，"杀身以成仁"(15.9)，不被肉身羁绊，能够言行一致，恪守信义，不因小事而忘大义，能做到这样三条，说明他已具足克己功夫，可以算是"成人"了。

在儒家眼中，"成人"的标志不是不食人间烟火，不是脱离尘世，而是出入自由，行藏皆宜，"无适无莫"，能"从心所欲，不逾矩"。他达到了内心真正的自由，在行动上则表现为一种不偏不倚的平衡与中和状态。他的每一个行动都合乎礼义、合乎时宜，他并不是故意敛藏自己的欲望，而是顺其自然，"得时""得中"。《周易》极其强调"得时""得中"。"得时"就是合乎时宜，正当其时，就是在适当的时刻做应当做的事。如果时机不到，天时不对，则行为动机即使再正确再高尚，也断不可行，断不可能成功。《宪问篇》说："时然后言，人不厌其言；乐然后笑，人不厌其笑；义然后取，人不厌其取。"(14.13)一个君子并不是"不言、不笑、不取"，而是在合宜的时刻，以合宜的方式，做正确的事。君子不用刻意避世，超然世外，而是在"世间"即完成自己，提升自己，超拔自己，他"在世间"而能"出世间"。孟子赞孔子乃"圣之时者也"，是说孔子的言行皆合于"时"，"用之则行，舍之则藏"(7.11)，"有道则见，无道则隐"(8.13)。他被时人讥为

"知其不可而为之者"(14.38),但这只是孔子的一面,即坚韧不拔,一往无前,直道而行的一面。孔子的另一面是秉承君子"时行"的原则,当行则行,当止则止,"无可无不可"(18.8)。孔子是一个坚韧而清醒,执着而通脱,将原则性与灵活性完美融合在一起的人。他善于察时应变,"深则厉,浅则揭"(14.39),不会蛮干硬拼,故进退自如。

四十五　为己之学

14.16　子路曰:"桓公杀公子纠,召忽死之,管仲不死。"曰:"未仁乎？"子曰:"桓公九合诸侯,不以兵车,管仲之力也。如其仁！如其仁！"

［释义］子路说:"齐桓公杀了兄长公子纠,公子纠的师傅召忽为公子纠而死,而管仲却不为公子纠而死,(反而投靠齐桓公)。"子路问:"管仲这样不能算作仁吧？"孔子说:"齐桓公九次会盟诸侯,却不用武力,这是倚赖管仲辅佐之力呀！他真是有仁德！真是有仁德！"

14.17　子贡曰:"管仲非仁者与? 桓公杀公子纠,不能死,又相之。"子曰:"管仲相桓公,霸诸侯,一匡天下,民到于今受其赐。微管仲,吾其被发左衽矣。岂若匹夫匹妇之为谅也,自经于沟渎而莫之知也。"

［释义］子贡说:"管仲算不得一个有仁德之人吧? 桓公杀了公子纠,他不为公子纠死,反而又辅佐齐桓公。"孔子说:"管仲辅佐齐桓公,称霸诸侯,一举匡正天下,人们到现在还受他恩泽。假如

没有管仲，我们这些人恐怕都披散着头发，衣衫不整地到处流浪了。他难道要像老百姓一样守小节，在山沟里自杀而无人知道吗？"

14.18 公叔文子之臣大夫僎，与文子同升诸公。子闻之，曰："可以为'文'矣。"

［释义］公叔文子的家臣大夫僎，同文子一道做了国家大臣。孔子听说此事，说："这就可以谥为'文'了。"

14.19 子言卫灵公之无道也，康子曰："夫如是，奚而不丧？"孔子曰："仲叔圉治宾客，祝鲍治宗庙，王孙贾治军旅。夫如是，奚其丧？"

［释义］孔子说卫灵公是一个无道国君，康子问："他这样无道，为什么不亡国呢？"孔子说："仲叔圉帮他招揽人才，祝鲍帮他管宗庙祭祀，王叔贾帮他管军事。他有这么多贤才帮助，怎么会亡国呢？"

14.20 子曰："其言之不怍，则为之也难。"

［释义］孔子说："那些大言不惭之人，要让他付诸实践也很难。"

14.21 陈成子弑简公。孔子沐浴而朝，告于哀公曰："陈恒弑其君，请讨之。"公曰："告夫三子。"孔子曰："以吾从大夫之后，不敢不告也。君曰'告夫三子'者。"之三子告，不可。孔子曰："以吾从大夫之后，不敢不告也。"

［释义］陈成子杀了齐简公。孔子沐浴上朝，告诉鲁哀公说："陈恒杀了他的国君，请发兵征讨他。"鲁哀公说："你告诉季孙、

仲孙、孟孙吧。"孔子说:"因为我名列大夫之后,所以不敢不把这个消息告诉国君。国君却说:'你告诉那三个人吧。'"孔子到三位大臣那里告知这个消息,他们不许可发兵。孔子说:"因为我名列大夫之后,所以不敢不把这个消息告诉国君。"

14.22　子路问事君。子曰:"勿欺也,而犯之。"

[释义]子路问如何事奉君主。孔子说:"不要欺骗君主,但可以犯颜直谏。"

14.23　子曰:"君子上达,小人下达。"

[释义]孔子说:"君子通达于仁义,小人通达于货利。"

14.24　子曰:"古之学者为己,今之学者为人。"

[释义]孔子说:"古代求学的人是为了使自己的人格得到提升,而今天求学者却是为了得到别人的认可。"

14.25　蘧伯玉使人于孔子,孔子与之坐而问焉,曰:"夫子何为?"对曰:"夫子欲寡其过而未能也。"使者出,子曰:"使乎使乎!"

[释义]蘧伯玉派使者去拜访孔子,孔子与使者同坐并问道:"他老人家是怎样的人呢?"使者回答说:"老先生一直想减少其过错,但是却常常做不到。"使者离开,孔子说:"这真是个得体的使者啊!"

14.26　子曰:"不在其位,不谋其政。"曾子曰:"君子思不出其位。"

[释义] 孔子说:"不处在某个职位,就不谋划这个职位上的行政事务。"曾子说:"君子的思虑,不要超出他的职位范围。"

14.27　子曰:"君子耻其言而过其行。"

[释义] 孔子说:"若是言语超过一个人所能做的,君子以这样的做法为耻。"

14.28　子曰:"君子道者三,我无能焉:仁者不忧,知者不惑,勇者不惧。"子贡曰:"夫子自道也。"

[释义] 孔子说:"君子之道有三方面,我还达不到;仁德之人不忧虑,智慧之人不迷惑,勇敢之人不恐惧。"子贡说:"这是老先生说自己呀!"

14.29　子贡方人。子曰:"赐也贤乎哉?夫我则不暇。"

[释义] 子贡背地里批评别人,孔子说:"子贡呀,他是贤人吗?要是我,没有闲工夫(去背地里批评别人)。"

14.30　子曰:"不患人之不己知,患其不能也。"

[释义] 孔子说:"不要忧虑别人不了解自己,而要忧虑自己没有能力。"

14.31　子曰:"不逆诈,不亿不信,抑亦先觉者,是贤乎!"

[释义] 孔子说:"不预先怀疑别人的欺诈,不在事先揣度别人对自己不诚信,却能在事发之前有所察觉,这样不是贤人吗?"

14.32 微生亩谓孔子曰："丘何为是栖栖者与？无乃为佞乎？"孔子曰："非敢为佞也，疾固也。"

［释义］微生亩对孔子说："你为什么这样栖栖惶惶的？难道是要做一个佞人，专门以口才取信吗？"孔子说："我不敢做一个逞口舌之辩的佞人，只是讨厌那些固执之人。"

14.33 子曰："骥不称其力，称其德也。"

［释义］孔子说："良马被人称誉，不是因为他的力量，而是因为他的仁德。"

——◇——

中国民谚中讲到读书做学问，比较流行的几句是"书中自有黄金屋，书中自有颜如玉"，"学成文武艺，货与帝王家"。读书似乎带有极强的功利主义目的。孔子对于读书的功利主义一面并不讳言，他自己说"沽之哉！沽之哉！"(9.13)，并不故作清高。他主张"学而优则仕"(19.13)，是一个有政治理想的读书人。但是孔子在肯定读书的功利主义目的的同时，亦强调读书的第一义乃在于修身勉仁，培育德操，在于人格的完善。在儒家的标准来看，一个读书人若学富五车，满腹经纶，但道德败坏，寡廉鲜耻，则他就不算是一个真正的读书人（"士"）。在这里，有必要对孔子的"为己之学"与"为人之学"的深意做一番探讨。

孔子说："古之学者为己，今之学者为人。"(14.24)孔子针砭时弊，抨击当时的读书人读书求学的目的是得到他人的赞扬与认可，以他人之喜好与接纳作为读书之目的，故舍我而就他，不过是仅仅为"稻粱谋"，"为五斗米而折腰"（陶渊明）。在孔子看来，古代的君子读书求学，纯粹为砥砺德操拓宽识见,满足自己在知识与人格上的强烈需求,故孜孜以求于学问,以成大智大仁、德学并进之"全人"。由于纯粹以知识与人格上的精进为目的,而不杂以功利主义目的,因此古代读书人的求知充满了"快乐",随着学问的日益精进不已,他的快乐也时时增益,学习对于他而言是生命的大欢喜,他得以突破自我之局限与天地同流。所以《论语》中极言为学之乐:"学而时习之,不亦说乎?"(1.1),"知之者不如好之者,好之者不如乐之者"(6.20)。"乐"的根源在于"为己",在求自我之圆满。此种"为己之学",即是中国人所强调的"身心性命之学",即王阳明所标举的"读书作圣贤"。但是同时,"为己之学"亦可以导向西方以纯粹知识为目的的学习,此乃科学发展必备前提之一。当一个人求知是为了纯粹满足自我探求外界的好奇心的时候,则科学知识之增进才有了可能。中国古代科学之发达,亦与"为己之学"之倡导有关。

但切勿将"为己之学"理解为自私与狭隘,而将"为人之学"理解为无私与利他。正好相反,正是由于一个人不掺杂个人之功利目的,而追求纯粹的道德人格与知识之增进,他方能具备崇高之人格与广阔之视野,才能从自我的修炼砥砺出发,扩而大之,推而及于齐家、治国、平天下。然而他齐家、治国、平天下,并不是为满足其拥有天下之贪欲与指点江山之虚荣,而恰恰是他"为己之学"的合乎逻辑的自然发展,修齐治平的根在"为己之学",而非功利主义的以交换名利为目的的"为人之学"。相反,那些从功利主义出发的"为人之学",每日为升官发财而读书,为升职加薪而读书,那种读书纯为外在之交换目的,而舍内在之圆满精进,故这种"为人之学"之结果,恰恰不能使这种人以仁德治国平天下,因为他的学问之根是有问题的,他的出发点是有问题的。在这里,似乎"为己之学"与"为人之学"的出发点与结果发生了极为有趣且有意义的转换:"为己之学"的出发点乃在于自我人格及知识之增进,而其结果却可以培育出廓然大公、心底无私的真正"为人"的社会精英；而"为人之学"的出发点乃在于以所学换取名利，在于汲汲求他人与社会之认可，但其结果却反而培育出狭隘自私、利欲熏心的真正"为己"的社会败类。

"为己之学"的核心是求内在，去虚伪，弃浮华。从"为学"的功夫的角度来说，就是要内外兼修，言行一致，正心诚意，去除矫饰。这就涉及言和行的关系问题。孔子强调言与行的统一。他说："君子耻其言而过其行。"（14.27）说了而不能做到，这是君子最羞耻之事。孔子极其厌恶那些夸夸其谈、大言不惭之人，他说："其言之不怍，则为之也难。"（14.20）这显示出孔子对人性的洞察力。我国传统的道德要求是言行一致，谨言慎行，而摒斥那些巧言令色、虚伪矫饰之人。孔子说："巧言令色足恭，左丘明耻之，丘亦耻之。"（5.25）又说："巧言乱德。"（15.27）那些花言巧语之徒伪善做作，内外不一，败乱道德，为害社会，却极有欺骗性。儒家欣赏的品格是讷言，慎言。讷言者，有所守之，不骛外，不媚人，质实素朴，无伪无雕。《颜渊篇》中说："仁者，其言也讱。"（12.3）有仁德之人不夸口，不逞口舌之辩，而行动踏实，切实用功，君子之学，本应如此，未有仁德之人而以言媚人，以言惑人也。所以孔子说："刚、毅、木、讷，近仁。"（13.27）"木讷"不是装傻，而是慎言，避免言过其实，有害于仁德。"德"和"言"是什么关系？孔子说："有德者必有言，有言者不必有德。"（14.4）德高仁厚之人，必有嘉言，不会狂言、胡言、佞言、诬言、巧言；但是会说话之人未必有仁德，因为那种"言"也许都是外在的，而无内在之觉悟，亦乏行动之践履。所以，洞察一个人，不仅要听他怎么说，更关键的是看他怎么做，这就是孔子所说的"听其言而观其行"而不是"听其言而信其行"（5.10）。

四十六　下学上达

14.34　或曰："以德报怨，何如？"子曰："何以报德？以直报怨，以德报德。"

［释义］有人问孔子："用恩德来报答怨恨，如何？"孔子说："那用什么来报答恩德呢，最好是用公平正直来报答怨恨，用恩德来报答恩德。"

14.35　子曰："莫我知也夫！"子贡曰："何为其莫知子也？"子曰："不怨天，不尤人，下学而上达。知我者其天乎！"

［释义］孔子说："没有人了解我啊！"子贡说："为什么没有人了解您呢？"孔子说："不怨恨天，不责备人，下学人事，而上达天命。了解我的只是天啊！"

14.36　公伯寮愬子路于季孙。子服景伯以告，曰："夫子固有惑志，于公伯寮，吾力犹能肆诸市朝。"子曰："道之将行也与，命也；道之将废也与，命也。公伯寮其如命何！"

［释义］公伯寮在季孙面前毁谤子路。子服景伯把这件事告诉

了孔子说:"季孙听了公伯寮的谗言,已对子路有疑惑,但我的力量还能说服季孙杀了公伯寮,并把他的尸首在街市上示众。"孔子说:"大道要是实行,这是命运;大道要是被废弃,也是命运。公伯寮如何拗得过天命呢?"

14.37　子曰:"贤者辟世,其次辟地,其次辟色,其次辟言。"子曰:"作者七人矣。"

[释义]孔子说:"有的贤者逃避尘世而隐居,其次是避开某地、择地而居,其次是见人脸色不好而避,再其次是听人言辞不好而避。"孔子说:"这样做的已经有七个人了。"

14.38　子路宿于石门。晨门曰:"奚自?"子路曰:"自孔氏。"曰:"是知其不可而为之者与?"

[释义]子路在石门住宿。(次日进城时)看门人问:"你从哪里来?"子路说:"从孔家来。"看门人说:"就是那个明知道做不到却偏要去做的人吗?"

14.39　子击磬于卫,有荷蒉而过孔氏之门者,曰:"有心哉,击磬乎!"既而曰:"鄙哉!硁硁乎!莫己知也,斯已而已矣,深则厉,浅则揭。"子曰:"果哉!末之难矣。"

[释义]孔子在卫国,正在敲磬,有一个挑筐子的人恰好从门前经过说:"这个人敲磬,实在是有深意啊!"过了一会,他又说:"磬声梆梆硬响,真是可鄙啊!既然没有人知道自己,就不要去做好了。若是水很深,就连衣裳一起走过去;若是水浅,就撩起衣裳走过去。"孔子说:"好坚决啊,很难蔑视他了。"

14.40　子张曰:"《书》云:'高宗谅阴,三年不言。'何谓也?"子曰:"何必高宗,古之人皆然。君薨,百官总己以听于冢宰三年。"

[释义]子张问:"《尚书》说:'殷高宗居丧守孝,三年不说话。'这是什么意思?"孔子说:"不仅仅是殷高宗如此,古人都是这样。国君死后,继任的国君三年不听政,百官都听命于宰相。"

14.41　子曰:"上好礼,则民易使也。"

[释义]孔子说:"在上者如果爱好礼仪,那么人民就容易听从指挥。"

14.42　子路问君子。子曰:"修己以敬。"曰:"如斯而已乎?"曰:"修己以安人。"曰:"如斯而已乎?"曰:"修己以安百姓。修己以安百姓,尧、舜其犹病诸。"

[释义]子路问成就君子之道。孔子说:"修炼自己的品德,使心存敬意。"子路说:"这样就行了吗?"孔子说:"还要修炼自己的品德,使别人(指上层人士)安乐生活。"子路说:"这样就行了吗?"孔子说:"还要修炼自己的品德,让天下百姓都能过上安乐生活。修身以使天下百姓安乐,尧、舜恐怕都没完全做到吧?"

14.43　原壤夷俟。子曰:"幼而不孙弟,长而无述焉,老而不死,是为贼。"以杖叩其胫。

[释义]原壤伸开两腿坐在地上等候孔子。孔子说:"你年幼的时候不懂得谦逊守礼、友爱兄弟,长大之后也没有值得称述的作为,老了还赖着不死,真是个害人贼。"用拐杖敲打他的小腿。

14.44 阙党童子将命。或问之曰:"益者与?"子曰:"吾见其居于位也,见其与先生并行也。非求益者也,欲速成者也。"

[释义] 阙里(孔子所居之处)的一个童子向孔子传递消息。有人问孔子:"这个童子是一个力求上进的人吗?"孔子说:"我看见他(违背礼节)坐在位子上,还看见他与长者并肩行走。我看他不是一个力求上进的人,而是一个力求速成的人。"

儒家的核心是"身心性命之学",直指本心,不假外求,"身心性命"搞清楚了,内以持己,外以接物,才能应对身外的大千世界。这里的"性"是人类之本性、本质属性,是对"人之所以为人""己之所以为己"的洞察。而"命"是"天命",也是"性命"。天命乃有两义:一是天赋之使命,即上天在一个人身上所寄托之大任,此使命决定一个人生命的高度与轨迹。但是此种使命,必须依赖一个人自身之觉悟而后呈现。若一人觉悟其天赋之使命,则百折不挠、愈挫愈奋、意志如铁、精进不已,其生命精神呈现一种饱满的向上力量。另一义乃上天决定之命运,所谓"死生有命,富贵在天"(12.5),人须顺从天命,达观而知命。

上述两义决定一个人在生命之路上呈现出两种状态:一种状态是因洞察与领悟天赋之使命,故孜孜不倦,日日精进无疆,行动有恒而无殆,始终充满行动的意志、进取的力量与生命的自信。即如孔子,虽千回百折,却不改初衷,"知其不可而为之"(14.38)。他的自信与豪迈不是鲁莽,不是愚勇,而是源于对使命之彻悟。故孔子屡屡被困,却说:"天生德于予,桓魋其如予何?"(7.23) 当他困于匡,却说:"文王既没,文不在兹乎?天之将丧斯文也,后死者不得与于斯文也;天之未丧斯文也,匡人其如予何？"(9.5)孔子深悟自我生命所承担之伟大使命，因而在穷顿末途之际亦不失其志，不改其自信，坚信"斯文在兹"。这需要多么大的勇气、自信与坚守！

另一种状态是，因深知自我的命运，故无论穷达，皆安顿此身心，静以养志，从容淡泊，佛家所谓"如如不动"者也，这是静的功夫，守的功夫，知退知止的功夫，把成败生死置之度外。《宪问篇》有一段说，公伯寮在季孙氏面前诋毁子路，而子服景伯向孔子打抱不平，"夫子固有惑志，于公伯寮，吾力犹能肆诸市朝"。他要替孔子解决了公伯寮。而孔子却极其从容，淡然处之，说："道之将行也与，命也；道之将废也与，命也。公伯寮其如命何！"（14.36）孔子认为，大道的行与废，都是天命使然，非公伯寮以人力所能改变，与公伯寮这样的小人，不必争斗，而应顺其自然，顺应天命，不以得失成败萦于心。所谓"穷则独善其身，达则兼济天下"，穷达有命，不必强求，境随心转，随遇而安。这是知命之圣者做人之至境。一个君子，遇到穷途末路的窘境，甚至到了生死存亡之关头，到了千夫所指、众叛亲离之绝境，应该怎么办？孔子给出的结论是知天达命，"君子固穷"。有一次，孔子"在陈绝粮，从者病，莫能兴"，此时子路很不开心甚至有些恼怒。子路愠见曰："君子亦有穷乎？"意思是我们作为君子，怎么落到这步田地？真是上苍不长眼呢！颇有抱怨之意。而孔子则淡定回之："君子固穷，小人穷斯滥矣。"（15.2）"固穷"，既是"安于穷"，在穷顿末途、辛苦遭逢之际仍随遇而安，不急不躁，从容应对，身心安适；同时，"固穷"又是"穷而益固""穷且益坚"之意，王勃《滕王阁序》说："穷且益坚，不坠青云之志。""固"者，"择善而固执之"（《中庸》），固守其心而不改，守其节操而不变之意也。在穷途末路困境绝望之际最能考验一个人的气节、意志与信念。

《宪问篇》中提出"下学上达"的命题。有一次，孔子在子贡面前感喟:"莫我知也夫!"这种感喟,自然不是孔子心存怨气之表现,而是孔子对自己生命之道进行深刻体悟后所发出的慨叹。子贡说:"老师啊,怎么没人了解您呢?"孔子说:"不怨天,不尤人,下学而上达,知我者其天乎!"(14.35)皇侃《论语义疏》解释说:"下学,学人事;上达,达天命。我既学人事,人事有否有泰,故不尤人。上达天命,天命有穷有通,故我不怨天也。"此解极精。一个人不怨不尤,乃因洞察人事之否泰、命运之穷达皆有天数,故无论否泰穷达,皆顺天知命,"毋固毋必","无适无莫",对任何境遇都坦然面对。

孔子对"命"的问题很重视。他说:"不知命,无以为君子也。"(20.3)他敬畏天命,心存敬畏儆醒,无殆无忽。他说:"君子有三畏:畏天命,畏大人,畏圣人之言。小人不知天命而不畏也,狎大人,侮圣人之言。"(16.8)小人不能洞察天命,领悟天命,因而他就不能敬畏天命,懵懂一世,任性而为,无所检束,故难以立德成人。敬畏天命,最终还要落实到人事上,落实到接物上。儒家讲接物,无外乎是如何处理好自我生命与他者之间的关系,也就是"人己关系"问题。"上达"天命,还要"下学"人事,无"下学",则无所谓"上达";"下学"空疏,则"上达"即成蹈虚之言。

卫灵公第十五

四十七　忠信笃敬

15.1　卫灵公问陈于孔子。孔子对曰:"俎豆之事,则尝闻之矣;军旅之事,未之学也。"明日遂行。

[释义]卫灵公向孔子请教军队列阵的方法。孔子回答说:"礼仪方面的事,我曾经听过一些;军队方面的事,我没有学过。"第二天就离开了。

15.2　在陈绝粮,从者病,莫能兴。子路愠见曰:"君子亦有穷乎?"子曰:"君子固穷,小人穷斯滥矣。"

[释义]孔子一行人在陈国断了粮食,跟随的学生都病了,没有人能起来。子路很不高兴,来见孔子说:"君子也有穷途末路的时候吗?"孔子说:"君子虽穷顿,却能够固守仁德,而小人穷顿就会行动混乱,无所不为。"

15.3　子曰:"赐也,女以予为多学而识之者与?"对曰:"然,非与?"曰:"非也,予一以贯之。"

[释义]孔子说:"赐啊,你以为我是广博地学习并努力记住

（各种学问）的人吗？"子贡回答说："是的，难道不是吗？"孔子说："不是的。我用一个原则来贯穿（我全部的学问）。"

15.4　子曰："由！知德者鲜矣。"

［释义］孔子说："仲由啊！知道仁德的人太少了。"

15.5　子曰："无为而治者，其舜也与？夫何为哉？恭己正南面而已矣。"

［释义］孔子说："君王安静无为而使天下得到良好治理的，大概只有舜吧？他干了些什么？不过是自己庄严恭敬、端正肃静地坐在朝堂之上而已。"

15.6　子张问行。子曰："言忠信，行笃敬，虽蛮貊之邦行矣。言不忠信，行不笃敬，虽州里行乎哉？立，则见其参于前也；在舆，则见其倚于衡也，夫然后行。"子张书诸绅。

［释义］子张问孔子如何才能到处行得通。孔子说："说话忠诚信实，行动笃实敬肃，即使在野蛮地区，也行得通。说话不忠诚信实，行动不笃实敬肃，即使在乡里，会行得通吗？站立的时候，就似乎看见'忠信笃敬'这几个字出现在眼前；在车子里，就似乎看见这几个字刻在前面的横木上，这样（时刻遵守这几个字）才能到处行得通。"子张把这些话写在衣带上。

15.7　子曰："直哉史鱼！邦有道如矢，邦无道如矢。君子哉蘧伯玉！邦有道则仕，邦无道则可卷而怀之。"

［释义］孔子说："史鱼这个人真是正直啊！国家政治清明，他

像箭一样直，国家政治昏暗，他也像箭一样直。蘧伯玉这个人真是君子啊！国家政治清明，他就出来做官；国家政治昏暗，他就把自己潜藏起来，不露出自己的才能。"

15.8 子曰："可与言而不与之言，失人；不可与言而与之言，失言。知者不失人，亦不失言。"

［释义］孔子说："可以与一个人谈而不与他谈，我们就会错过这个人才；不能与一个人谈却与他谈，这就导致言语失误。有智慧的人既不错过人才，也不会言语失误。"

15.9 子曰："志士仁人，无求生以害仁，有杀身以成仁。"

［释义］孔子说："一个仁人志士，不会为了求得生存而损害仁德，而是为了成全仁德而勇于牺牲生命。"

15.10 子贡问为仁。子曰："工欲善其事，必先利其器。居是邦也，事其大夫之贤者，友其士之仁者。"

［释义］子贡问如何培育仁德。孔子说："做工的人要完美地做好工作，就必须先弄好他的工具。你住在一个国家，（要培育仁德），就要侍奉那些大夫中的贤能之人，友善那些士人中的仁德之人。"

15.11 颜渊问为邦。子曰："行夏之时，乘殷之辂，服周之冕，乐则《韶舞》。放郑声，远佞人。郑声淫，佞人殆。"

［释义］颜渊问如何治理国家？孔子说："用夏代的历法，乘坐殷（商）朝的车子，穿戴周朝的礼帽，音乐则奏舜时的《韶舞》。要舍弃郑国的乐曲，远离那些奸佞小人。郑国乐曲放纵淫靡，奸佞小

人则会危及国家。"

15.12　子曰:"人无远虑,必有近忧。"

[释义]孔子说:"如果一个人没有深谋远虑,则必发生眼前的忧患。"

15.13　子曰:"已矣乎!吾未见好德如好色者也。"

[释义]孔子说:"真是要完了啊!我没有看见一个人像爱好美色那样爱好仁德。"

儒家"接物"之道,即涉及"他者"的言行之道。孔子说过"言忠信,行笃敬"(15.6)六个字,即将言行之道说得很透彻。与人言,忠诚而践诺,不欺不诳,恪守信用,则易得他人信任;行事为人,则笃实、严整、恒久用功,恭肃诚挚,以此态度行事为人,则事易成。一个人要在这个世界上立得住、行得通,不需要多么复杂的手段,不需要费尽心思包装自己,不需要刻意表现自己,而只是需要按照一个人的本分去言去行,"忠信笃敬",尽心务本,则无往而不通。

"言"实际上是一门高超的艺术,"言为心声","言"既能表达一个人的内心修养、操守和意愿,同时也能影响到他者的心情与行动。因而熟谙语言艺术的人,往往能够准确传达自己的心意,获得他人心灵的认同,因而易获得他人的信任、共鸣与同情,从而营造一种和谐融洽的人际氛围。所以尽管孔子欣赏木讷慎言之人,他强调"刚、毅、木、讷,近仁"(13.27),"仁者,其言也讱"(12.3),"君子欲讷于言而敏于行"(4.24),但是孔子同时也特别重视"言"的问题。当然,"言"作为一种外在的东西,并不是衡量一个人品德的唯一的指标,一个人的为人与其"言"并不总是一致的,而是两个不同的范畴,"人"与"言"既可能合一,也可能分离,而当"人"与"言"分离时,对一个人的道德评价就须非常谨慎。孔子说:"不以言举人,不以人废言。"(15.23)当一个人的"言"非常漂亮动听甚至非常堂皇高尚的时候,你也不能仅仅因为他的言辞而肯定他的"人",而要"听其言而观其行"。而若一个人人品有问题,有瑕疵,甚至为时人所不齿,为道德所不容,但他的言辞(观点)中有可取的东西,有值得借鉴的东西,有正确闪光的东西,那么,我们也要重视他的言辞(观点),不要"以人废言",不要因为他人品不好而放弃他的好的观点。这种公允理性的态度实在难得。打个比方,在中国书法史上,有所谓"书如其人"的理论,书品被等同于人品。有些人品不佳之人,其行为不为时人所容,但其书法确有可观之处,对于这样的情况,则应遵循"不以人废言"之原则,以公允理性态度对待之。

说话的最高境界是每句话都讲得恰到好处,符合讲话者的身份,注意讲话的时机场合、语境,既讲得正确、符合原则与规矩,又讲得得体、适度,使对方容易接受。这就是"言"的艺术。孔子说:"夫人不言,言必有中。"(11.14)这也许就是说话的最高境界,要么不说,说就要"有中",恰如其分,一言中的,没有冗言,也不会过度。说话要注重时机,孔子说:"时然后言。"(14.13)也要注意谈话的环境与对象。《乡党篇》记载了孔子在不同的场合说话的不同姿态与方式:"孔子于乡党,恂恂如也,似不能言者。其在宗庙朝廷,便便言,唯谨尔。朝,与下大夫言,侃侃如也;与上大夫言,訚訚如也。君在,踧踖如也,与与如也。"(10.1)孔子极注重说话之艺术,在不同场合皆能礼仪合度,语气合度,使对方和悦。他在乡邻中说话,既和蔼又亲切,不事张扬,非常收敛低调,就好像不会说话的样子。当他以政治身份出现在宗庙与朝廷上的时候,他落落大方,姿态坦然而坚定，谈锋甚健却用语谨慎，坚守政治原则，符合其从政身份。与同僚谈话，他能侃侃而谈，放松从容，但又注意分寸，注意对方的身份。与君主谈，则极其恭谨、谦顺、庄穆肃静、恪尽为臣之道。他曾经对蘧伯玉的使者大加赞赏，就是因为这个使者言语善于拿捏尺度，十分注重说话的艺术，既传达了主人意思又能符合自己身份。《宪问篇》载："蘧伯玉使人于孔子，孔子与之坐而问焉，曰：'夫子何为？'对曰：'夫子欲寡其过而未能也。'使者出，子曰：'使乎使乎！'"（14.25）使者说主人蘧伯玉时时自儆自励要减少过错，是一个追求仁德的高尚君子；然而他却总是做不到这一点，即"欲寡其过而未能也"。话说得极其得体而委婉，既表明主人求仁之心，又婉转地评价主人并非完美，这种高超的说话艺术令孔子一再赞叹："使乎使乎！"

言与不言，要看对象。对有些人该言，对有些人却不该言。孔子说："可与言而不与之言，失人；不可与言而与之言，失言。知者不失人，亦不失言。"（15.8）有智慧的人就要洞察对象，辨其品行，察其习性，再来判断该不该与之言，做到既不能"失人"，又不能"失言"，可是我们在日常生活中或"失人"或"失言"的情况很多，这缘于我们不能察人，亦不能把握尺度。尤其在批评别人时，如果尺度拿捏不好，既失言，又自取其辱，所以《里仁篇》说："事君数，斯辱矣；朋友数，斯疏矣。"（4.26）你批评君王太过，就会自取其辱；你批评朋友过度，就会导致朋友疏远，即使你出于善意，尺度拿捏不好，也会适得其反。孔子答子贡处友之道说："忠告而善道之，不可则止，毋自辱焉。"（12.23）说的也正是这种说话深浅之尺度。

孔子曾概括与人交往言谈的"三愆"："言未及之而言，谓之躁；言及之而不言，谓之隐；未见颜色而言，谓之瞽。"（16.6）未到时机而妄言、急言，则犯躁动之病；时机已到，应该说的时候而不说，则犯了迟疑不果断、不明晰之病；不看对方情绪反应而发言，则犯了盲目蛮干之病。此三病者，皆源于不能察人辨时也。

四十八　君子求己

15.14　子曰："臧文仲其窃位者与！知柳下惠之贤而不与立也。"

［释义］孔子说："臧文仲是偷窃了官位吧！他知道柳下惠是个贤德之人，却不给发挥才能的位置。"

15.15　子曰："躬自厚而薄责于人，则远怨矣。"

［释义］孔子说："对自己严格要求而对人宽容，就会远离怨恨。"

15.16　子曰："不曰'如之何，如之何'者，吾末如之何也已矣。"

［释义］孔子说："对那些不说'怎么办啊，怎么办啊'（而行事鲁莽）的人，我不知道怎么对待他们了。"

15.17　子曰："群居终日，言不及义，好行小慧，难矣哉！"

［释义］孔子说："整天凑在一起，说话始终不能达到合宜，就喜欢耍小聪明，对于这样的人，真是没有办法！"

15.18　子曰："君子义以为质，礼以行之，孙以出之，信以成之。

君子哉！"

[释义] 孔子说："君子以合宜为依归，行动合乎礼制，说话谦逊，秉持诚信来成就事业，这样的人真是君子啊！"

15.19　子曰："君子病无能焉，不病人之不己知也。"

[释义] 孔子说："君子以自己没有具备贤能而感到有所缺欠，却不以别人不理解自己为缺憾。"

15.20　子曰："君子疾没世而名不称焉。"

[释义] 孔子说："一个人到死都没有获得令人称道的名望，这是君子所引以为恨的。"

15.21　子曰："君子求诸己，小人求诸人。"

[释义] 孔子说："君子向内追求自己的仁德的增进，而小人向外追求他人的认可。"

15.22　子曰："君子矜而不争，群而不党。"

[释义] 孔子说："君子为人矜持自重，不与他人竞争，合群但不结党营私。"

15.23　子曰："君子不以言举人，不以人废言。"

[释义] 孔子说："君子不单纯因一个人的好话而举荐他，也不因他是个坏人而抛弃他的好话。"

15.24　子贡问曰："有一言而可以终身行之者乎？"子曰："其恕

乎！己所不欲，勿施于人。"

［释义］子贡问道："有没有一句话可以奉为终生遵循的准则呢？"孔子说："那就是恕道啊！自己所不愿意的事，就不要强行施加于别人。"

15.25　子曰："吾之于人也，谁毁谁誉。如有所誉者，其有所试矣。斯民也，三代之所以直道而行也。"

［释义］孔子说："我对于别人，批评谁、赞美谁（都有一定原则）。如果我赞美一个人，必定要事先有所考察。夏商周三代的人民就是这样遵循正直的原则来行事。"

15.26　子曰："吾犹及史之阙文也。有马者，借人乘之。今亡矣夫！"

［释义］孔子说："我还能接触到一些历史上遗失的文献。（但对这些遗失的文献我在解释时持慎重态度，）就好像有了一匹生马，先借给别人乘坐驯服。现在谨慎对待历史文献的人几乎没有了！"

15.27 子曰："巧言乱德，小不忍则乱大谋。"

［释义］孔子说："花言巧语会败坏一个人的品德。小事不忍耐，就会打乱长远谋略。"

15.28　子曰："众恶之，必察焉；众好之，必察焉。"

［释义］孔子说："大家都厌恶的事物，要亲自考察，再做决断；众人都喜欢的事物，也要亲自考察，再做决断。"

孔子注重"为己之学"（14.24），为学乃在进德勉仁，非骛虚名。又说："君子求诸己，小人求诸人。"（15.21）此语被有些人歪解为"君子逢事唯求自己，而小人逢事唯求他人"，此乃大谬。"君子求诸己"，乃君子为人接物，必返求诸己，此君子内求之功，不假外求。君子学问之增进，境界之提升，人际关系之协调，俗世事务之应对，凡此种种，百般问题，皆内求于己，凡躬而诚，独立不倚，从而成就自我之生命学问。"小人求诸人"，谓小人之志不在身心之修养、仁德之树立、生命之完成，而在于俗世之名利。若获得俗世之名利，必倚赖他人之认同与肯定。故小人处世为人，不内求于己，而是倚赖他人之评价，遂沽名钓誉，斫丧自我，为所欲为，所行之事唯求取悦于世人，而不知有害于身心性命。因而返求诸己，必彰显自我之价值判断与生命追求，彰显生命主体之意志，而图脱离俗世之桎梏，不以他人好恶而改自我之志趣。故"君子求诸己"，必追求一种独特的生命，而不顾俗世之毁誉；必摒弃世间之浮名，而唯求自我生命之安顿，此孟子所谓"求放心"一语之要义所在。而"小人求诸人"，则必与世浮沉，丧失主体之价值，唯知追骛时尚，迎合世俗，宛若飘蓬，缺乏定力，被俗世之好恶标准所羁绊。此种小人虽活一世，始终不知有"我"在，恋慕虚荣，捆缚于浮名，生命等同于虚度。

孔子虽重"为己之学"，强调"君子求诸己"，但是同时，孔子并非不重视"名"；相反，孔子十分重视"名"，但他重视的是"真名""美名"，而非"浮名""恶名"。孔子对人生持务实态度，人人皆好"美名"，此人心向上之源也，故以"真名"与"美名"引领时风，则可以起到敦品励俗、教化民众之作用。因而对于中国儒家知识分子及受儒家熏染的大众而言，"人过留名，雁过留声"非常重要，一个人或一个家族生前身后有荣名被世人称誉，乃千古之荣光，为乡里所艳羡崇敬。孔子说："君子疾没世而名不称焉。"（15.20）一个人死后，假如没有留下美誉令名而被人称述颂扬，这是君子之耻，君子之恨。君子不求浮名虚名，然而当求实至名归的真名。一个君子，不求虚的"闻"，而求实的"达"（12.20），求后世称扬之真名，此乃儒家教化人心之所凭借也。

钱穆先生《论语新解》对孔子之"名"与"求己"做了极精彩之解说，并可纠正宋儒之偏误。他说："人之一生，不过百年，死则与草木同腐，淹忽随化，一切不留，唯名可以传世，故君子以荣名为宝。名在而人如在，虽隔千百世，可以风仪如生，居游增人慨慕，謦欬亦成想象。不仅称述尊仰，光荣胜于生时。此亦君子爱人垂教之深情厚谊所寄。故名亦孔门之大教。……世不重名，则人尽趋利，更无顾虑。或曰：名不称，乃声闻过情之义。然生时可以弋浮名，剽虚誉，及其死，千秋论定，岂能常此声闻过情？此乃人道之至公至直，无力可争。宋儒教人务实，而受道释之影响，不免轻视身后之名，故以声闻过情说此章。然戒好名而过，亦可以伤世道，坏人心，不可不辨。"（第410页）儒家重"名实相符"，而戒浮名虚名，好"真名"则有利于世道人心，好虚名则坏世道人心，儒家重名，乃重生前身后之真正荣名，而非沽名钓誉之名也；轻视身后之名，虽显清高之志，然而身后之名，不可求而得之，乃公道人心自予之，因而无论轻视与否，都无妨碍。从这个角度看，孔子说"君子疾没世而名不称焉"，与他说"君子求诸己"并不矛盾，其"重名"仍是重仁德之名，重实至名归之名，此种"真名"，仍归根于"求己之学"，仍归根于君子自身之德操修为。因而孔子屡言"不患人之不己知，患其不能也"（14.30），"君子病无能焉，不病人之不己知也"（15.19），能不能被人认可，能不能得到生前身后之"真名"，仍在己，而不在人。

"君子求诸己"是为了追求一种独立而超越的生命。这就要求君子要具备自省、自律、自信、修己力学、不假他求之精神。"返求诸己"，首先就要求君子要有自省、自我检讨之能力，如曾子所说"吾日三省吾身"(1.4)，只有具备这种自我反省、自我洗涤、自我鞭挞之能力，才能反躬求己，不断提升自我人格境界。君子还要有自律的精神，夷人宽，夷己严，慎独剔励，"躬自厚而薄责于人"(15.15)，如此才能收敛身心，守志不移。如果只顾责人，而不会律己，只看到别人的缺点，甚至到处毁谤他人，却不知自律，不知责己，则长此以往，必道德日趋堕落，人格日趋低下。《宪问篇第十四》载："子贡方人。子曰：'赐也贤乎哉？夫我则不暇。'"(14.29) 什么是"方人"？就是闲着没事说人坏话，在背地里毁谤别人。一个君子，应日日自省自律，日日精进不已，哪能将宝贵光阴用于背地里毁谤他人呢？"方人"之举，足见子贡未识圣学"君子求诸己"之本，未能返躬而诚，自省自励，而心思散漫，只知外求，以"方人"为乐，此亦是"小人求诸人"之一端也。因而孔子说："赐是一个贤人吗？要是我，哪里有闲工夫背地里说人闲话！"言下之意，君子应时刻返躬自察，反观内心，而不要借责人以提升自己。

"君子求诸己"，还要求君子有"修己力学"的精神，有对于自我道德追求的绝对信心。"为己之学"首先要求我们要有"修己"的功夫，"修己"是君子之本，修身是齐家、治国、平天下之本。孔子言及成就君子之次第时说："修己以敬""修己以安人""修己以安百姓"(14.42)。这三个阶段，渐次提升，渐次扩充，最终以修己安天下。因而孔子"求己之学"不是要士人君子仅仅专注于内心，仅仅注重一己之私德，而是要求士人君子从自我的修身勉仁出发，次第上升，逐渐开廓，推而广之，以及于天下之治，然而其本源仍在于"求己""为己"。"修己"当然首先要具备一种对自我道德追求的自信，就像孔子所豪迈地宣称的："仁远乎哉？我欲仁，斯仁至矣。"(7.30)"欲仁仁至"，即是一种绝对的自信，道不远人，求则得之，这是儒家人人皆可为圣贤的精髓所在。孔子说："为仁由己，而由人乎哉？"(12.1)

只要道德主体有追求道德之强烈主观意愿，则仁德必求而至矣，那些宣称"力不足者"（6.12，4.6），都是道德自信与愿力不强的人，不是能力不足，而是内心动力与意志不足，才妨碍他成圣成贤。所以孔子说："未之思也，夫何远之有。"（9.31）埋怨"仁远""道远"而忧"力不足"者，只是找借口而已，实质是内心没有求与思之强烈意愿。《孟子·告子上》中说："仁义礼智，非由外铄我也，我固有之也。弗思耳矣。故曰，求则得之，舍则失之。""求则得之"，就是孔子所说"欲仁仁至"，君子只需内求于己，仁德自得之，圣贤自成之。

四十九　人能弘道

15.29　子曰："人能弘道，非道弘人。"

［释义］孔子说："人能弘扬大道，不是道弘扬人。"

15.30　子曰："过而不改，是谓过矣。"

［释义］孔子说："有过错而不改正，这才是真正的过错。"

15.31　子曰："吾尝终日不食，终夜不寝，以思，无益，不如学也。"

［释义］孔子说："我曾经整天不吃饭，整夜不睡觉，用于思考，但学问总是没有增益，不如去学习为好。"

15.32　子曰："君子谋道不谋食。耕也，馁在其中矣；学也，禄在其中矣。君子忧道不忧贫。"

［释义］孔子说："君子谋计行大道，而不盘算衣食之小道。耕地，也会有饥饿之时，而学习大道，也可以得到衣食之奉。君子需要忧虑的是大道之不行，而不忧虑贫困得不到衣食。"

15.33 子曰:"知及之,仁不能守之,虽得之,必失之。知及之,仁能守之,不庄以莅之,则民不敬。知及之,仁能守之,庄以莅之,动之不以礼,未善也。"

[释义]孔子说:"智慧足以知晓大道,但如果不能以仁德守得大道,则即使悟得大道,也必然失去。智慧足以知晓大道,又能以仁德守住大道,但如果不能以庄敬之心对待人民,则人民必然怠慢不敬。智慧足以知晓大道,又能以仁德守住大道,以庄敬之心对待人民,然而如果不按照礼仪制度来行事,那么仍没有达到至善的地步。"

15.34 子曰:"君子不可小知而可大受也,小人不可大受而可小知也。"

[释义]孔子说:"一个君子不能从琐屑小处去知晓他,但可以使他担当大任;一个小人,不可以使他担当大任,却可以从琐屑小处去赏识他。"

15.35 子曰:"民之于仁也,甚于水火。水火吾见蹈而死者矣,未见蹈仁而死者也。"

[释义]孔子说:"人民依赖于仁德,比依赖水火更甚。我只见到遭遇水火而死的,却没有看见践履仁德而死的人!"

15.36 子曰:"当仁不让于师。"

[释义]孔子说:"如果遇到践行仁德的事,我是不会推让于众人的,而应率先行之。"

15.37　子曰:"君子贞而不谅。"

[释义]孔子说:"君子要守正道,不可以居于小信。"

15.38　子曰:"事君,敬其事而后其食。"

[释义]孔子说:"事奉君王,应先敬守职事,而把食禄之事放在后面。"

15.39　子曰:"有教无类。"

[释义]孔子说:"我凡有所教化,不分人群,都去教导他们。"

15.40　子曰:"道不同,不相为谋。"

[释义]孔子说:"如果大家持有不同的道,那么就不能相互谋虑合作。"

15.41　子曰:"辞达而已矣。"

[释义]孔子说:"言辞只要能达意就可以了。"

15.42　师冕见,及阶,子曰:"阶也。"及席,子曰:"席也。"皆坐,子告之曰:"某在斯,某在斯。"师冕出,子张问曰:"与师言之道与?"子曰:"然,固相师之道也。"

[释义]盲乐师冕来见孔子,走到台阶,孔子说:"这是台阶。"走到坐席边,孔子说:"这是坐席。"等到大家都坐下了,孔子告诉师冕说:"某人在这里,某人在这里。"师冕出去后,子张问道:"与盲乐师这样讲话,也是道吗?"孔子说:"是的,这本来就是扶持盲乐师之道。"

人的一生，不过百年，所为何事？看遍儒释道各家学说，皆是为得道。道，乃天地间之大道，宇宙间之至理。此道此理沛然充塞于大化之中，无处不在，无时不显，然而人要得悟此道，诚非易事。道有内外之分，外则表现为客观存在之宇宙万物共同之理，内则表现为人心所秉持之道义。内外之分即天道人道之分。孔子言道，既言天道，亦言人道。一个读书人的终生职事，不是形而下的忠孝仁义，而是经由忠孝仁义之践履，而达悟形而上之大道，所以孔子说"士志于道"（4.9），"君子学以致其道"（19.7），最终的目标是得道，"君子谋道不谋食""忧道不忧贫"（15.32）。孔子说："朝闻道，夕死可矣。"（4.8）肉身甚轻，而道甚重，苟得道，即使付出极高的代价亦在所不惜。这里的"道"，代表着一个人整个的生命的完成，达到自我生命的极致，也就是儒家所说的"与天地参"，"上下与天地同流"，臻至生命最高的超越与升华。

《卫灵公篇》中提出"人能弘道，非道弘人"（15.29）的命题。志士仁人，其最高使命是弘道，即用终生努力，去践履那个天地之大道，去弘扬那个天地之大道，去彰显那个天地之大道。"人能弘道"，显示出人作为主体，作为具有意志力与愿力的精神主体，所秉持的一种极强大的自信与极庄严的使命感。一个人要能弘道，必须具备一种一往无前，"虽千万人吾往矣"的勇毅精神与大无畏精神，必须具备一种舍我其谁、"当仁不让"（15.36）的使命意识与担当意识。"士不可以不弘毅，任重而道远。仁以为己任，不亦重乎？死而后已，不亦远乎？"（8.7）明知任重道远，而能以一己之力而担当天下大任，此种弘毅精神，乃"人能弘道"之力量所自。担当弘道重任的人，必然洋溢着这种自信，必然对自我之使命有极高的期许。一个人对自我期许不高，不能有"天将降大任于斯人"（孟子语）的使命感与自信,则不足以弘道。所以孔子常常鼓舞弟子的志气,鼓舞他们的自信,使他们有强大的内心力量,去担当大任,在生命之路与成人之路上走得更远。他说:"我未见力不足者。"(4.6)每个人都有这种内在的力量,足以担负重大使命,只是有人泯灭这种自信,丧失了宝贵的使命感,不敢对自己有所期许,这是怯懦的表现,是没有勇气与信心的表现。所以孔子评论公西华:"赤也为之小,孰能为之大?"(11.26)假如没有对自己的极高的期许与定位,又岂能担当"人能弘道"之大任呢?一个人在青年时代,贵能立意高远,取法乎上,勿使自己同于流俗,泯然众人,而要有强大的自信与使命感,追求超迈之人格,格调高远,卓然不群,方能有所成就。孔子正是有"斯文在兹"(9.5)、"天生德于予"(7.23)的使命感,才会有执着弘道、不畏艰难之信心。

  道有大小之分。大人则见大道,小人自见小道。故人大,道亦大;人小,道亦小。一个人格矮小、志趣低俗之人,其境界必狭仄,其格调必不能超越,其所见之道必小。故要得大道,悟大道,先须备大人格,养大气象,有大格局,境界拔乎其萃,抱负卓然不群,而后方能悟至道,得真道,弘大道。子贡有言"贤者识其大者,不贤者识其小者"(19.22),此之谓也。张载言"为天地立心,为生民立命,为往圣继绝学,为万世开太平",其胸怀何其廓大,其抱负何其高远,有此等睥睨今古、容纳天地、舍我其谁、敢于担当之气魄,方能弘道。这样的具备大人格的君子,有可能在世俗意义的琐屑小事上并未显露出任何智慧,可以担当大任;而那些格局狭仄、境界低俗之人,尽管在俗事上可能绝顶聪明,却不能担当大任,此即孔子所说:"君子不可小知而可大受也,小人不可大受而可小知也。"(15.34)君子追求的是大道,所担当的是大任,因而切忌格局局促,切忌被俗世所羁绊,切忌被小道小智所诱惑。所以子夏说:"虽小道,必有可观者焉,致远恐泥,是以君子不为也。"(19.4)人与人之间,才智相差极微,而境界格局却可能有云泥之别,之所以"人能弘道",端在有大人格,站得高,看得远,襟怀宽,格局广,故而成大事。人可以弘廓大道,但道岂能弘廓人?小人自见小道,大人自见大道,道凭人传,人以道存。有的人终生不得见道,非道远人,其人自蔽也。

季氏篇

第十六

五十　均和国安

16.1 季氏将伐颛臾。冉有、季路见于孔子曰:"季氏将有事于颛臾。"孔子曰:"求,无乃尔是过与?夫颛臾,昔者先王以为东蒙主,且在邦域之中矣,是社稷之臣也。何以伐为?"

冉有曰:"夫子欲之,吾二臣者皆不欲也。"

孔子曰:"求,周任有言曰:'陈力就列,不能者止。'危而不持,颠而不扶,则将焉用彼相矣?且尔言过矣,虎兕出于柙,龟玉毁于椟中,是谁之过与?"

冉有曰:"今夫颛臾,固而近于费。今不取,后世必为子孙忧。"

孔子曰:"求!君子疾夫舍曰欲之而必为之辞。丘也闻有国有家者,不患寡而患不均,不患贫而患不安。盖均无贫,和无寡,安无倾。夫如是,故远人不服,则修文德以来之;既来之,则安之。今由与求也,相夫子,远人不服,而不能来也;邦分崩离析,而不能守也;而谋动干戈于邦内。吾恐季孙之忧,不在颛臾,而在萧墙之内也。"

[释义]季氏准备攻打颛臾。冉有、子路去拜见孔子,说:"季氏要对颛臾动用武力。"孔子说:"冉求啊!这难道不是你们的过错吗?那个颛臾,是以前上代君主授权作东蒙山的祭祀主持者的,而

且他的疆土就在我们的国境之内，是对鲁国忠心的臣属。为什么要征讨他呢？"冉有说："季氏非要这么干，我们两个人都不同意这么干。"孔子说："冉求啊，周任有句名言：'按照自己的能力来就职，没有这个能力就要辞职。'危险而不去扶持，将要摔倒却不去搀扶，那还要那些辅助者干什么？而且你的话大错特错，老虎从笼子里跑出来，龟玉在匣子里被毁损，这是谁的过错呢？"冉有说："颛臾的城墙坚固而且位置靠近季氏的采邑费地。如果现在不去攻取，以后必然给子孙留下祸患。"孔子说："冉求啊！君子讨厌那种不说自己想干而一定找个借口的行为。我听说，无论是诸侯还是大夫，他们都是掌握一国一家命运的人，不要去忧虑财货少，而应当去忧虑财货分配不均；不要去忧虑人民少，而应当去忧虑人民不安定。假如财货分配均平，则不会有所谓贫穷；人民和谐，则不会觉得人民少；国家平安，则不会有倾覆的危险。假如能做到这样的话，若远方的百姓不归服，那么就修习礼义政教来招拢他们。他们来了之后，就想办法使他们安定。现在冉求与仲由你们两个人，辅助季氏，远方的百姓不归服，你们不能招拢他们来归服；国家分崩离析，却不能守住保全，却谋划在国境以内开战事。我恐怕季氏忧虑的，不是颛臾，而是屏风（萧墙）后的鲁君啊！"

16.2　孔子曰："天下有道，则礼乐征伐自天子出；天下无道，则礼乐征伐自诸侯出。自诸侯出，盖十世希不失矣；自大夫出，五世希不失矣；陪臣执国命，三世希不失矣。天下有道，则政不在大夫；天下有道，则庶人不议。"

［释义］孔子说："天下若有秩序，那么礼乐征讨的决定权在于天子。天下若昏乱无序，那么礼乐征讨的决定权在于诸侯。礼乐征

讨决定于诸侯，大概传到十代很少能不灭亡的；决定于大夫，大概传到五代很少能不灭亡的；如果大夫的家臣把持国家政权，则传到三代很少有不灭亡的。天下安定有序，则国家政令不掌握在大夫手里。天下安定有序，则老百姓不会乱发议论。"

16.3　孔子曰："禄之去公室五世矣，政逮于大夫四世矣，故夫三桓之子孙微矣。"

[释义] 孔子说："政权离开鲁国国君已五代了，政权落到了大夫手中也已四代了，所以鲁桓公的三房子孙都衰微了。"

——◆——

孔子讲治国理政，既有理想主义追求，又有功利主义与实用主义之考量，持中庸之道，而不走极端。孔子的政治理想是恢复他认为完美的古代礼乐制度，但不能简单地认为孔子就是一个僵化顽固的保守主义者。他无疑是一个充满政治理想，而且为自己的政治理想而矢志奋斗的一个理想主义者，他的政治理想有时又常有些完美主义的色彩；但是孔子并不守旧、僵死。他提出"克己复礼"（12.1），实际上是他对现实不满而希望变革的表现，只不过孔子的变革是"与古为新""借古开今"，所谓"托古改制"，以改变春秋末期诸侯争战、民不聊生的现状。他说"吾从周"（3.14），"吾其为东周乎"（17.5），不是表明他单纯的"好古"，而是表明他对那种社会秩序感与稳定感的向往。孔子激烈地抨击僭越礼制、扰乱秩序的行为，尤其厌恶当权者的贪暴，在这一点上，他与老子、墨子、庄子、孟子等思想者的政治理念基本是一致的，只不过表述方式与疗救方案不尽相同而已。

孔子是渐进主义的改革者，而非激进主义的改革者。孔子认为，国家制度之变革，不要搞突变，而是应在历史基础上，在原有路径基础上，因循损益，逐步变革，才能实现社会的稳定与和谐。孔子说："殷因于夏礼，所损益可知也；周因于殷礼，所损益可知也。其或继周者，虽百世可知也。"（2.23）"因"，就是"因循"，就是继承，但是这种"因"，并不是完全不变，不是保守僵化，而是要以灵活态度来加以调整，这就是"损益"。或损之，因某些制度不合时宜，必须加以变革；或益之，因某些新因素出现，必须在制度上加以增益，加以补充。因此，不论是损还是益，都是变革，都是因时而变，与时俱进，只不过这种损益的基础是"因"，是"继承"，而非全盘推倒式的、暴风骤雨式的变革。激进主义的变革不符合孔子的思想。孔子所赞赏的是"仍旧贯"（11.14），是在"因"的基础上所进行的具有连续性的渐进变革。

但是孔子的理想主义并不是迂腐的、不谙世事的、书呆子式的理想主义，而是一种具有灵活性与弹性的、带有功利主义色彩的、务实的理想主义。虽然孔子"罕言利"（9.1），但他并不否认人逐求正当的利的合法性，所以在国家治理层面，孔子以非常务实的态度，提出"庶之""富之""教之"的治国理念，把国家富强与道德教化结合起来。他提出"富与贵，是人之所欲也"（4.5），说明他很清醒，很现实，他强调在"富贵"与"道义"之间保持一种宝贵的平衡。

"季氏将伐颛臾"一章集中表达了孔子的治国理政思想。其中一段非常精彩："丘也闻有国有家者，不患寡（贫）而患不均，不患贫（寡）而患不安。盖均无贫，和无寡，安无倾。夫如是，故远人不服，则修文德以来之；既来之，则安之。今由与求也，相夫子，远人不服，而不能来也；邦分崩离析，而不能守也；而谋动干戈于邦内。吾恐季孙之忧，不在颛臾，而在萧墙之内也。"（16.1）这段话中，孔子提出了"贫"与"均"、"寡"与"安"的关系问题。孔子认为，治国最大的忧患不在于"贫困"，不在于人民"寡少",而在于"不均",在于"不安"。在这里,孔子抓住了一个至今仍有巨大现实意义的问题,即如何在"贫困"或"财富增长"与"公平、平等"之间获得一种宝贵的平衡。这个问题,到现在还是一个在国家治理层面令人纠结的问题。假如我们面临两种形态的社会发展结构:一个形态是整个社会不以财富增长为最大目标,因而不单纯强调经济的发展,而更关注社会的公平、公正、平等与和谐,更关注国民之间的不平等的消除,试图构建一个人人平等(然而有可能不富裕)的社会;而另一个社会形态是整个社会以财富增长为第一目标,而常常以牺牲社会成员之间的公平、公正、平等与和谐为代价来发展经济。若在这两种社会形态之间做出权衡,很显然是非常困难且充满悖论的。一个相对不富裕但相对较为平等的社会,是否比一种相对富裕但相对不平等的社会更好些呢?这个问题尽管不可能有一个标准答案,但是在权衡取舍之间,本身就包含着极其丰富的方法论意义。很显然,孔子是倾向于第一种形态的社会结构的,而反对那种以破坏公正平等和谐为代价的经济发展模式。他认为,国家若能很好地消除不平等(实现"均"),国民也就不会有贫困的感觉,因为贫困与否,不仅是客观的指标,而且更是主观的感受。现代经济学关于幸福感的探讨,与孔子的观点相近。同时,如果人民和谐,则即使人口寡少,也能保持国家的安定,而不会有倾覆之危,即"和无寡、安无倾"。一个平等感、公正感、和谐感比较好的社会,其成员的幸福感也更好。这一点,在经济飞速发展然而国家更不平等更不均衡的今天,尤其值得深思。

"远人不服,则修文德以来之;既来之,则安之",这里面"修""来""安"三字最重要。如何让远人服?是"谋动干戈"还是"修文德"?孔子主张用和平的方式,用自己的文明教化来感化远人,而不是用武力征服。"来之",就是孔子所说的"近者说(悦),远者来"(13.16),远近皆悦,远近皆归,这是"修文德""行仁政"的结果,而不是征伐施暴之结果。"来之"还要"安之"。如何"安之?"孔子曾说道自己的政治理想是"老者安之,朋友信之,少者怀之"(5.26),"安"是核心。要使百姓安定,就要讲究国家治理的艺术,对人民要讲"养",不要过度搜刮人民,虐待人民,即孔子所说:"其养民也惠,其使民也义。"(5.16)同时要使百姓富足,因为"百姓足,君孰与不足?百姓不足,君孰与足?"(12.9)。所以孔子讲"富之"、讲"足食足兵",都非常务实。所以孔子的政治思想,结合了理想主义与功利主义,超越与笃实兼备,宜深察之。

五十一　直谅多闻

16.4　孔子曰:"益者三友,损者三友。友直,友谅,友多闻,益矣。友便辟,友善柔,友便佞,损矣。"

[释义]孔子说:"对我们有益的有三种朋友,对我们有害的有三种朋友。朋友正直,朋友信实,朋友见识广博,与这样的人交友是有益的。朋友诌媚,朋友当面奉承背后诽谤,朋友夸夸其谈花言巧语,与这样的人交友是有害的。"

16.5　孔子曰:"益者三乐,损者三乐。乐节礼乐,乐道人之善,乐多贤友,益矣。乐骄乐,乐佚游,乐宴乐,损矣。"

[释义]孔子说:"有三种快乐对人有益,有三种快乐对人有害。以获得礼乐的调和为乐,以多称道别人的好处为乐,以交往很多贤友为乐,这些快乐对人有益。以骄纵取乐为乐,以游荡为乐,以吃喝无度为乐,这些快乐对人有害。"

16.6　孔子曰:"侍于君子有三愆:言未及之而言,谓之躁;言及之而不言,谓之隐;未见颜色而言,谓之瞽。"

［释义］孔子说："与君子说话有三种可能的过失：没有轮到他说话，他却说话，这叫作急躁；该他说话，他却不说话，这叫作隐藏；不看别人脸色而乱说话，这叫作瞎眼。"

16.7 孔子曰："君子有三戒：少之时，血气未定，戒之在色；及其壮也，血气方刚，戒之在斗；及其老也，血气既衰，戒之在得。"

［释义］孔子说："君子有三件事需要警惕：少年的时候，血气还不定，一定要警惕不要贪恋女色；等到壮年时期，血气正是最旺盛的时候，要警惕不要好斗；等到老年，血气已经衰弱，要警惕不要贪得无厌。"

儒家讲五伦：君臣、父子、夫妇、兄弟、朋友，君臣以忠为本，父子以孝为本，夫妇以敬为本，兄弟以悌为本，朋友以信为本。父子、夫妇、兄弟皆以宗族与血缘关系为纽带，为传统乡土社会伦理生活之核心，而君臣关系乃中国传统伦理生活之逻辑延伸，由孝而忠，一以贯之。唯有朋友一伦，不为研究中国传统伦理思想者所重视，因其不是中国传统中宗族与血缘关系之核心，这是一个极大的缺憾。实则朋友一伦，正因其无关乎宗族与血缘关系，倒有可能成为由传统乡土社会伦理生活向现代化市场社会伦理生活过渡转化的一个关键基点，成为儒家现代性转化的一个重要起点。

传统乡土伦理关系是以血缘宗族关系为基础，以自我为核心，依血缘关系远近而递推的一个圈层结构，即费孝通先生所谓差序格局。而现代市场社会是以人与人之间的契约关系为基础，而形成的一种交易关系，这些交易关系依不同社会功能而形成各自的团体秩序，团体与团体之间、人与人之间彼此独立,此费孝通先生所谓团体格局。差序格局中,交易关系的形成视血缘关系之亲疏远近而定,而团体格局中,交易关系的形成基于契约约束下的相互信任。因此乡土差序格局下的交易半径较小,血缘关系越疏,则交易达成之概率越小,故对于市场交易的开拓,极为不利。团体格局下,纯以契约为基础,故其交易半径较大,尤其可将交易拓展至没有血缘关系之陌生人,因而对于市场交易之开拓,极为有利。因而中国人拓展商业交易,主要依靠亲缘关系,乃至于山西票号将商业版图扩展至全国乃至世界,仍以任用亲戚乡邻为主,形成"亲缘关系共同体"或"准亲缘关系共同体",其契约基础甚为脆弱,其对外拓展能力亦受限制。而朋友一伦,可救此弊。朋友之间,其维系基础是信任,故孔子的理想政治是"老者安之,朋友信之,少者怀之"(5.26)。朋友之间为什么要相互信任?因为没有信任就达不成任何交易。所以《学而篇》说:"事父母能竭其力,事君能致其身,与朋友交言而有信,虽曰未学,吾必谓之学矣。"(1.7)又说:"吾日三省吾身:为人谋而不忠乎?与朋友交而不信乎?传不习乎?"(1.4),可见儒家对于朋友一伦及其信任关系的重视。从朋友的信任出发,就可以突破父子、夫妇、兄弟关系中的血缘框架与宗族体系,突破纯以亲疏远近为交易与否的判断标准,而转向无血缘关系的陌生人之间的契约性交易,这是儒家重视朋友一伦的关键意义所在。

朋友一伦不仅是儒家传统乡土秩序转向现代市场秩序、传统血缘为基础的交易转向现代契约性交易的阶梯,而且有可能是构建世界共同体的重要基石。孔子在《论语》开篇即说:"有朋自远方来,不亦乐乎?"(1.1),这种快乐,超乎家庭伦理之上,不是天伦之乐,然而又超越天伦之乐,这种快乐,是朋友之间心灵相通,生命相融之乐。这种具有超越性的兄弟关系,基于人类内心深处渴求理解与同情的愿望,显示出人类追求更大、更宽广、更具有超越性与宗教情怀的关系共同体的深层期待。这种愿望与期待,是构成世界大同的基础。所以当司马牛向子夏抱怨:"人皆有兄弟,我独亡"时,子夏曾给以醍醐灌顶般的启示:"四海之内,皆兄弟也。君子何患乎无兄弟也?"(12.5)这是儒家思想极为宝贵、极为闪光的部分,也是儒家思想中最具有世界情怀的部分,值得珍视与阐扬。

朋友一伦,对于每一个人的生命成长与道德建构极为重要。曾子说:"君子以文会友,以友辅仁。"(12.24)孔子说:"独学而无友,则孤陋而寡闻。"友在儒家伦理中承担着重要使命,朋友之间地位平等,同声相和,同气相求,可以敞开心扉,彼此以开阔与接纳的胸怀,相互激励、相互劝勉、相互提升、相互熏陶浸润,则对于吾辈心灵世界之拓展与仁德境界之拔升都极为重要。所以孔子非常重视择友,择友得当,则极有益于生命成长;而择友不当,则祸患无穷。得佳友、良友、善友,乃一世之福;得损友、恶友,必将终生受其害。孔子说:"益者三友,损者三友。友直,友谅,友多闻,益矣。友便辟,友善柔,友便佞,损矣。"(16.4)益友的标准就是要有益于我们的德行之修养,有益于我们的胸襟之扩展,有益于我们的身心之健康。一个正直、诚挚、信实、博学、精神丰满、格调超迈的朋友,对于我们之成长何等重要!而一个口是心扉、虚伪乖僻、善于阿谀奉承、当面一套背后一套的朋友,则会使我们的生命向着往下的方向走,对这样的朋友要敬而远之。

但是朋友之间关系的核心是平等、独立、尊重与信任。朋友之间无上下,无尊卑,既应互相区分,又应互相融合;既互相激荡,又应互相扶持。对朋友要坦诚相待,不存芥蒂,但同时也要保持距离,把握分寸,以保护对方独立与自尊为前提,凡事不可以强求、强制。对朋友既要懂得"以友辅仁"(12.24),要相互砥砺,帮助对方提升道德境界,修正缺点,但是同时又要尊重对方的人格独立。子贡有一次问如何对待朋友。孔子说:"忠告而善道之,不可则止,毋自辱焉。"(12.23)这里讲到对待朋友的原则,也是交友之道的要秘,就是要适度。孔子还说:"事君数,斯辱矣;朋友数,斯疏矣。"(4.26)朋友之间宝贵的尊重与适度的距离感正是维持长久友谊的重要前提。然而朋友还需要相互坦诚的交流,需要正直的劝勉,以同臻圣道,孔子十分讨厌那种伪善的友人,他说:"巧言令色足恭,左丘明耻之,丘亦耻之。匿怨而友其人,左丘明耻之,丘亦耻之。"(5.25)

朋友之间要懂得包容,不可求全责备,"水至清则无鱼,人至察则无友",如果没有容人之量,一个人就没有办法交朋友,因为没有一个人是没有缺点的。《子张篇》载:子夏之门人问交于子张。子张曰:"子夏云何?"对曰:"子夏曰:'可者与之,其不可者拒之。'"子张曰:"异乎吾所闻:君子尊贤而容众,嘉善而矜不能。我之大贤与,于人何所不容?我之不贤与,人将拒我,如之何其拒人也?"(19.3)子夏站在道德优越感的基础上,认为交友就是自己认为可交的就去交往,认为不可交的就不去交往。然而这个说法并未触及交友之道的核心。子张提出了自己的交友观,即"尊贤而容众,嘉善矜不能"。这对孔子的"无(毋)友不如己者"的主张是一种有益的补充。尊敬贤者,而包容众人,嘉许善者而矜悯无能之人,真正的君子,应该对友持包容态度:贤者尊之,不贤者亦容之;善者嘉之,不善者亦矜之。这对于功利主义的交友观是一种讽刺。然而"于人何所不容"的交友观,并不是说我们交友可以不择友,可以滥交,此中分寸,尚须细细揣摩,子夏与子张相结合,包容主义与功利主义相统一,方为稳妥。后者堪称私德领域的交往哲学,而前者却更可以作为现代民主社会宽容精神的源头。

五十二　敬畏天命

16.8　孔子曰："君子有三畏：畏天命，畏大人，畏圣人之言。小人不知天命而不畏也，狎大人，侮圣人之言。"

［释义］孔子说："君子有三件事需要敬畏：敬畏天命，敬畏大人，敬畏圣人的言论。小人不理解天命，因而不知敬畏；他们轻侮大人，蔑视圣人的言论。"

16.9　孔子曰："生而知之者，上也；学而知之者，次也；困而学之，又其次也；困而不学，民斯为下矣。"

［释义］孔子说："生来就知道的人，是上等的人；学习然后知道的人，是次一等的人；遇到思想上的困顿而去学习，这是再次一等的；遇到思想上的困顿却不知学习，这样的民众就是最下等的了。"

16.10　孔子曰："君子有九思：视思明，听思聪，色思温，貌思恭，言思忠，事思敬，疑思问，忿思难，见得思义。"

［释义］孔子说："君子有九个方面需要考虑清楚：看东西，要讲究明辨；听事物，要讲究聪敏；面色，要保持温和；态度要保持谦恭；说话，要忠诚信实；做事要认真敬业；遇到疑问，要勇于向别人请益；发怒之时，要考虑后患；面对将要获得的利益，要考虑是否符合道义。"

　　孔子的哲学既笃实又超越，既具有人间哲学之务实精神，又隐藏着宗教信仰之超越意味。我不太同意任继愈先生以及更早的康有为诸先贤以孔子学说为宗教之主张，但是我比较认同孔子学说中确含有宗教之形而上意味。这种形而上意味并不是说孔子具有与西方神学相似的精神信仰，而是说孔子学说中亦包含着对某种超越性力量的敬畏。中国人讲"敬天爱民"，这个"天"，与西方主宰人类祸福的人格化神当有区别，它是一个抽象的不以人力为转移的形而上存在，即俗语所说"三尺之上有神明"。所以"敬畏"一词，在中国与西方既有共通之处，也有不同的意味，但是不管怎样，一个人心存敬畏，乃一个社会拥有秩序的重要前提。知敬畏，则知敛束、知自律、知儆省，有此则生秩序，生伦理，生信仰。先民有朴素的敬畏心，敬天命，敬鬼神，由此产生出一整套面对自然、面对他者、面对国家的一系列道德规则。所有这一切皆源于敬畏。一个人心无敬畏，为达到目的而无所不用其极，则人类社会秩序将难以维系。儒家不讲鬼神信仰，"子不语怪、力、乱、神"（7.21），孔子是理性主义的，却仍极强调"敬畏"。

　　敬畏乃涵养修身之本。孔子曾说："君子有三畏：畏天命，畏大人，畏圣人之言。小人不知天命而不畏也，狎大人，侮圣人之言。"（16.8）此处"畏"，并非害怕、恐惧，而是一种发自衷心的敬畏，时刻儆醒检束，如对神明。"天命"乃上天赋予之命运与使命,"畏天命"并不是匍匐于神明之前,做一个精神萎弱、人格矮小之人;正好相反,一个敬畏天命的人,更能洞察上天给予他的命运与使命,更能知晓自己必须做什么而不能做什么,更能彻悟进退出入之道。一个"敬畏天命"的人,更知自我约束,更知自我儆醒与自我鞭挞,但是也更知自尊,更有人格尊严与人格独立。"畏天命",则当知自我之局限与缺陷,故不敢狂妄,不敢骄矜,不敢躁厉,谦卑自牧,戒骄戒躁,行健政远。不畏天命,因其不知天命也,知天命必畏天命,畏天命必遵天命,行天命。

"畏大人",非阿谀奉承、奴颜婢膝之谓也。"畏大人"的核心乃谦恭,有自知之明,由知高下尊卑进而知生命提升之道。那些在"大人"面前唯唯诺诺、卑躬屈膝之人,不是真正的"畏大人"。"畏大人"是在保持自我人格独立性的前提下,尊重"大人",仰望"大人"之精神境界,从而"见贤思齐"(4.17),知道自己当下用功处。不"畏大人"之人放纵骄逸,目中无人,侮慢、轻狂,不够厚重,这样的人既乏涵养,亦断不能成就功业。"狎大人"之"狎",即有轻狂、轻浮、轻慢之意,这种"轻"乃修德成人之大忌,孔子也说:"君子不重则不威,学则不固。""畏大人"就是要养成一种谦和、厚重、恭敬、谨慎之气象,非教人谄媚上司也。

"畏圣人之言",乃对经圣先贤之仰望与尊重。历史上凡被尊为圣贤者,必有其过常人之处。彼圣贤亦人也,然既千百年来被尊为圣贤,必有远超常人之思想见识与人格境界。因此,吾辈对于圣贤之言,虽不应迷信而盲目膜拜,然亦不应轻易论断,更不应轻易否定。近世以来,一些人以摧毁古典、"打倒孔家店"为呼召,欲全面否定中国古圣先贤之学说,百年之后其偏谬已渐被世人认识。世人或因轻狂傲慢,或因在西方文化面前极为自卑,从而不能深入而沉潜地洞察古圣先贤思想中的菁华,不能深刻洞察传统学说在中国文化传承、道德教化、民族和谐中所发挥的巨大而持久的功能，因而也就不可能对古圣先贤给以适当的尊重与敬畏。中国自"五四"运动之后百年来，国运频遭变动，传统文化亦屡遭毁弃，中国知识界对本国学术与思想传统的批判与毁弃的规模与程度，在全球历史上都是罕见的、空前的，一个民族对自己的文化与道德传统如此否定，如此厌恶，以致批判得体无完肤，这种做法令国际学术界感到讶异。一个侮慢、亵渎、毁谤、抹杀自己的先贤的民族，是不会获得其他民族的尊重的，一个不珍惜自己文化与道德传统的国家也必然遭遇他国的蔑视，自毁长城，可悲可叹。"畏圣人之言"，就要敬畏本民族的传统。而"畏圣人之言"，不仅是要阐发往圣先哲的思想，而且更是敬仰与体悟往圣先哲的人格境界与生命气象。古圣先贤的个别观点或可商榷，然其精神，其格局，其境界，其气象，却是超越时空的，具有永恒之历史价值。要把"畏圣人之言"提升到这样一个高度，才能更深切地体会圣人之价值。然而"畏圣人之言"，并非死于古人，并非让我们盲从迷信圣人之言。吾辈"畏圣人之言"要得其精髓，得其气象，而不可拘泥于文字，切勿死守古圣文字，而须有独立之批评精神，才能既承继阐发圣贤之学，又能光大日新。

　　人有敬畏之心，方知儆醒检束，方知节制贪欲而不放纵。孔子说："君子固穷，小人穷斯滥矣。"（15.2）小人为什么会"滥"？为什么会放纵邪僻肆意妄为而不知自律？其根源在于心无敬畏。孔子说："益者三乐，损者三乐。乐节礼乐，乐道人之善，乐多贤友，益矣。乐骄乐，乐佚游，乐宴乐，损矣。"（16.5）三益三损的关键是节制，是自我检束，而其源在敬畏心。孔子又有三戒之论："君子有三戒：少之时，血气未定，戒之在色；及其壮也，血气方刚，戒之在斗；及其老也，血气既衰，戒之在得。"（16.7）此"三戒"之核心，乃不贪，无论贪色、贪名、贪利，皆是贪也，人生一世，从少年到老年，虽在不同阶段追求的东西不同，其贪都是一致的。少年的逐色，中年的斗（争名争利），老年的得（得到过多的名与利），都是因贪而致。孔子言"戒",戒的不是欲望,因为孔子对合适、有度的欲望是肯定的;戒的是过高的欲望,是过度的贪婪,此所谓"淫"也,名、利、色、过度,皆为"淫"。而"淫"之根,仍在于不知敬畏,不知检束。倘知天畏命,便不会放纵声色,也不会不择手段,突破底线,追逐名利,与人争斗。宋儒有言:"涵养在用敬,进学在致知",敬畏存乎心,礼义显乎外,则德操可修,社稷可固也。

五十三　歌诗习礼

16.11 孔子曰:"见善如不及,见不善如探汤,吾见其人矣,吾闻其语矣。隐居以求其志,行义以达其道,吾闻其语矣,未见其人也。"

[释义] 孔子说:"看到善行,唯恐自己赶不上;看到不善的德行,极力避开,就像手伸到热汤里。我看见过这样的人,也听过这样的话。隐居不出去做事,以追求自我意志的独立;依道义而行动,以实现自己的大道。这样的话我听说过,却没有见到能这样做的人。"

16.12 齐景公有马千驷,死之日,民无德而称焉。伯夷、叔齐饿于首阳之下,民到于今称之。其斯之谓与?

[释义] 齐景公有四千匹马,财产丰厚,但他死的时候,老百姓对他的品行没有什么称道的话。伯夷、叔齐饿死在首阳山下,老百姓到现在还在称颂他们。那就是这样的意思吧!

16.13 陈亢问于伯鱼曰:"子亦有异闻乎?"对曰:"未也。尝独立,鲤趋而过庭,曰:'学诗乎?'对曰:'未也。''不学诗,无以言。'鲤退而学诗。他日又独立,鲤趋而过庭。曰:'学礼乎?'对曰:'未也。''不学礼,无以立。'鲤退而学礼。闻斯二者。"

陈亢退而喜曰:"问一得三:闻诗,闻礼,又闻君子之远其子也。"

[释义]陈亢问伯鱼:"你在老师(孔子)那里有没有听到与众不同的东西?"伯鱼回答:"没有。我父亲有一次一个人站在院子里,我恭恭敬敬地小步走过院子。父亲问:'你学《诗》了吗?'我回答说:'没有。'父亲问:'不学《诗》,就不知道怎么说话。'我就退回去去学诗。又有一次,父亲也是独自一人站在院子里,我恭恭敬敬地小步走过院子,父亲问:'你学礼没有?'我回答:'没有。'父亲说:'不学礼,就没有办法在社会上立足。'我就退回去学礼。我只听过这两件事。"陈亢回去高兴地对别人说:"我问了一个问题,却知道了三件事情:知道要学诗,知道要学礼,又听到君子要与儿子保持一定距离。"

16.14 邦君之妻,君称之曰夫人,夫人自称曰小童,邦人称之曰君夫人,称诸异邦曰寡小君,异邦人称之亦曰君夫人。

[释义]国君的妻子,国君称她为"夫人",夫人自称为"小童";国内的人称之为"君夫人",但在外国人面前则称之为"寡小君";外国人称呼她也是"君夫人"。

人之为学,在体道、践道、成人。而人之为学之关键阶段,在少年之时。少年之时,心性不定,智识未开,而精力充盈,可塑性极强。因而圣

贤之教，应首重蒙教，即少儿之教育。《易经》中有"蒙卦"，其中"蒙以养正"四字，对于少儿教育极为切要。养正者，即涵养其品德，养成其习惯，培育其气质者也，使其从小树立一种正确的价值观与行动习惯，这对于少年儿童的人格养成极其重要，奠定一生之根基。

《论语·季氏篇》中陈亢与伯鱼的对话很有趣味。陈亢问伯鱼："子亦有异闻乎？"陈亢很好奇，是不是孔子对儿子的教导有些与众不同，是不是教些秘而不传的独门绝技？伯鱼的回答既简约又富含深意："未也。尝独立，鲤趋而过庭。曰：'学诗乎？'对曰：'未也。''不学诗，无以言。'鲤退而学诗。他日，又独立，鲤趋而过庭。曰：'学礼乎？'对曰：'未也。''不学礼，无以立。'鲤退而学礼。闻斯二者。"（16.13）从这段话中可以揣摩孔子与伯鱼父子之间交流的情状，也可以感悟孔子的教子之法。孔子教自己的儿子，并没有关起门来秘传一些神奇的东西，他教儿子与教其他弟子一样，也不过是诗教与礼教而已。孔子与伯鱼交谈时，态度可谓"温而厉"，很温和又很有威严，对自己的儿子并不过分亲昵，也不过分啰唆多言。孔子对儿子的教诲简洁而有力，既有权威感，又充满爱护之意，既有训诲引导的味道，又充满殷殷期待之情。伯鱼则在父亲面前恭谨温顺，对父亲的训诲切实去用功，"退而学诗"，"退而学礼"，可谓"默而识之"，又付诸行动。

"君子远其子也"，颇耐人寻味。远其子，是要与儿子保持适度之距离，并非在情感上刻意疏远儿子。父与子过于亲昵，甚至有亲狎之感，则子不易生敬畏心，父不易有权威感，久之则子狎父，父不能教子，父之执教之功必受影响。孔子曾说："唯女子与小人为难养也，近之则不逊，远之则怨。"（17.25）这里面的"小人"，当然不可简单地解为"小孩子"。然而若置换为小孩子，其意思亦通，"近之则不逊，远之则怨"。用在小孩身上，何其贴切！父亲对孩子过于亲昵，则孩子易生不逊之心，因此应保持一定距离，才能使教育奏效，这是符合教育心理学规律的；然而亦不应过分疏远，以免使父子之间缺乏必要的情感沟通，这对于孩子的人格成长亦有害，此之谓"远之则怨"。所以对孩子，远近要适度，要近而不狎，远而不疏。

孔子在儿童教育的主张，是诗礼之教，即歌诗与习礼。诗教与礼教共同构成人格教育。诗教，重在培育儿童之情操，振拔其精神，使其在诵诗过程中接受生命之美育，使其心灵纯净优美，充满向上力量。诗教同时也是语言之教育，沟通能力之训练，"不学诗，无以言"，而"无以言"，便不能与人有良好之沟通。孔子极其注重诗教，他以为《诗经》"思无邪"(2.2)，读《诗经》可以使人的心灵得到洗涤，境界可以得到提升，所以孔子说："兴于诗，立于礼，成于乐。"(8.8)孔子提出"兴观群怨"："小子何莫学夫诗？诗，可以兴，可以观，可以群，可以怨。迩之事父，远之事君。多识于鸟兽草木之名。"(17.9)可见，学诗可以使人心志振奋，观察深刻，群体和谐，学识广博，也可以使人学到正确的宣泄不良情绪的方法。孔子曾经对伯鱼说："女为《周南》《召南》矣乎？人而不为《周南》《召南》，其犹正墙面而立也与！"(17.10)不读诗，看来寸步难行。以今天的眼光来看，孔子的诗教可以算是广义上的美育，而从更广阔的视角来看，更可以看作当今人文教育与博雅教育之代名词。

孔子在儿童教育方面又重习礼。礼是社会仪轨，是一个人在复杂的社会网络中所应秉持的行为准则。礼的最终目标是构建人的心灵秩序，进而构建社会秩序，达到一个人人自我之和谐以及社会之和谐，因此孔子说："礼之用，和为贵。"(1.12)没有礼来约束人的行为，人的行为就可能出偏差，故孔子曰："恭而无礼则劳，慎而无礼则葸，勇而无礼则乱，直而无礼则绞。"(8.2)尽管恭、慎、勇、直都是好的道德品质，但如果没有"礼"来节制，也会走向反面。故孔子说："博学于文，约之从礼。"(6.27、12.15)在"博文"的基础上要"以礼节之"(1.12)，才能达到仁德的高境界。所以儿童教育，必须以"礼"为核心，用现代语言来说，礼教也就是人格教育、行为教育、习惯教育之总称，它着重于培养儿童的道德品质与价值观，而不是记诵教育，技巧培训。

歌诗习礼乃中国传统蒙学之精髓，今歌诗习礼之风不传，中国传统教育乃渐湮灭。王阳明在《训蒙大意示教读刘伯颂等》中说：

"古之教者，教以人伦。后世记诵词章之习起，而先王之教亡。今教童子，惟当以孝、弟、忠、信、礼、义、廉、耻为专务。其栽培涵养之方，则宜诱之歌诗以发其志意，导之习礼以肃其威仪，讽之读书以开其知觉。今人往往以歌诗、习礼为不切时务，此皆末俗庸鄙之见，乌足以知古人立教之意哉！"

王阳明还从儿童的心理行为规律来论证古人"歌诗习礼"之蒙学教育之合理性。歌诗习礼正是顺应了儿童的心理行为特点，才能于潜移默化中引导其性情，陶冶其德操，从而在不知不觉中使之受到精神熏染。他说：

"大抵童子之情，乐嬉游而惮拘检，如草木之始萌芽，舒畅之则条达，摧挠之则衰痿。今教童子必使其趋向鼓舞，中心喜悦，则其进自不能已。譬之时雨春风，沾被卉木，莫不萌动发越，自然日长月化。若冰霜剥落，则生意萧索，日就枯槁矣。故凡诱之歌诗者，非但发其志意而已，亦所以泄其跳号呼啸于咏歌，宣其幽抑结滞于音节也。导之习礼者，非但肃其威仪而已，亦所以周旋揖让而动荡其血脉，拜起屈伸而固束其筋骸也。讽之读书者，非但开其知觉而已，亦所以沉潜反复而存其心，抑扬讽诵以宣其志也。凡此皆所以顺导其志意，调理其性情，潜消其鄙吝，默化其粗顽，日使之渐于礼义而不苦其难，入于中和而不知其故，是盖先王立教之微意也。"

王阳明在《教约》一文中还比较详尽地设计了歌诗与习礼的要求与方式。"凡歌诗，须要整容定气，清朗其声音，均审其节调；毋躁而急，毋荡而嚣，毋馁而慑。久则精神宣畅，心气和平矣。……凡习礼，需要澄心肃虑，审其仪节，度其容止，毋忽而惰，毋沮而怍，毋径而野。从容而不失之迂缓，修谨而不失之拘局。久则体貌习熟，德性坚定矣。……凡习礼歌诗之类，皆所以常存童子之心，使其乐习不倦，而无暇及于邪僻。教者如此，则知所施矣。"

孔子以及王阳明所提倡之诗礼蒙教之法，其精神实质是依儿童心理行为规律，以歌诗习礼为载体，对其进行人格教育、行为教育、习惯教育、人伦教育，使其于愉悦舒畅的学习中，获得生命之审美体验，形成受益终生的德行习惯。中国人讲"诗礼传家"，孔子歌诗习礼的蒙学教育思想，对于我们今天的儿童教育仍有巨大启发意义。

阳货篇第十七

五十四　性近习远

17.1　阳货欲见孔子，孔子不见，归孔子豚。孔子时其亡也，而往拜之。遇诸涂。谓孔子曰："来！予与尔言。"曰："怀其宝而迷其邦，可谓仁乎？"曰："不可。""好从事而亟失时，可谓知乎？"曰："不可。""日月逝矣，岁不我与。"孔子曰："诺。吾将仕矣。"

[释义] 阳货想让孔子来拜会他，可孔子不想见他，他就赠送孔子一头蒸猪，（希望孔子过来拜谢）。孔子赶在阳货不在家的时候，去拜谢他。孔子没想到在路上遇到了阳货。阳货对孔子说："来，我跟你说句话！"于是阳货便说："怀揣着宝贝（指才华），却听任整个国家迷惑失途，这能算作仁吗？"又说："这不能算作仁啊！一个人喜欢出来做事，却屡屡失去时机，这能算作明智吗？"又说："这不能算作明智啊！光阴一天天逝去，岁月是不会等待你的！"孔子说："好吧，我将要出仕了。"

17.2　子曰："性相近也，习相远也。"

[释义] 孔子说："人和人之间，天性是相近的，但因为习染不

同,而相差甚远。"

17.3　子曰:"唯上知与下愚不移。"

[释义]孔子说:"只有最上等的智者与最下等的愚人是难以被改变的。"

17.4　子之武城,闻弦歌之声。夫子莞尔而笑,曰:"割鸡焉用牛刀?"子游对曰:"昔者偃也闻诸夫子曰:'君子学道则爱人,小人学道则易使也。'"子曰:"二三子!偃之言是也。前言戏之耳。"

[释义]孔子到了武城,听到弹琴唱歌的声音,孔子微微一笑说:"杀鸡用得着牛刀吗?(意思是:治理一个小县城,还用得礼乐教育吗?)"子游回答说:"从前我听老师说过:'君子学习道,就会生仁爱之心;小人(老百姓)学习道,就会易于指挥,听从使命。'"孔子说:"同学们!言偃的话是对的!我刚才说的是同他开玩笑的。"

17.5　公山弗扰以费畔,召,子欲往。子路不说,曰:"末之也已,何必公山氏之之也?"子曰:"夫召我者,而岂徒哉?如有用我者,吾其为东周乎?"

[释义]公山弗扰据费邑图谋反叛,叫孔子去,孔子准备前往。子路不高兴,说:"没有去处也就罢了,何必非要去公山氏那里呢!"孔子说:"那召我去的人,难道是空召吗?如果真有起用我的人,我或许能使西周之道在东方兴起啊!"

17.6　子张问仁于孔子。孔子曰:"能行五者于天下,为仁矣。"请问之。曰:"恭、宽、信、敏、惠。恭则不侮,宽则得众,信则人

五十四　性近习远

任焉，敏则有功，惠则足以使人。"

［释义］子张向孔子问什么是仁。孔子说："能够实践五种品德的人，可以算是仁者了。"子张问哪五种品德。孔子说："庄重、宽厚、诚信、勤敏、慈惠。你为人庄重，别人就不会欺负你；你为人宽厚，就会得到众人的拥戴；你为人诚信，就会得到别人的信任；你为人勤敏，工作功效就高；你对人慈惠，别人就愿意听你驱使。"

17.7 佛肸召，子欲往。子路曰："昔者由也闻诸夫子曰：'亲于其身为不善者，君子不入也。'佛肸以中牟畔，子之往也，如之何？"子曰："然，有是言也。不曰坚乎，磨而不磷；不曰白乎，涅而不缁。吾岂匏瓜也哉？焉能系而不食？"

［释义］佛肸召孔子，孔子想去。子路说："从前我听老师说过，'那些亲自做坏事的人，君子不要到他那里去。'佛肸据中牟而企图谋反，你却要去应召，这怎么说呢？"孔子说："是的，我是说过这句话。不是有坚硬的东西吗？怎么磨也不会变薄的。不是有洁白的东西吗？怎么染也不会黑。我难道是一个匏瓜吗？怎么能挂在那里而不供人采食呢？"

人性论乃政治哲学之根基。在西方基督教传统下，人负有原罪，故须神之拯救。人的罪与生俱来，且凭己力不能洗除，必经"信望爱"而由神加以洗赎，方可臻于圣境。此种人性论建立在人有先天之恶的基础上，故西方之政治哲学乃至法律制度皆倾向于对人性恶之制约，其法治传统、政治制衡之传统，亦与此有关。

孔子说："性相近也，习相远也。"（17.2）这句话未及善恶，但言远近，很高明。他没有对人性之善恶做一决绝清晰之判断，但"人性相近而习使之远"的哲学命题，仍富有深意。康有为在梳理中国哲学史上人性论时说："后人言性甚多，世硕以为性有善有恶，人之善性养而致之，则善长；性恶养而致之，则恶长。宓子贱、漆雕开、公孙尼子之徒皆言性有善有恶，孟子则言性善，荀子则言性恶，告子则言性无善无不善，杨子则言善恶混，皆泥于善恶而言之。孔子则不言善恶，但言远近。"孔子不做断言，是因为人性本来复杂，无论是善是恶，皆有偏颇。而言远近，则包含着更为积极的用意，即人性既因后天之习染而致相距悬远，则人性亦可由改变后天之习染而得到完善。人之先天禀赋莫不相近，唯因习染不同，人与人的人性才显出巨大差异来。如皇侃《论语义疏》所言："性者，人所禀以生也。习者，谓生后有百仪常所行习之事也。人俱禀天地之气以生，虽复厚薄有殊，而同是禀气，故曰'相近'也。及至习，若值善友则相效为善，若逢恶友则相效为恶，恶善既殊，故云'相远'也。"这就包含着人性由恶向善、由善向至善不断改变之可能性，包含着人自我成长、自我更新、化茧成蝶、生命不断向上的可能性。这是孔子言"性近习远"的用意所在。

孔子以后，孟子倡性善，荀子倡性恶，然而他们都本于孔子"性近习远"之说。《孟子·告子上》曰："故凡同类者，举相似也，何独至于人而疑之？圣人，与我同类者。"所以理想主义色彩极浓之孟子，便认为"人皆可以为尧舜，惟自暴自弃者不然"，也就是说，若人不自暴自弃，而勉力为学，不断力求上进，完善自我，皆可成圣贤。荀子亦宗"性近习远"之说，《荀子·性恶》曰："天非私曾骞孝己而外众人也，然而曾骞孝己独厚于孝之实，而全于孝之名者，何也？以綦于礼义故也。天非私齐鲁之民而外秦人也，然而于父子之义夫妇之别，不如齐鲁之孝具敬父者，何也？以秦人之从情性，安恣睢，慢于礼义故也，岂其性异矣哉！"这还是强调后天的习染对于一个人的人性所产生的决定性影响。因此，这个"习"，是习染，是熏陶，是习惯，是修习，是后天的所有有意识的塑造与构建。《中庸》说："天命之谓性；率性之谓道；修道之谓教"，"天命"乃性，言明"性"乃秉天地之气而成，是不可更改的，"率性"是依顺天性而行之，依自然之性而发展，契于妙道，合于天然；而"修道"者，乃包含主观之努力，这是教育之功，是教化之责也。"修道"与"教"本身，仍强调后天之修炼与习染熏陶，而"天命"与"率性"，则强调先天之禀赋。

"性近习远"之说，其精髓乃教人勉力为学，迁恶从善，日日自新，臻于圣境。儒家不重天赋，重在后学。孔子曾说："生而知之者，上也；学而知之者，次也；困而学之，又其次也；困而不学，民斯为下矣。"（16.9）最上等的人，是"生而知之"，是神人，不用学；而最下等的人，是"困而不学"，不肯学，除掉两个极端，中间层次的各色人等，都要学。

孔子还说："唯上知与下愚不移。"（17.3）"上知"，就是"生而知之"的神人，是天生的圣人，这样的人在现实中基本不存在，只存在于理想中，这种神人靡所不通，靡所不晓，与天地同游，其性不可移也，亦不须移也。而"下愚"，就是"困而不学"之最下等的人，此等人不唯愚钝，而且生性惰怠，不肯向上，疏于求进，其性亦不可移也，实际上乃非不能移，是不肯移也。"性可移"即是孔子"性近习远"之旨意所在。移性乃所以成仁，成仁赖于勉学。刘向撰《说苑·建本》曰："孔子曰：鲤！君子不可以不学，见人不可以不饰。不饰则无根，无根则失理，失理则不忠，不忠则失礼，失礼则不立。"这与"不学礼，无以立"同义。"饰"是习礼，是通过内心的仁德修炼而达到行为上的合宜得体，这是一个人在社会生活中得以立足的根本所在。这个"饰"仍是行为习惯上的学习、涵养、提升，而非伪饰、矫饰之饰。刘向撰《列女传·辩通》曰："齐闵王曰：'夫饰与不饰，固相去十百也？'女曰：'夫饰与不饰，相去千万尚不足言，何独十百也！'

王曰：'何以言之？'女曰：'性相近也，习相远也。昔者尧、舜、桀、纣俱天子也，尧、舜自饰以仁义，虽为天子，安于节俭，茅茨不剪，采椽不斫，后宫衣不重采，食不重味。至今数千载，天下归善焉。桀、纣不自饰以仁义，习为苛文，造为高台深池，后宫蹈绮縠，弄珠玉，意非有餍时也，身死国亡，为天下笑，至今千余载，天下归恶焉。由是观之，饰与不饰，相去千万，尚不足言，何独十百也！'"由此看来，善与恶之分，乃由后天之"学"与"饰"而成，乃决定于人，不决定于天。王阳明的四句教很有名，说："无善无恶是心之体，有善有恶是意之动，知善知恶是良知，为善去恶是格物。""无善无恶"是人性之本体，而人由于习染不同使有善有恶，发之为意，行之于外；而人之良知良能乃"知善知恶"，而功夫正在于"为善去恶"。对于这四句教，王阳明在"天泉论道"之时曾有过精辟之论，来协调两个学生德洪与汝中的矛盾："利根之人，直从本源上悟入。人心本体原是明莹无滞，原是个未发之中。利根之人，一悟本体，即是功夫，人己内外，一齐俱透。其次不免有习心在，本体受蔽，故且教在意念上实落为善去恶。功夫熟后，渣滓尽去，本体亦明净了。"

这里面讲到"习心"，即后天之习染致使本心遮蔽，良知遂不见；而去除遮蔽，去除习心的方法，乃正心诚意格物致知的功夫，也就是自我锤炼、勉学体仁的功夫。

正因"性近习远"，所以一个人受何熏染，便习得何种人性，而一个人之熏染，多受于师友，故择师友不可不慎，此乃为善去恶、迁恶从善之关键。《荀子·性恶》曰："夫人虽有性质美而心辩知，必将求贤师而事之，择良友而友之。得贤师而事之，则所闻者尧舜禹汤之道也。得良友而友之，则所见者忠信敬让之行也。身日进于仁义而不自知也者，靡使然也。今与不善人处，则所闻者欺诬诈伪也，所见者污漫淫邪贪利之行也，身且加于刑戮而不自知者，靡使然也。"慎择师友，唯恐熏染恶习而害于性也。《大戴礼记·保傅》曰:"孔子曰:'少成若天性,习贯之为常。'"君子要修德成仁,必重视日常习惯之培养,尤其要重视自我生长之环境,重视师友之选择。如《淮南子·缪称》所说:"夫素之质白,染之以涅则黑;缣之性黄,染之以丹则赤。"布之可染,如人性之可移也。

五十五　好学去蔽

17.8　子曰:"由也! 女闻六言六蔽矣乎?"对曰:"未也。""居! 吾语女。好仁不好学,其蔽也愚;好知不好学,其蔽也荡;好信不好学,其蔽也贼;好直不好学,其蔽也绞;好勇不好学,其蔽也乱;好刚不好学,其蔽也狂。"

[释义]孔子说:"仲由! 你听说过六种品德六种弊端吗?"子路回答说:"没有。"孔子说:"坐! 我告诉你。爱好仁德,却不爱好学习,其弊端是容易流于迂腐蠢笨;爱好智慧,却不爱好学习,其弊端是容易流于狂荡自傲;爱好信实,却不爱好学习,其弊端是容易被人伤害被人利用;爱好直率,而不爱好学习,其弊端是容易流于尖刻急切不通人情;爱好勇敢,却不爱好学习,其弊端是容易流于刚猛而犯上作乱;爱好刚强,却不爱好学习,其弊端是容易流于狂妄。"

17.9　子曰:"小子何莫学夫诗? 诗,可以兴,可以观,可以群,可以怨。迩之事父,远之事君。多识于鸟兽草木之名。"

[释义] 孔子说:"学生们为什么不学诗呢？可以用来抒发情感，可以用来洞察世界，可以用来合群交友，可以用来宣泄讽怨之情。近可以用来侍奉父母，远可以用来服务君王，而且能使你们多多认识鸟兽草木的名称。"

17.10 子谓伯鱼曰:"女为《周南》《召南》矣乎？人而不为《周南》《召南》，其犹正墙面而立也与？"

[释义] 孔子对伯鱼说:"你读过《周南》《召南》这些诗歌了吗？一个人不读《周南》《召南》这些诗歌，就好像正面对着墙壁站立，寸步难行呢！"

17.11 子曰:"礼云礼云，玉帛云乎哉？乐云乐云，钟鼓云乎哉？"

[释义] 孔子说:"礼啊礼啊，难道是玉帛这些东西吗？乐啊乐啊，难道是钟鼓这些东西吗？"

17.12 子曰:"色厉而内荏，譬诸小人，其犹穿窬之盗也与？"

[释义] 孔子说:"外貌严厉而内心怯懦，若拿小人作比喻，就好像那些挖洞穿墙的小偷吧。"

17.13 子曰:"乡原（愿），德之贼也。"

[释义] 孔子说:"在一乡之中谁也不得罪的那种好好先生，正是戕害仁德的败类！"

17.14 子曰:"道听而涂（途）说，德之弃也。"

[释义] 孔子说:"在道路听到传言便立刻四处传播，这是我们

在道德品质中应该丢弃的东西。"

17.15　子曰："鄙夫可与事君也与哉？其未得之也，患（不）得之；既得之，患失之；苟患失之，无所不至矣。"

［释义］孔子说："一个小人，怎么能与他共同事君呢？当他没有得到时，只担忧得不到；既然得到了，又怕失去。如果唯恐失去，那就无所不为了。"

17.16　子曰："古者民有三疾，今也或是之亡也。古之狂也肆，今之狂也荡；古之矜也廉，今之矜也忿戾；古之愚也直，今之愚也诈而已矣。"

［释义］孔子说："古代的人有三种弊病，今天的人或许已经没有了。古代那些狂放的人放肆直言，今天的狂人放荡不羁；古代的矜持之人有棱角而令人不敢冒犯，今天的矜持之人多怒而好争斗；古代的愚者行为直率，而今天的愚者却惯用诈术。"

17.17　子曰："巧言令色，鲜矣仁。"

［释义］孔子说："那些花言巧语装出伪善脸色的人，很少有仁德。"

孔子教人，核心是礼乐之教（即今之人文教育），其宗旨乃在于通过人格之训练，使人之生命精神得到完善与超越。孔子提出了诸多道德范畴，好仁、义、礼、智、孝、悌、忠、信、宽、恕、恭、敬、让、敏、惠、勇、

俭等，然而这些道德范畴的提出，极易使人生出错误的理解，以为这些道德范畴都有极其精确、界定清晰的内涵，而且都指向特定的、不可移易的行动标准与实践法则。有些人，尤其是自以为担负儒家法统的道学家与腐儒们，将孔子的道德学说视为一成不变的、千古恒定的、绝对化的道德教条，而且当作原教旨主义的道德律令加以推行。这是与孔子的真精神背道而驰的，殊为不妥，在实践中流弊很大，不可不辨析清楚。

实际上，孔子的道德学说，是一种极具有弹性解释空间的体系，在孔子那里，所有道德范畴都不具有绝对价值，也就是说，在孔子心目中，没有绝对的、一成不变的道德律令，没有绝对的善与不善，衡量善与不善的标准是实践，是特定的情境下的行为后果。这里面既包含一定的原则性标准，也包含着一定灵活性。不能拘泥，不能僵化，不能死守教条，不能被所谓道德原则所捆绑。

譬如孝，作为农耕文明下极其强调的道德原则，诚然对中华文化传统之存续及宗族社会之维系有重要意义；然而如果不把孝作为一种内心深厚情感的表达方式，而是僵化地理解为一种道德教条，理解为呆板的道德律令，则孝作为一个极有价值的道德范畴，很可能走到它的反面，失去其意义，甚至演变出反人类、反伦常的非道德行为。如二十四孝中的郭巨埋儿，在伦理学意义上是极其荒谬的，却被长期宣扬。这是把道德范畴绝对化、教条化带来的恶果。再譬如"忠"，也是传统社会中维持伦常秩序的重要道德原则，但是如果把"忠"理解为对君王的绝对的忠诚，则极易发展为一种"愚忠"，中国传统士大夫中常被褒扬的"死谏"，乃这种"愚忠"的极端表现之一。这种"愚忠"最终演变为君对臣（民）的一种单方面的道德强制，而忽视了君对臣（民）的道德义务。这是不符合儒家精神的。儒家强调臣（民）对君王的忠直，但是又强调这种忠直要把握一个度，不能走极端，更不能采取毁灭自己的"死谏"的方式。《里仁篇》说："事君数，斯辱矣；朋友数，斯疏矣。"(4.26)对君王长上之忠，如果过分，则会自取其辱，甚至带来杀身之祸，所以"忠"这个道德范畴亦不可教条化、绝对化，而要适度、有节制、有分寸。

　　孔子在对待任何道德范畴的态度上，既有原则性，又有灵活性，执两而用中，不走极端。首先，他反对在道德方面的"假道学"态度。"假道学"往往将道德范畴绝对化、表面化，道德在他们那里不是内心人格的升华，不是内在心灵的不断超越，而是为了媚俗阿世的功利目的。那些在一乡中人人称道的好好先生，那些到处逢迎、没有原则的人，是孔子最为痛恨的，这些人是对君子之德破坏最大的人。孔子说："乡原（愿），德之贼也。"(17.13)戕害仁德，莫过于伪善之乡愿，乡愿之人为君子所不耻。其次，孔子亦反对某些人自恃具有某种"道德"，而怀有道德上的优越感，从而有可能在人前极力表现、炫耀自身的某种"道德"，结果反而使其道德走向反面。勇者自恃其勇而妄为，智者自恃其智而耍小聪明，仁者自恃其仁而做傻事被人愚弄，让者自恃其谦和忍耐而变得丧失道德操守，此皆道德优越感之害也，不可不戒之。最后，孔子反对在道德上的迂腐固执态度，强调适度原则。《中庸》说"诚之者，择善而固执之者也"。如果从坚持操守而不改的角度来说"择善固执"当然是正确的，然而如果"固执"过度，拘泥过甚，把"善"绝对化、教条化，则可能将"善"变为不善。过于执着而不知变通，过于固守而不懂分寸，此未为善也。

　　"六言六蔽"的核心是论述道德律条的相对性，从而教我们在道德上要勉学勤修，不断内省，以"好学"之功夫力戒道德的偏执与绝对，从而达到自身修养上的"中和"之境。孔子对子路说："好仁不好学，其蔽也愚；好知不好学，其蔽也荡；好信不好学，其蔽也贼；好直不好学，其蔽也绞；好勇不好学，其蔽也乱；好刚不好学，其蔽也狂。"(17.8)这段话极具辩证意味，极具世俗智慧。"蔽"者，弊端也，遮蔽也，当我们执着于某一道德律条，并以绝对化的眼光去理解这些道德律条，我们就会反被这些道德律条所遮蔽，使我们看不到道德的真相，反而促使我们由"善"滑向"不善"。因此，在儒家看来，"善"就是"义"（羲），就是"宜"，就是适度原则。下面试分析这"六蔽"。

"好仁不好学，其蔽也愚。"仁德皆君子所追求者也，然而爱好仁德亦须有度。那些过度爱好仁德，甚至时时把仁德挂在嘴上，处处以仁德博得社会赞誉的人，却往往弃仁德之实，而追求仁德之名，这样的人，极容易被人利用，被人愚弄，被人蒙蔽。这样的人，非真正"好仁"也，乃好"仁德之名"也，故既迂腐，又功利，去仁德甚远。有些人爱好慈善，这本来无可厚非，但是如果不能明察世事，则易为人愚弄欺骗。故"好仁"亦须"好学"，学真正之仁德，学"求己之学"，不以仁德取悦于世人，求仁德而怀冷眼，则庶几能达到真正仁者之境界。

"好知不好学，其蔽也荡。"人人向往聪明智慧，然而若自恃聪明智慧，任意而为，则可能适得其反。好智者需有大智慧，而谨防小聪明。有大智慧之人能守住底线，守住节操，守住行为之度，故其行合于中庸，不会狂乱无度，任性胡为。而好卖弄小聪明者则易流于狂荡，行动失守，偏邪，放纵，还自以为得意，此聪明者之大忌也。所谓"好知"而"好学"，学的是沉潜之道，含蓄之道，中庸之道，守藏之道，敛锋守拙，谦逊好学，不露聪明，则能避祸除害。否则自恃聪明，轻浮躁狂，不知收敛，必致灾殃也。

"好信不好学，其蔽也贼。"守信、诚信、信笃，本是好品质，然拘守之，奉为教条，不知变通，则为愚信、迂信，非但无益，反而伤己，故曰："其蔽也贼。"尾生与女子相约桥下，洪水骤至，而尾生以信实为念，不避，遂抱柱而死。这样的愚信，害人害己，不足为法。《后汉书·刘平传》曰：

> 更始时，天下乱……与母俱匿野泽中。平朝出求食，逢饿贼，将

烹之。平叩头曰:"今旦为老母求菜,老母待旷为命。愿得先归,食母毕,还就死。"因涕泣。贼见其至诚,哀而遣之。平还,既食母讫,因白曰:"属与贼期,义不可欺。"遂还诣贼。众皆大惊,相谓曰:"常闻烈士,乃今见之。子去矣,吾不忍食子。"于是得全。

刘平与贼讲信义,置其母于何地? 何其荒谬何其愚蠢! 迂腐至此境地,不足以言信也。尾生以信而抱柱死,此小信,而忘与女子终生相守之大信大爱;刘平以信而待烹于贼,此小信,而忘奉养母亲之大信大孝,以信之名,而害信之实,君子不为。

"好直不好学,其蔽也绞。"直率坦诚,乃为人之道。但行事言语过于直率坦诚,不顾对方之反应,不看当时之情境,径直放言,则可能招来伤害。"直"也要有度,遵守适可而止之原则。对朋友要坦直相待,但亦不可过于迂直。子贡问友,孔子说:"忠告而善道之,不可则止,毋自辱焉。"(12.23) 如果过于直,当止而不止,强迫朋友接受自己的观点,则徒招厌恨,失友伤己。所以子游也说:"事君数,斯辱矣;朋友数,斯疏矣。"(4.26) 说的就是事君待友的直而有度。

"好勇不好学,其蔽也乱。"勇是内心之强,然而徒逞其勇,莽撞行事,狂乱不加收敛,则为害甚大。《泰伯篇》曰"勇而无礼则乱"(8.2),《阳货篇》曰"君子义以为上。君子有勇而无义为乱,小人有勇而无义为盗"(17.23),以此告诫子路,愚勇之人,有胆而无识,恃勇而无谋,逞强而忘义,妄行而不知止,故犯上作乱,为盗为虐,无所不用其极。

《吕氏春秋·当务》曰:"齐之好勇者,其一人居东郭,其一人居西郭,卒然相遇于途,曰:'姑相饮乎!'觞数行,曰:'姑求肉乎?'一人曰:'子,肉也;我,肉也。尚胡革求肉而为? 于是具染而已。'因抽刀而相啖,至死而止。勇若此,不若无勇。"此种愚勇,愚谬之极,不可效仿。有一次孔子对颜回说:"用之则行,舍之则藏,唯我与尔有是夫!"子路曰:"子行三军,则谁与?"子路之神情是很不服气的,他要以已之勇来将孔子一军。孔子则说:"暴虎冯河,死而无悔者,吾不与也。必也临事而惧,好谋而成者也。"(7.11)这个回答对子路无疑是当头棒喝。"暴虎冯河"式的莽夫之勇,成事不足,败事有余,适足以作乱招祸,不值得提倡。

"好刚不好学,其蔽也狂。"刚者,强也,奋发有为,强健有力,有大丈夫之气概,此君子健行不息、无欲则刚之德也。孔子曾经说:"吾未见刚者。"有人则回答说:"申枨算是个刚者吧。"孔子说:"枨也欲,焉得刚。"(5.11)在孔子看来,刚强有为,在任何压力、诱惑、苦难面前不为所动,不为所折,其根源在于无欲,无欲则百毒不侵矣。然而刚乃内心人格之刚健,若自恃刚强,狂妄自大,随意抵触他人,此乃"狂",非"刚"也,君子之刚,贵在能御心御物,不为外界所惑、所迫、所屈,而非狂妄自傲。须能刚能柔,知雄守雌,才是真正的"刚者"。

孔子以上言"六言六蔽",意在勉励君子勿为表面的道德范畴所遮蔽,勿以道德操守为绝对之教条,勿拘泥固守于道德之名,而要终生砥砺磨炼,践行道德修养之实。学者须知"过犹不及",应执两用中,不可偏执,一有偏执,善亦为恶矣。

五十六　不言之教

17.18　子曰："恶紫之夺朱也，恶郑声之乱雅乐也，恶利口之覆邦家者。"

［释义］孔子说："我憎恶紫色夺去了大红的地位，憎恶郑国的淫乐破坏了雅正的乐曲，憎恶那些用强辩利舌以颠覆国家的人。"

17.19　子曰："予欲无言。"子贡曰："子如不言，则小子何述焉？"子曰："天何言哉？四时行焉，百物生焉，天何言哉？"

［释义］孔子说："我想不再说话了。"子贡说："老师若不说话，那么我们这些晚辈记述什么呢？"孔子说："天说了什么呢？四季流转运行，各种生物蓬勃生长，可是天说了什么呢？"

17.20　孺悲欲见孔子，孔子辞以疾。将命者出户，取瑟而歌，使之闻之。

［释义］孺悲想见孔子。孔子以有病为托辞，不见他。传达孔子命令的人刚出门，孔子就取出瑟来弹奏歌，使孺悲听见。

17.21　宰我问："三年之丧，期已久矣。君子三年不为礼，礼必坏；三年不为乐，乐必崩。旧谷既没，新谷既升，钻燧改火，期可已矣。"子曰："食夫稻，衣夫锦，于女安乎？"曰："安。""女安，则为之。夫君子之居丧，食旨不甘，闻乐不乐，居处不安，故不为也。今女安，则为之。"宰我出。子曰："予之不仁也！子生三年，然后免于父母之怀。夫三年之丧，天下之通丧也。予也有三年之爱于其父母乎！"

[释义]宰我问："父母死后守孝三年，时间太长了。君子三年不习礼仪，礼仪必定会被抛弃；三年不许奏乐，音乐必然失传。旧的谷子已经吃完，新谷已经收获，打火的钻燧已经轮换了一年，这个一年的丧期已经可以了。"孔子说："父母死后不到三年，你就吃白米饭，穿华丽的衣服，你于心能安吗？"宰我说："可以心安。"孔子说："你能够心安，就去做吧！君子守丧，吃好吃的也不觉得香甜，听到音乐也不觉得快乐，起居也不安心，所以才不做。如今你安心，你就去做吧！"宰我退出。孔子说："宰予这个人不仁啊！儿女出生三年之后，才能完全脱离父母的怀抱。所以守孝三年，是天下通行的丧礼，宰予也是从他父母那里得到过三年怀抱呵护的呀！"

17.22　子曰："饱食终日，无所用心，难矣哉！不有博弈者乎？为之犹贤乎已。"

[释义]孔子说："整天吃饱饭之后无所事事，这样的人实在是不行！不是有博弈的游戏吗？做这些，也比闲极无聊要好。"

17.23　子路曰："君子尚勇乎？"子曰："君子义以为上。君子有勇而无义为乱，小人有勇而无义为盗。"

[释义]子路问："君子崇尚勇敢吗？"孔子说："君子最崇尚的是义，君子若只是勇敢而没有义，则会犯上作乱；小人若只是勇敢而没有义，就会为匪为盗。"

17.24 子贡曰："君子亦有恶乎？"子曰："有恶。恶称人之恶者，恶居下流而讪上者，恶勇而无礼者，恶果敢而窒者。"曰："赐也亦有恶乎？""恶徼以为知者，恶不孙以为勇者，恶讦以为直者。"

[释义]子贡问："君子也有憎恶的事吗？"孔子说："当然也有憎恶的事：憎恶老是说别人坏处的人，憎恶属下位而诽谤上级的人，憎恶勇敢而不懂礼节的人，憎恶做事果断勇敢却顽固不化的人。"孔子问："赐，你也有憎恶的事吗？"子贡回答说："我憎恶那些偷袭他人的学问而自以为智慧的人，憎恶言行不谦让而自以为勇敢的人，憎恶揭发别人的隐私却自以为直率的人。"

17.25 子曰："唯女子与小人为难养也，近之则不孙，远之则怨。"

[释义]孔子说："只有女子和小人是难以与他们相处的，与他们过于亲近，则他们不知道逊让有礼；与他们疏远了，他们就会怨恨你。"

17.26 子曰："年四十而见恶焉，其终也已。"

[释义]孔子说："到了四十岁还被人厌弃，这个人一辈子也算完结了。"

圣人设教,不拘一格。因时而异,因人而宜,因情境而变。孔子之师道,重在感化,语默动静,皆含化机,并不固守定则。

《阳货篇》记载孔子与子贡的一段话,极有意趣。"子曰:'予欲无言。'子贡曰:'子如不言,则小子何述焉?'子曰:'天何言哉?四时行焉,百物生焉,天何言哉?'"(17.19)

孔子发出的"予欲无言"的感慨,乃因观天道而得之。天道以无为而有为,看似无为,实则隐含有为;看似无言,实则言即在四时万物之轮替运行中。《道德经》二章说:"圣人处无为之事,行不言之教",第四十三章亦云:"不言之教,无为之益,天下希及之。"圣人法天,自然无为,虚极静笃,以无为之境达有为之效;圣人以不教为教,以无言胜有言,以静默涵蓄达到潜移默化之功。孔子观水则兴"逝者如斯"之叹,观天则生"予欲无言"之悟,实处处时时而设教也。《礼记·哀公问》:"公曰:'敢问君子何贵乎天道也?'孔子对曰:'贵其不已。如日月东西相从而不已也,是天道也;不闭其久,是天道也;无为而物成,是天道也;已成而明,是天道也。'"天道恒常,绵绵不已,持恒往复而不绝,静默无为而成万物。圣人教化众人,亦当如此,春风化雨,润物无声,融教诲于无形,久久为功,不求速成。

孔子的"无言之教",乃圣人法天而设教也。佛祖拈花,迦叶微笑,重在意会,不假言传。弟子于无声处得感悟,于天地万物中寻玄机,此时言语即成多余,师生自可冥通。因此孔子此处拈出"予欲无言"之教法,不仅是孔子对天地万物之形而上感悟,更是对教化众人之法的一种暗示。四时自行,不可遏止;万物自生,不可违拗,各尽其天然,天无主宰于四时百物,而为师者如何主宰弟子之行止邪!孔子由天道而悟"无言之教",正是暗示弟子各随天分而修业，各依自力而进德，不拘泥于常师，不局限于定法，久之自然天成。《荀子·天论》曰："万物各得其和以生，各得其养以成，不见其事而见其功，夫是之谓神。皆知其所以成，莫知其无形，夫是之谓天。"若子弟各尽其天赋，各施其天才，则自然各自成就其独特之生命，此"予欲无言"之深意也。

孔子"无言之教"亦是一种极为特别而高明的教学法。《阳货篇》载："孺悲欲见孔子，孔子辞以疾。将命者出户，取瑟而歌，使之闻之。"（17.20）这一段极为妙绝，堪与禅宗之机锋相比。孔子于孺悲，无可教也，故避而不见，无一言一字以教之；然而"取瑟而歌"，故意使孺悲闻之，亦是不弃之而教也。此时之教，虽无言语，然远胜言语之教诲。孔子何故不见孺悲？吾辈猜想，孺悲必有德行之瑕而不能见容于孔子者，以至于孔子鄙夷厌恶之，故托病不见。然而孔子作为一个伟大的老师，"有教无类"，对于孺悲并不是取遗弃之态度，而是以"取瑟而歌"为暗示，使孺悲生羞愧忏悔之心，立反省改过之志，从而自新自强，使生命境界得以提升。孔子既维护了孺悲之自尊，同时又委婉暗示其人格之不足，在无言的教诲中，促其自省自励，"知耻近勇"，发愤改过。这是孔子"不言之教"之最生动实践。《孟子·告子下》曰："教亦多术矣。予不屑之教诲也者，是亦教诲之而已矣。"师者"不屑之教"，更留给子弟退省之空间，使之自悟也。为师者不仅要学会有言之教，同时也要学会"无言之教"，使弟子自心光明，当下省悟发愤，此乃"无为而物成"也。

"无言之教"当然是极高的教育艺术，然而为师者自不能不有言，无言不足以激励引导，无言不足以告诫惩治。在孔子看来，一种言是"法语之言"，一种言是"巽语之言"。"法语之言"是正言厉色，肃穆庄严，甚至金刚怒目，棒喝叱骂；"巽语之言"是和风细雨，润物滋心，循循善诱，因势利导；"法语之言"乃正道告之，"巽语之言"乃婉言导之；"法语之言"令人警醒振作、敬畏服从，而"巽语之言"令人愉悦接纳，柔顺归从。《子罕篇》说："法语之言，能无从乎？改之为贵。巽语之言，能无说乎？绎之为贵。说而不绎，从而不改，吾末如之何也已矣。"（9.24）师者贵能刚柔相兼，宽严相济，乃能玉成人材。因此，宰予昼寝，孔子说："朽木不可雕也，粪土之墙不可杇也，于予与何诛？"，对于宰予进行猛烈的批评。冉有聚敛，孔子号召门徒们"鸣鼓而攻之"，这些都看出孔子教人有刚严的一面，有原则性极强的一面。他既给学生指出生命应该努力的方向，同时对那些他所憎恶的东西也直言不讳，善恶分明，从不混淆是非，从不做好好先生。孔子批评时风毫不留情面，如："饱食终日，无所用心，难矣哉！"（17.22），又如："群居终日，言不及义，好行小慧，难矣哉！"（15.17）。他也多次与学生坦率谈及自己所憎恶的东西，如"恶紫之夺朱也，恶郑声之乱雅乐也，恶利口之覆邦家者"（17.18）。他对当时世风日下、秩序紊乱、道德沦丧，表达了深深的憎恶之情。有一次子贡问孔子："老师，君子也会有憎恶的人吗？"孔子回答说："当然有。我讨厌那些说别人坏话的小人，讨厌以下谤上之徒，讨厌那些恃勇无礼、执拗不化的人。"孔子又问："赐，你也有厌恶之人吗？"子贡说："我讨厌那些袭取人言而自以为聪明之人，讨厌那些出言不逊却自以为勇敢的人，讨厌那些搬弄是非却自以为坦诚的人。"师生二人将所憎恶之品行进行了列举，抨击时弊，揭露人性之恶，此亦"法语之言"也，使学者得以警戒自省，去恶从善。"法语之言"虽疾言厉色，然其惩劝之力，亦足以惊醒后学，故为师者，于棒喝之法，不可不学也。

微子篇第十八

五十七　避世避人

18.1　微子去之,箕子为之奴,比干谏而死。孔子曰:"殷有三仁焉。"

[释义]商纣王残暴,微子离开他,箕子做了他的奴隶,比干因劝谏而被杀。孔子说:"殷商有三位仁德之人。"

18.2　柳下惠为士师,三黜。人曰:"子未可以去乎?"曰:"直道而事人,焉往而不三黜?枉道而事人,何必去父母之邦?"

[释义]柳下惠做法官,屡次被罢免。有人说:"你不可以离开鲁国吗?"柳下惠说:"若以正直的方式去工作,到哪里能不被多次罢免呢?若不按正直的方式去工作,何必非要离开祖国呢?"

18.3　齐景公待孔子曰:"若季氏则吾不能,以季、孟之间待之。"曰:"吾老矣,不能用也。"孔子行。

[释义]齐景公谈到如何对待孔子时说:"若要让我用鲁国国君对待季氏的方式对待孔子,那么我是做不到的。我可以用低于季氏而高于孟氏的待遇去对待孔子。"又说:"我老了,不能再有所作为

了。"孔子便离开齐国了。

18.4 齐人归女乐,季桓子受之,三日不朝,孔子行。

［释义］齐国人送给鲁国很多歌女,季桓子接受了,三天不上朝,孔子就离职走了。

18.5 楚狂接舆歌而过孔子曰:"凤兮凤兮,何德之衰!往者不可谏,来者犹可追。已而已而!今之从政者殆而!"孔子下,欲与之言。趋而辟之,不得与之言。

［释义］楚国狂人接舆唱着歌走过孔子的车子,他唱道:"凤凰啊,凤凰啊,你的命运怎么这么衰微?过去的事已经不能挽救,未来的事还来得及!算啦,算啦!现在的执政者很危险啊!"孔子下车,想跟他说说话。他却快步躲避开,孔子没能跟他说上话。

18.6 长沮、桀溺耦而耕,孔子过之,使子路问津焉。长沮曰:"夫执舆者为谁?"子路曰:"为孔丘。"曰:"是鲁孔丘与?"曰:"是也。"曰:"是知津矣。"问于桀溺。桀溺曰:"子为谁?"曰:"为仲由。"曰:"是鲁孔丘之徒与?"对曰:"然。"曰:"滔滔者天下皆是也,而谁以易之?且而与其从辟人之士也,岂若从辟世之士哉?"耰而不辍。子路行以告。夫子怃然曰:"鸟兽不可与同群,吾非斯人之徒与而谁与?天下有道,丘不与易也。"

［释义］长沮、桀溺并肩耕地。孔子经过,让子路去打听渡口。长沮问:"那位手拉缰绳的人是谁?"子路回答说:"是孔丘。"长沮问:"是鲁国的孔丘吗?"子路说:"是的。"长沮说:"那他早知道渡口了。"子路又去问桀溺。桀溺问:"你是谁?"子路答:"我是

仲由。"桀溺又问："是鲁国孔丘的门徒吗？"子路答："是的。"桀溺说："滔滔洪水到处泛滥，而谁能改变呢？你们与其跟随躲避坏人的人，不如跟随躲避世事的人。"于是桀溺继续耕地不停手。子路回来报告孔子。孔子颇为怅惘地说："我们总不能和鸟兽一起生活，我不同人群打交道，又同什么打交道呢？如果天下太平无事，我才不会去寻求变革呢！"

18.7 子路从而后，遇丈人，以杖荷蓧。子路问曰："子见夫子乎？"丈人曰："四体不勤，五谷不分，孰为夫子？"植其杖而芸。子路拱而立。止子路宿，杀鸡为黍而食之，见其二子焉。明日，子路行以告。子曰："隐者也。"使子路反见之。至，则行矣。子路曰："不仕无义。长幼之节，不可废也；君臣之义，如之何其废之？欲洁其身，而乱大伦。君子之仕也，行其义也。道之不行，已知之矣。"

[释义] 子路跟着孔子，被落在后面，遇到一位老人，用手杖挑着除草工具。子路问："您看见我的老师了吗？"老人说："四肢不勤快劳作，五谷也分辨不清，谁是你的老师？"老人放下手杖去锄草。子路拱手敬立。老人留子路到家里过夜，杀鸡做饭给子路吃，并让子路见了他的两个儿子。第二天，子路继续走，（追上老师），把此事告诉孔子。孔子说："这是隐士。"让子路再回去见老人。子路到了，但老人却已经走了。子路说："不去做官是不对的。长幼的秩序，是不能废弃的；君臣之间的关系，怎么能废弃呢？为了使自己洁净，却破坏了君臣长幼的大伦。君子出来做官，是履行应尽之义务。但是我们的政治主张行不通，这是我们早就料到的事。"

18.8 逸民：伯夷、叔齐、虞仲、夷逸、朱张、柳下惠、少连。

子曰:"不降其志,不辱其身,伯夷、叔齐与!"谓"柳下惠、少连,降志辱身矣。言中伦,行中虑,其斯而已矣。"谓"虞仲、夷逸,隐居放言,身中清,废中权。我则异于是,无可无不可。"

〔释义〕隐逸之士有:伯夷、叔齐、虞仲、夷逸、朱张、柳下惠、少连。孔子说:"不放弃自己的志向,不辱没自己的身份,这是伯夷、叔齐才能做到的吧!"又说:"柳下惠、少连,放弃了自己的志向,辱没了自己的身份,可是言语合乎规矩,行动经过考虑,能这样已经可以了!"又说:"虞仲、夷逸隐居而放肆直言,终生干净,即使被废弃也是出于他善于权量。我跟这些人不同,没有什么可以,也没有什么不可以。"

18.9 大师挚适齐,亚饭干适楚,三饭缭适蔡,四饭缺适秦,鼓方叔入于河,播鼗武入于汉,少师阳、击磬襄入于海。

〔释义〕大乐师挚到了齐国,第二乐师干到了楚国,第三乐师缭到了蔡国,第四乐师缺到了秦国,打鼓的方叔到了黄河边,摇小鼓的武到了汉水之滨,少师阳和击磬的襄到了海边。

18.10 周公谓鲁公曰:"君子不施其亲,不使大臣怨乎不以。故旧无大故,则不弃也。无求备于一人。"

〔释义〕周公对鲁公说:"君子不怠慢其亲族,不让大臣们抱怨自己不被信任重用。老臣故旧如果没有什么大过错,就不要抛弃他们。不要对人过于求全责备。"

18.11 周有八士:伯达、伯适、仲突、仲忽、叔夜、叔夏、季随、季騧。

[释义]周代有八位贤士:伯达、伯适、仲突、仲忽、叔夜、叔夏、季随、季騧。

中国的隐逸文化在道家之前就存在,到了道家,则把这种隐逸文化发扬光大。在儒家看来,隐逸之士之所以选择遁世隐居,是基于其对无道之世的不满与疏离。因此,隐逸之士在儒家哲学完全能够被接纳,被理解,从《论语》中孔子及其弟子对隐逸者的态度来看,孔门对隐者抱有尊重与同情心态,而非简单的抨击与反对。而与此形成鲜明对照的是,隐逸之士大多对孔门持嘲讽、讥笑乃至于不屑的态度,认为孔子及其门徒于乱世之秋,汲汲于功利,惶惶凄凄,奔走竟日,妄图救世,实在是徒劳之举,荒谬之极。

《宪问篇》讲到子路在石门住宿,晨门(早上看守城门之人)问子路:"奚自?"子路回答说:"自孔氏。"晨门带着一种嘲讽的表情问道:"是知其不可而为之者与?"(14.38)晨门大概是当时对社会不满而遁迹世间的一位高人,他说孔子是"知其不可而为之",实在是精彩。有一次孔子"击磬于卫",有一个背着草筐的人经过,不屑地评论道:"鄙哉! 硁硁乎! 莫己知也,斯已而已矣。深则厉,浅则揭。"(14.39)这个"荷蒉者",估计也是一个出世隐居之人,他鄙夷孔子汲汲于用世的功利主义行为,希望像他一样不求人知,不求闻达,与世浮沉,顺其自然,即所谓"深厉浅揭",而不要刻意求取显达,急欲有所作为。

《微子篇》有三章亦阐发此。楚国狂人接舆在孔子车前狂歌,把孔子比喻为不得志的落魄的凤凰,"往者不可谏,来者犹可追。已而已而! 今之从政者殆而!"(18.5)他劝孔子远离污浊的政治,及时引退,与世无争,过一种隐遁生活。孔子下车要与他探讨，他却避而远之。长沮与桀溺耦耕田野，子路问津，却遭到两位隐者的冷淡与嘲弄。"滔滔者，天下皆是也，而谁以易之？且而与其从辟人之士也，岂若从辟世之士哉？"（18.6）长沮、桀溺对世事持消极态度，"滔滔者，天下皆是"，天下无道，非人力所能改变，何必整日奔走诸国，以寻求明主实现抱负呢？因而"避人"不如"避世"，与其不断地躲避坏人与昏君，不如彻底避世，遁世隐居，与尘世彻底告别。孔子听到这句话，极其慨叹，极其惆怅，他说："鸟兽不可与同群，吾非斯人之徒与而谁与？天下有道，丘不与易也。"（18.6）既生为人，与人为群，自当安于此世，并有所作为，正因为天下无道，才需要仁者出来拯救饥溺，如果天下有道，就不会出来试图改变世事了。这是圣人"知其不可而为之"之境界。康有为注此章曰："盖圣人之来斯世，明知乱世昏浊而来救之，非以其福乐而来享之也。……特入地狱而救众生，斯所以为大圣大仁欤！恻隐之心，悲悯之怀，周流之苦，不厌不舍。"可以说点出了孔子入世救世之情怀。荷蓧丈人与子路相见一节，子路言及孔子"知其不可而为之"之真义："不仕无义。长幼之节，不可废也；君臣之义，如之何其废之？欲洁其身，而乱大伦。君子之仕也，行其义也。道之不行，已知之矣。"（18.7）明知"道之不行"，明知"天下无道"，却偏要以大无畏精神入世有为，非为功利之目的，乃为"行其义"，即践履人之大伦。逃避此人生大伦，不去担当，不去践履，虽说自己解脱干净，却丧失了人之为人的应尽本分，因而是一种自私、偏狭而怯懦的行为。孔子以担当精神，发深心大愿，以一己之力践履仁德，拯饥救溺，不计成败，不问得失，虽其结局悲壮，但其卓绝伟岸之精神固不朽也。

孔子并非不赞同隐，但他对隐逸之士充满尊重礼敬之情。他曾经说："贤者辟世，其次辟地，其次辟色，其次辟言。"（14.37）他认为那些遁世隐居之人，清高自守，孤介自爱，不甘同流合污，洁身自好，与世无争，是精神高贵的"贤者",他并不抨击他们,更不鄙视他们。实际上,无为与有为,出世与入世,动与静,行与藏,皆为人之本能也,是人心灵深处的两个不同的侧面。那些入世有为之人,在纷繁复杂的政治之中,在喧嚣扰攘的尘世功利之中,何尝不期待内心的一片清凉静谧之地?动遇挫,则思静;行遇折,则思藏;入遇邪,则思出;用遇贼,则思舍。所以孔子也说"用之则行,舍之则藏"(7.11),也讲"邦有道,则知;邦无道,则愚"(5.21),也主张"天下有道则见,无道则隐"(8.13),也欣赏"邦有道则仕,邦无道则可卷而怀之"(15.7)。他虽被视为"知其不可而为之"的人,然而孔子又是一个识时务的"圣之时者"(孟子语),他不会傻到去违拗自己的意愿"降志辱身"(18.8),去做自己不喜欢做的事,也不会去忠实服务于自己不欣赏的当政者。当齐景公说"吾老矣,不能用也"(18.3),孔子就决绝而行,不再留恋;当季桓子接受齐国馈赠之女乐而三日不朝,孔子亦果断离弃,决不苟且勉强。他不"降志辱身",在拥有拯饥救溺的大愿,从而百折不回地践履自己生命信仰的同时,孔子亦见机而作,以一种"无可无不可"(18.8)的态度,行其所宜,顺其自然,保持了身心的独立性,保持了精神的最大自由。孟子说:"可以仕则仕,可以止则止,可以久则久,可以速则速,所谓无可无不可也。"这种自由与灵活的处世态度,尤其应得到学习儒家精神的人们的重视。孔子在其精神困顿之时,亦有"道不行,乘桴浮于海"之叹,可见在他有为进取的精神深处,仍有一颗渴望意志自由、身心自在、与世逍遥、放怀天地的心灵。此为儒家心法的另一面,不可不察也。

子张篇 第十九

五十八　弘笃致道

19.1　子张曰:"士见危致命,见得思义,祭思敬,丧思哀,其可已矣。"

［释义］子张说:"读书人看到别人处于危难之中即舍命相救,在利益面前考虑是否应该得到,祭祀之时严肃恭敬,居丧之时哀痛感伤,这样就可以了。"

19.2　子张曰:"执德不弘,信道不笃,焉能为有,焉能为亡。"

［释义］子张说:"执守仁德,却不能弘阔;信仰大道,却不能忠笃,这样怎么能算是有德有道,又怎么能算是无德无道呢?"

19.3　子夏之门人问交于子张。子张曰:"子夏云何?"对曰:"子夏曰:'可者与之,其不可者拒之。'"子张曰:"异乎吾所闻:君子尊贤而容众,嘉善而矜不能。我之大贤与,于人何所不容?我之不贤与,人将拒我,如之何其拒人也?"

［释义］子夏的学生问子张如何交朋友,子张问:"子夏怎么

说?"子夏的学生回答说:"子夏说:'可以交的人就交,不可交的人便拒绝交往。'"子张曰:"我听到的与此不同:君子尊重贤人而容纳众人,赞赏善人而怜悯不行的人。如果我是一个贤人,对别人有什么不能容纳的呢?如果我不贤,别人会拒绝我,我又如何拒绝别人呢?"

19.4 子夏曰:"虽小道,必有可观者焉,致远恐泥,是以君子不为也。"

[释义]子夏说:"即使是小技艺,也必然有可取的地方;但是要达到高远目标却恐怕有所妨碍,因此君子不去从事。"

19.5 子夏曰:"日知其所亡,月无忘其所能,可谓好学也已矣。"

[释义]子夏说:"每天知道自己所未知的,每月不要忘记已经掌握的,这样也就可以算是好学了。"

19.6 子夏曰:"博学而笃志,切问而近思,仁在其中矣。"

[释义]子夏说:"广博地学习,坚守自己的志向,深切地问学,就当下的问题深入思考,那么仁德就在里面了。"

19.7 子夏曰:"百工居肆以成其事,君子学以致其道。"

[释义]子夏说:"各种技艺专长的工匠居于厂肆以完成他们的匠作,君子则以学习来达到那个道。"

19.8 子夏曰:"小人之过也,必文。"

［释义］子夏说："小人犯了过错，一定加以掩饰。"

19.9　子夏曰："君子有三变：望之俨然，即之也温，听其言也厉。"

［释义］子夏说："君子的容色有三种：远远望去，显得庄严可敬；慢慢接近他，又感觉温厚可亲；而听他说话，则严厉可畏。"

19.10　子夏曰："君子信而后劳其民，未信则以为厉己也；信而后谏，未信则以为谤己也。"

［释义］子夏说："君子先要得到老百姓的信任，而后才能任使他们去做事；如果没有得到老百姓的信任就去驱使他们，他们就会以为你在苛待他们。君子必须先得到君上的信任，而后才可以给君上提意见；如果没有得到君上信任而去冒然提意见，君上就会以为你在毁谤他。"

19.11　子夏曰："大德不逾闲，小德出入可也。"

［释义］子夏说："一个人在大的道德节操方面不能超越一定界限，而在小的行为细节方面可以有所出入。"

读书治学，不唯求博学通识，更须求培育气象，中国人讲气韵、气象、气质、气度，虽然无可言传，却始终是中国读书人读书为学之追求目标。一个人的气象，虽有天赋之因素，然而更是一个人后天培养而成的一种气质与风范。吾辈读古书，悟经典，最要紧处亦在领会圣人气象，并受之熏染，熏染既久，气象即自然而然形成，此润物无声之功也。

圣人气象，首在弘廓。弘者，大也；廓者，开也。吾辈读书求学，敦品砺行，见识日益广博，胸襟亦日益开阔，日积月累，气象自是不同。德行修养的最高境界，是养成这种弘廓高远气象，此等气象，是一个人内心修为的外在呈现，而非徒有其貌。《子张篇》：子张曰："执德不弘，信道不笃，焉能为有，焉能为亡。"（19.2）执德，即执守大德之义。一个怀有使命感的人，内心秉持宏大之抱负，斯必有宏大之愿力随之，方能力行而不殆，坚守而不辍。曾子曰："士不可以不弘毅，任重而道远。仁以为己任，不亦重乎？死而后已，不亦远乎？"（8.7）士的气象务求宏大，因其自知任重道远，故必胸怀阔大，眼光高远，才能当此天地间之重任，才能行得天地间之远道。气象卑琐者，胸怀狭隘，抱负细小，眼光浅近如鼠，不足以堪大任。何故？因其不弘之故也。

"弘"的反面是"小"。小则窄，固隘不通，滞碍难行，有害于大道。所以子夏说："虽小道，必有可观者焉，致远恐泥，是以君子不为也。"（19.4）君子不为小道，非因小道不善，乃因小道有害于行远也。天地生万物，有大有小，各有其道，各备其理，本无可指摘。人之道亦有大有小。有的人迷醉于小的嗜好，沉迷于小的技巧，朝于斯，夕于斯，而不能自拔。人有某种嗜好或技艺很正常，无可厚非，而况技艺虽小，其中亦含妙道。然而君子修德勉仁，务求宏大，若痴迷小道而忘大道，则恐为之所羁绊、所拘泥，长此以往必有害于大道也。有某种嗜好或痴迷于某种技艺者尤其要体悟此中道理。所以子夏又说："百工居肆以成其事，君子学以致其道。"（19.7）百工终生工于一技，成一事，所求乃谋生计也；君子求学，在成人，在得大道。非蔑视百工也，当晓小大之别也。

然而，学人既知广大，志在弘廓，若行动践履处不能落实，于勉仁修德亦无益。气象宏大，眼光高远，这只是君子志学成仁之一面；另一面须从踏实处用功，切实践履遇事不苟，方能有所成就。否则空言蹈虚，大而无当，不能躬行实践，徒为世人耻笑。学人固须具备宏大气象，亦须具备笃实之功。信道易，而笃行难。"信道不笃"则不若不信。因此，君子修身求学，要成圣成贤，必弘笃兼备。"弘"求廓大，不为小利小道所囿，故能成其远；"笃"乃坚守不移，笃实用力，持之以恒，守之不怠，方能学而固之，不会中途而废。"笃"与"毅"相当，曾子言"弘毅"，即是言宏大而坚毅，与子张所言"执德而弘，信道而笃"同义。有些读书人志向大，立意高，气象恢弘，然而不能坚毅，遇挫折困顿，则志颓意懒，无愈挫愈奋之斗志，无勇猛精进之毅力，无任重道远之愿力，此等人志大而力弱，欲有为而无践履之诚，不得入圣道。《泰伯篇》曰："笃信好学，守死善道。"(8.13) 执德务弘，不弘不足以悟圣人气象，不弘不足以脱世俗之桎梏；而信道务笃，行道务毅，不笃不足以守道，不毅不足以成道。故世上本有卓绝伟岸之才，怀大志，有大器，却缺乏毅力与韧性，不能以笃实发奋之实干态度追求自我之理想，徒有大志，终成空想，不可不以之为镜鉴也。

弘笃之外，君子处世，贵能不苟。"士见危致命，见得思义"(19.1)，即言君子不苟之义。"见利思义，见危授命，久要不忘平生之言，亦可以为成人矣。"(14.12) "见利思义"或"见得思义"，就是要求君子"临财毋苟得"；"见危致命"或"见危授命"，就是要求君子"临难毋苟免"(《礼记·曲礼上》)。"临财毋苟得"就是要经得起诱惑，守得住道德底线；"临难毋苟免"就是要有大担当，要有勇毅精神，有使命意识，有"虽千万人，吾往矣"的一己担当的风范，有"三军可夺帅，匹夫不可夺志"的操守与坚持。这都要求我们有"君子不苟"的精神，有自己的坚守的原则，不可逾越，不可改变，即使再大的外在压力与诱惑都不能移易，这也就是孟子所说的"富贵不能淫，贫贱不能移，威武不能屈"的大丈夫精神。子夏说："大德不逾闲，小德出入可也。"(19.11) 讲的就是坚守大节与出入小德的关系。论人知世，当观其大节，若大节不亏，则虽小节有出入，犹可谓君子。然而若从自我修养言，则不可以"小德出入"为借口而忽视细行。细行不检，不拘小节，于言行之细微处不知自惕自儆，不知检束自守，则终必累及大德。故论人知世,固可首论大德,而不可拘于小节;但若论自处之道,则当大德小节并重,皆不可忽视,一有放纵懈怠,虽小德之失亦将有害于大德。

五十九　切问近思

19.12　子游曰:"子夏之门人小子,当洒扫应对进退,则可矣,抑末也。本之则无,如之何?"子夏闻之,曰:"噫!言游过矣!君子之道,孰先传焉?孰后倦焉?譬诸草木,区以别矣。君子之道,焉可诬也?有始有卒者,其惟圣人乎!"

[释义]子游说:"子夏的学生们,如果让他们做打扫、接人待客的工作,还是可以的,但是这些东西,只不过是细枝末节。如果不能掌握学问的根本,做这些有什么意义呢?"子夏听了,说:"唉!言游的话说错了。君子的道,哪一样先传授,哪一样最后讲授?就像草木一样,(学问)也分成不同种类层次的。君子的道,怎么能够随便歪曲呢?按照次序去学习并有始有终的人,大概只有圣人能做到吧!"

19.13　子夏曰:"仕而优则学,学而优则仕。"

[释义]子夏说:"做官若还有余力则去学习文化,学习若还有余力便可去做官。"

19.14 子游曰:"丧致乎哀而止。"

[释义]子游说:"居丧之时,能够适度表现悲哀也就行了。"

19.15 子游曰:"吾友张也,为难能也,然而未仁。"

[释义]子游说:"我的朋友子张的品行也算是非常难能可贵了,却还没达到仁的境界。"

19.16 曾子曰:"堂堂乎张也,难与并为仁矣。"

[释义]曾子说:"子张的形貌也算是极其崇高伟岸了,却很难带别人一同进入仁德之境。"

19.17 曾子曰:"吾闻诸夫子:人未有自致者也,必也亲丧乎!"

[释义]曾子说:"我听老师说过:人很少有能自动地达到情感的充分抒发的,如果有的话,那一定是在双亲死去的时候吧!"

19.18 曾子曰:"吾闻诸夫子:孟庄子之孝也,其他可能也;其不改父之臣与父之政,是难能也。"

[释义]曾子说:"我听老师说过:孟庄子的孝行,其他的方面都容易学到,但是他不去除他父亲任用的老臣,不改变他父亲制定的政令,却是别人很难做到的。"

19.19 孟氏使阳肤为士师,问于曾子。曾子曰:"上失其道,民散久矣。如得其情,则哀矜而勿喜!"

[释义]孟氏任用阳肤为法官,阳肤向曾子请教。曾子说:"在上位的统治者丧失治国之道,老百姓民心涣散已经太久了。你如果

能够审判出老百姓犯罪之实情,那么就要同情怜悯他们,却不要沾沾自喜!"

19.20　子贡曰:"纣之不善,不如是之甚也。是以君子恶居下流,天下之恶皆归焉。"

[释义]子贡说:"商纣王的不好之处,没有后人说的那么厉害。因此君子憎恶自己的品行居于下流,一旦品行居于下流,那么天下不好的名声都一齐归到他身上了。"

19.21　子贡曰:"君子之过也,如日月之食焉:过也人皆见之,更也人皆仰之。"

[释义]子贡说:"君子的过失,就好像日食与月食:犯错误的时候,人人都看见;改正过错之后,人人都仰望。"

19.22　卫公孙朝问于子贡曰:"仲尼焉学?"子贡曰:"文武之道,未坠于地,在人。贤者识其大者,不贤者识其小者,莫不有文武之道焉,夫子焉不学,而亦何常师之有?"

[释义]卫公孙朝问子贡:"孔子的学问是哪里来的?"子贡说:"周文王、周武王时代的大道,并未失坠,而是散于民众之中。贤能之士能够辨识其中的核心精髓,不贤能的人仅能知晓一些细枝末节,然而没有一个地方不存有周文王周武王时代的大道的。我的老师什么不学?(他广泛地学习),然而又哪里有固定的老师向他传授呢?"

19.23　叔孙武叔语大夫于朝曰:"子贡贤于仲尼。"子服景伯以告子贡。子贡曰:"譬之宫墙,赐之墙也及肩,窥见室家之好。夫子之墙数仞,不得其门而入,不见宗庙之美,百官之富。得其门者或寡矣。夫子之云,不亦宜乎!"

[释义]叔孙武叔在朝廷上对官员们说:"子贡比仲尼还要贤德。"子服景伯告诉了子贡。子贡说:"就好比宫墙,我家的墙有肩膀高,别人很容易看到我们家里的房室之美。我老师家的墙有几丈高,人们找不到大门进到他家,因此也就看不到墙内宗庙之美,房舍之富。能够找到老师学问之门的人,也许太少了。武叔老先生的话,难道不就是这样吗!"

19.24 叔孙武叔毁仲尼。子贡曰:"无以为也!仲尼不可毁也。他人之贤者,丘陵也,犹可逾也;仲尼,日月也,无得而逾焉。人虽欲自绝,其何伤于日月乎?多见其不知量也。"

[释义]叔孙武叔毁谤孔子。子贡说:"不要这样!孔子是不能毁谤的。其他人的贤德不过是丘陵,还可以逾越;而孔子,是日月,任何人无法逾越。那些毁谤之人虽然想自绝于日月,但是,这对于日月又有什么伤害呢?(他们毁谤孔子),正表明他们不能理解孔子的高度与境界而已。"

19.25 陈子禽谓子贡曰:"子为恭也,仲尼岂贤于子乎?"子贡曰:"君子一言以为知,一言以为不知,言不可不慎也!夫子之不可及也,犹天之不可阶而升也。夫子之得邦家者,所谓立之斯立,道之斯行,绥之斯来,动之斯和。其生也荣,其死也哀,如之何其可及也?"

[释义]陈子禽对子贡说:"你对孔子一定只是恭敬吧,他难

道比你贤能吗？"子贡说："君子说出一句话来，既可表现他的智慧，也可表现他的无知，所以说话不可不慎重。孔子他老人家的境界我们不可能赶上，就好像我们不可能登着阶梯上天一样。孔子他老人家若为家邦之诸侯大夫，他就会像我们所说的，叫老百姓自立于社会，老百姓就能自立于社会；他引导百姓，百姓就会跟他行动；他安抚百姓，百姓就会来投奔他；他动员百姓，百姓就会齐心达到和睦的境地。老师生时荣耀，死时众人都极悲哀痛惜。这样的人，我们如何赶得上呢？"

中国固有之学问，大抵分为三个层面。一曰本体。本体即道之本原，宇宙万物之本性，生命之大本也。本体论即是要探究宇宙万物及吾人生命之根本性质。二曰境界。中国固有之学问，重点不为探求外在世界之真实性，而在于将本体之探讨最终落实在生命上，以生命哲学为最高依归。故中国固有之学问，其归在人学，而西方之学问，其归在科学，有内外之分也。既归于生命，即有境界之分。境界有高远与卑近之别，有功利与超越之分。冯友兰先生言生命有自然境界、功利境界、道德境界、天地境界，此四境界，乃生命成长之轨迹也。三曰功夫。既明本体，又知生命之不同境界，则欲臻此境界，必有路径可寻，此路径通道，即是吾人修养之功夫。工夫是阶梯，境界是目的，本体是大本，经此阶梯，臻此境界，而悟得此大体，此即得道之次序。未有不经阶梯而直达目的者，亦未有臻此境界而未悟本体者，到得一关头，则一切豁然开朗，道体明澈，生命亦臻于从心所欲不逾矩之境界。

儒道释三家，各有其功夫论。然而不论何种功夫，皆须切合人之禀性，而不可违逆本性。人之根器，有钝、锐之别。钝者，非谓蠢笨也，而是敦厚、谨重、迟滞之意，求学者若根器偏于迟钝，则万不可揠苗助长，此欲速则不达之理也。钝者若入圣道，须循序而渐进，教导者须润物无声，潜心熏陶，若日积月累，时时用功发奋，好学深思，"日知其所亡，月无忘其所能"(19.5)，到一定阶段，自然就豁达贯通，达到生命之高境界。根器锐利者，禀性聪颖，"闻一而知十"，性情开张而好动，此种根性之人虽极具颖悟之天资，然而心性易浮，于圣道不易深入，浅尝辄止，自以为是，不易臻于高境界也。故根性锐利者，亦不可逞其聪明，将事事皆看得轻易了，以为凭一己之智慧，圣道即唾手可得；而是要用力切入，务求深切，力戒轻浮简慢，须养得笃实坚韧气象，方可成就大道。

　　人之禀性根器既有钝锐之别，则学问之功夫即有渐顿之分。渐者，乃渐进工夫，即禅宗之北宗所谓"时时勤拂拭，务使染尘埃"也。顿者，乃幡然顿悟之工夫，即禅宗之南宗所谓"本来无一物，何处惹尘埃"也。儒家实际上在工夫论方面亦有顿渐之别。归根结底，此种工夫论中之顿渐之别，乃源于人性，人性既殊，教法亦宜有别。颜回、端木赐之根器不同，神秀与慧能根器亦不同，其成圣之路径，自宜迥异。以孔子为代表的儒家，气质敦穆，大器沉雄，浑朴自然，虽气象弘伟，然而沉着而不轻浮，其学问主张敬肃、笃实，不务虚浮，此渐教之法也。伊川先生说："孟子才高，学之无可依据。学者当学颜子，入圣人为近，有用力处。"又说："学者要学得不错，须是学颜子。"孟子才高气大，气象弘阔，然而其学不易入手，"吾善养吾浩然之气"，"与天地上下同流"，此种超拔锐利之根器，可以体会之，向往之，但如何学得？故伊川先生主张学颜回，循序渐进，日积月累，存敬养心，久久用功，自然臻于圣境。孟子的境界大是大了，远是远了，然而欲达此境，却无阶梯可供攀援，要踏实用功，还须以颜回为榜样。此是孔门儒学与孟子儒学之不同处，学者须深玩之。

《子张篇》中子游与子夏的一段著名论辩,即是言学问之阶梯次第,探讨儒家之工夫论。"子游曰:'子夏之门人小子,当洒扫应对进退,则可矣,抑末也。本之则无,如之何?'子夏闻之,曰:'噫!言游过矣!君子之道,孰先传焉,孰后倦焉?譬诸草木,区以别矣。君子之道,焉可诬也?有始有卒者,其惟圣人乎!'"(19.12)子游讥讽子夏,专教门徒洒扫应对进退之事,此皆琐事、末事,而忘记儒家教法之大本,即礼乐文章之事。子游之批判子夏舍本逐末,对洒扫应对进退之事似不屑也。而子夏,则认为子游的观点有所偏颇,其原因在于对孔门教法之先后次序没有深刻理解。孔子教人,"循循然善诱人"(9.11),井然有序,次第分明,先教其小而近者,再教其大而远者。孔子教法,不是好高骛远,以高深远大而使门徒敬而远之,产生敬畏之心,而是有先有后,由浅入深,由小及大,由近及远,使学者有落脚处,有用力处,此孔门笃实之工夫也。洒扫应对进退之事虽微末,却是渐入高深学问之基础,不可等闲视之。所以子夏言"先传后倦",即是指孔门教法之次第,有先后之别,有小大之别,有卑高之别,有近远之别,有浅深之别,须本末兼顾,先后有序,循序渐进,则可最终臻于圣道。若不问先后、卑高、近远、浅深之别,皆以高深教人,则学者反而畏葸不前,不明圣道之渊源,反不得入道也。此即是"诬"也,欺罔学者,使之终生逡巡于圣门之外而不得入。然而子游之批评,亦不能算错,他对子夏之批判仍有可取处。洒扫应对进退之事,诚然是初学者之入门处,然而若停而不前,以为这些即是圣道,不再勇猛精进,力求高深远大,则终流于浅近,停留在功利的、形而下的器用的层面,而丢弃了更为根本的形而上的、本体的层面,不能窥见大道,这个趋向亦要警惕。子游与子夏之教法须融合为一,方为孔门教法之全部。明道先生说得很明白:"先传后倦,君子教人有序:先传以小者近者,而后教以大者远者;非是先传以近小,而后不教以远大也。"故圣贤学问工夫,必有次第,使学者有门径可寻,而非骛高蹈虚，流于空谈。禅宗之顿教，其末流皆流于空疏，流弊甚大。王学之末流，亦流于空谈，遂使宗风虚浮，失却王学宗旨。故学者宜知此笃实工夫，循序渐悟，不可逞智取巧，如根基不固而妄起高阁，终必有殃。伊川先生曰："古之学者，优柔厌饫，有先后次序。今之学者，却只做一场话说，务高而已。常爱杜元凯语：'若江海之浸，膏泽之润，涣然冰释，怡然理顺，然后为得也。'今之学者，往往以游、夏为小，不足学。然游、夏一言一事，却总是实。后之学者好高，如人游心于千里之外，然自身却只在此。"此足为学者深戒之。

"先传后倦"之论，既论及学问之次第门径，即含有笃志踏实而力行之义。子夏曰："博学而笃志，切问而近思，仁在其中矣。"（19.6）"笃志"即笃实用功，"切问"是于切己处深切发问，"近思"乃"反求诸己"以日新，踏实践履而不好高骛远。学者既求成人之道，读圣贤之书，非为记诵以博世人之誉，是为体悟圣道，明彻道体，在生命人格上有造就。因此，读书之道在于从自我之身心出发，结合自我身心之困顿疑惑去体贴圣道，而非徒作文字汉，谈口头禅。若从自我身心出发读书，则圣人之书处处关己，字字切中己心要害，圣贤之学无一字不受用于己，以此法读书，自然深切有味，而非漠不关己。故所谓"近思"，是于切己处反思深问，故能发见自性之灵明，亦能清楚自性之迷障。此即是《周易》中所说的"近取诸身"，也就是孔子所说的"能近取譬"（6.30）。"能近取譬"，即能"反求"诸己。故学之长进，不假外求，而关键在于从切己处用功，笃实践履，学问自然精进无疆。有弟子问伊川先生："如何是近思？"伊川先生答曰："以类而推。"朱熹极赞赏程颐这个回答，说："程子说得'推'字极好"，"以类而推者，如修身推之齐家，齐家推之而治国，亲亲推之而仁民，仁民推之而爱物之类，只是从易晓者推将去，一步又一步，若远去寻讨，则不切于己"。"近思"即"切己"，即从自我之身心出发，从日用处思检力行，切实用功。所以

"近思"乃学问之下手处,由此推己及人,推近及远,则可渐入圣域。所以子夏之"切问近思"乃从近小起步用功,于日用寻常中反省实践,体用无间,知行合一。这才是求学体仁之正道。伊川先生撰《明道先生行状》曰:"先生教人,自致知至于知止,诚意至于平天下,洒扫应对至于穷理尽性,循循有序。病世之学者舍近而趋远,处下而窥高,所以轻自大而卒无得也。"此即"近思"之道。故吕祖谦在《近思录·序》中说:"至于余卷所载讲学之方,日用躬行之实,具有科级。循是而进,自卑升高,自近及远,庶几不失纂集之指。若乃厌卑近而骛高远,躐等凌节,流于空虚,迄无所依据,则岂所谓'近思'者耶?"

所以朱子、吕祖谦合编此书而名之为《近思录》,实是揭橥儒家学问工夫之精髓,即切己用功,反求诸己,于日用间笃实践履,如此循而进之,推而广之,最终臻于圣贤之境界。

尭曰篇第二十

六十　在予一人

20.1　尧曰:"咨!尔舜。天之历数在尔躬,允执其中。四海困穷,天禄永终。"舜亦以命禹。

曰:"予小子履,敢用玄牡,敢昭告于皇皇后帝:有罪不敢赦。帝臣不蔽,简在帝心。朕躬有罪,无以万方;万方有罪,罪在朕躬。"

"周有大赉,善人是富。虽有周亲,不如仁人。百姓有过,在予一人。"

谨权量,审法度,修废官,四方之政行焉。

兴灭国,继绝世,举逸民,天下之民归心焉。

所重民食、丧、祭。

宽则得众,信则民任焉,敏则有功,公则说。

[释义] 尧说:"唉,你这个舜!上天的历数命运落到你身上,你要诚实地保持那中道!如果天下百姓困苦贫穷,上天给你的禄位也就永远结束了。"舜对禹也说了这些话。汤说:"我小子履,谨用黑色牡牛做祭,明白告诉光明伟大的天帝:有罪之人,我不敢擅自赦免。天帝的臣子们,我也不敢擅自隐瞒他们的善恶,这些都由天帝来简阅吧!我自己若有罪,不要牵累天下万方,如果天下万方有罪,

则罪责我一个人。"周武王时大封诸侯,善人贤者因此得到富贵。他说:"我虽然有至亲之人,却不如有贤德之人。百姓如果有过错,由我一个人来担当。"谨慎地制作度量衡,审定度量衡之刻度,修复已被废弃的旧官职,四方政事就可以推行了。灭亡的国家,要使之复兴。已断绝的世族,要使之再续。隐逸的贤人,要得到推举。这样天下百姓就会归心顺服。应当重视老百姓的饮食生活、丧礼和祭礼。在上位者如果宽厚待民,则民心就会归附。在上位者如果有信用,就能博得老百姓的信任。在上位者若能勤勉于政事,则有功绩,处事公平则老百姓就会喜悦拥护。

20.2 子张问于孔子曰:"何如斯可以从政矣?"子曰:"尊五美,屏四恶,斯可以从政矣。"

子张曰:"何谓五美?"子曰:"君子惠而不费,劳而不怨,欲而不贪,泰而不骄,威而不猛。"

子张曰:"何谓惠而不费?"子曰:"因民之所利而利之,斯不亦惠而不费乎?择可劳而劳之,又谁怨?欲仁而得仁,又焉贪?君子无众寡,无小大,无敢慢,斯不亦泰而不骄乎?君子正其衣冠,尊其瞻视,俨然人望而畏之,斯不亦威而不猛乎?"

子张曰:"何谓四恶?"子曰:"不教而杀,谓之虐。不戒视成,谓之暴。慢令致期,谓之贼。犹之与人也,出纳之吝,谓之有司。"

[释义]子张问孔子:"怎么样才可以从事政治呢?"孔子说:"尊崇五种好的方面,摒除四种坏的方面,就可以从事政治了。"子张问:"什么是五美?"孔子说:"在上位的君子,要施惠于民而又无所费损;役使人民而又不招致怨恨;有欲望却不贪婪;安泰而又不骄纵;有威严却又不暴猛。"子张问:"怎么样才能做到施惠于民

而又不费损?"孔子说:"因循着对人民有利的方向,诱导人民去得到利。这就可以做到施惠于民而又不费损了;选择那些人民应该服劳的事而去役使他们,又有谁会怨恨你呢?你的欲望唯在于施行仁政,那你就施行仁政,这又怎算是贪婪呢?在上位的君子,不论对方或众或寡,或大或小,都不敢怠慢他们,这不就做到安泰而不骄纵吗?君子衣冠严整,样貌令人尊敬,仪表整肃而让人望而生敬畏之心,这不就做到有威严而又不暴猛了吗?"子张问:"什么是四种坏的方面?"孔子说:"不先教化人,使用杀戮来强行推行或制止,这就叫虐。不事先告诫人,却到时候突然检验人家是否完成任务,这就叫暴。先发教令后并不郑重叮嘱,而后来到期限时又急迫催促硬不通融,这就叫贼。同样要给予别人,却在真正出纳的时候非常吝啬,不够大方,这就是有司(负责具体经营出纳的低职人员)的作为了。"

20.3　孔子曰:"不知命,无以为君子也;不知礼,无以立也;不知言,无以知人也。"

[释义]孔子说:"不知命,便无以为君子。不知礼,你不能在人群中有所立足。不知言语得失,就不能深刻洞察人。"

《论语》以《学而篇》始,以《尧曰篇》终。《学而篇》讲学问之次第,《尧曰篇》则总述孔子政治哲学之精髓。孔子所向往的,是三代之民本主义的精英政治,这种政治哲学以孔子的君子之学为本,要求治理者具备极高的自律精神与担当精神,对人民施行仁政,以民生为本,以国民之均和安

康为政治治理的目标。《尧曰篇》引用尧对舜的训词以及汤、武之诰词，阐述了孔子心目中最高统治者的行为标准与政治风范。最高统治者秉承上天的意志来实行治理，要反映天意，故不可懈怠，亦不可偏颇。因此尧对舜说："天之历数在尔躬，允执其中。"（20.1）"允执其中"就是要忠诚信实地执守践行上天之意志，不可狂妄自大，不可擅行己意，不可妄施手中的权力而害天德，而要持守中道，精诚勤勉，恪尽职守，方能赢得上天之信赖。在上位者应谋求人民之福祉，国邦之富强，若"四海困穷"，那么上天对统治者的信赖就会消失，上天就会剥夺统治者的权力与合法性，"天禄永终"（20.1）。统治者的权柄来自上天之授予，因而统治者就要绝对执行上天之命，在上天面前保持坦诚的心怀，把私意放在一边，即商汤所言："帝臣不蔽，简在帝心。"苟无私意，则可行公意；苟能行公意，则天下大公，"天下之民归心焉"（20.1），就会得到民众的信任。所以"宽则得众，信则民任焉，敏则有功，公则说"（20.1），在上位者执德宽宏、信实忠诚、勤敏履政，而又有大公之心，则天下归心，国民咸共悦服。

　　治理者不是居高临下的掌权者，而是实现天命、践履职责、极负使命感与自觉担当精神的精英与君子。他对自己担负的庄严使命有高度的自觉，故能挺身而出，舍己担当，抛弃功利，而以仁义为依归。他既秉承上天之意志，则天下百姓之福祉、兴国安邦之重任均系于一人，此所谓"一言兴邦，一言丧邦"者。这样的治理者，内心有清醒的自我定位，对于自身担负之使命有深刻之自觉，因而具有极其勇毅的牺牲精神，佛家之"我不入地狱，谁入地狱"，基督之为众人舍命代罪之精神，与儒家圣贤之担当精神非常相似。商汤说："朕躬有罪，无以万方；万方有罪，罪在朕躬。"（20.1）周武王说"百姓有过，在予一人"（20.1），体现的就是这种一己担当之勇伟气魄。孔子也有这样一种使命感与担当精神，他相信"天生德于予"（7.23），相信"斯文在兹"（9.5），他要以一己之行动，一己之担当，来拯救这颓废之世，他要"兴灭继绝",这种精神对中国的士人产生了深远的影响。

《尧曰篇》所言"五美四恶"实际上是孔子政治哲学在微观操作层面之总结,其中所体现的核心原则乃民本思想。"因民之所利而利之",与司马迁所崇尚的"善者因之"的"善因论"有异曲同工之妙,实乃最高之治理境界,从百姓之所利出发,因循而不违逆,一切国家大政方针皆以民利为本,既不违逆民众之利益,又不与民争利,则民必得惠,国必大治,而治国者又不必殚精劳神,此谓"惠而不费"。治国者役使人民,必以人民之心愿为依归,以人民承受力为标准,使人民不仅能胜任劳苦,且能从劳苦中得到利益,此谓"劳而不怨"。治国者摒弃己意与私欲,慎用权柄,一切行动皆以施仁政为鹄的。这样的治国者虽有"欲",而无私欲,虽有抱负,却无自我之膨胀与名利之贪婪,此谓"欲而不贪"。治国者秉民胞物与之情怀,对国民一视同仁,无有歧视,无有私偏,不分厚薄,不分贫富,皆平等视之,给予尊重,不敢怠慢,不敢轻忽,此谓"泰而不骄"。治国者慎独修身,严于律己,立身以正,言行谨重而不随意,则其必在人民中树立威望,人民尊重且敬畏之,此所谓"威而不猛"。此为"五美",乃儒家政治哲学中偏于宏观、偏于指导性的政治原则,其中涉及治国原则与领袖艺术,亦涉及治国者个人气象、格局、魅力之塑造。而"四恶"之"暴""虐""贼""吝",则为儒家政治哲学中偏为微观、偏于操作性的治理原则与行政规划,虽细琐,然而于有效行政亦极为重要,凡承担一方治理者,均须深思而力行之。

孔子一生极关心政治。壮年时期他有过丰富而精彩的政治实践,始终秉持政治理想,颇有用世之志。中年之后为实现其政治理想,不惜长期行旅劳顿,周游列国,遍干诸侯,唇焦舌敝,企图说服忙于争战的君王们接受他的仁政主张。然而他所期盼的王道思想始终找不到赏识者与施行者。孔子是那个时代极其特立独行的政治人物,他毕生热衷于政治,有自己的政治主张,独立不倚,不肯迁就世俗之见。他急于用世,不肯"系而不食"

(17.7)，要将他的毕生所学努力付之于实践。然而面临"梁木其坏，哲人其萎"（《礼记·檀弓上》）的残酷现实，晚年的孔子，屡有"获麟"之叹，怀着深深的失落感与巨大的惆怅离开这个世界。然而孔子并不悲哀，终其一生，他都是一个在梦想的驱使下奋力行进之人，"发愤忘食，乐以忘忧，不知老之将至"（7.19）。儒家的入世情怀、勇猛精进的精神、不计得失的洒脱态度，"天生德于予"（7.23）的生命自信与使命感、"知其不可而为之"（14.38）的意志、和而不同通权达变的政治智慧，在他身上体现得淋漓尽致。他虽然是一个与俗世精神和主流思潮格格不入的理想主义者，然而孔子却完全不是一个迂腐而不识时务的梦想家，不是一个盲动、莽撞、不知变通的政治复古主义者。相反，孔子极其清醒，极谙人情世故，可谓"世事洞明，人情练达"，他对人性细致入微的深刻洞察每每令人击节赞叹，他面对尘世的灵活与超脱态度，高超的处事待人之艺术，亦令人叹为观止。孟子叹服其"可以行则行，可以止则止"，是"圣之时者"，可见孔子是一个颇谙行藏出入之道的智者，而非一个不撞南墙不回头的痴梦者。孔子一生在政治与仕途上并不得志，然而不能说孔子是一个不懂得政治智慧的人。

无疑地，孔子对后世的影响是极其深远的，这种影响，不唯是哲学与思想层面的，更是日常伦理及民族深层意识层面的。不论一个中国人承认与否，也不论他感知到与否，孔子的思想已然渗透到每一个中国人的血液之中，成为每一个中国人共同的文化基因。孔子不是一个"文本性存在"，而是"实体性存在"，他已然构成中国人文化传统的最重要组成部分之一，成为中国民族性格与国民精神的一个重要元素。然而孔子的面目又是多元的，每一个时代都有不同的"孔子"，每一个中国人心目中都有不同的"孔子"之解读。于是对孔子的理解，已经超越了真实的孔子本身，而打上每一个时代的特殊印记。孔子获得的赞扬，与他遭受的诋毁一样多，他时而被神圣化，时而被妖魔化，这两种极端轮番上演，构成中国近代思想史上一种特殊景观。对孔子的诋毁在孔子死后不久就开始了,然而子贡面对他人对老师之诋毁,坚定地维护老师之尊严,他的回复在两千五百年后的今天读来亦颇具有暗喻意义。子贡说"得其门者或寡矣"(19.23),真正识孔子者,世上又有几人?人人对孔子都各有一番理解,"贤者识其大者,不贤者识其小者"(19.21)。仁者见仁,智者见智。今天我们是不是真正学到了孔子思想的精髓?是不是真正理解了孔子伟大人格之精髓?是不是真正能够从孔子丰富的生命实践与生命感悟中汲取到有价值的东西?这些问题,都考验当代人的智慧。子贡对那些诋毁者说:"仲尼,日月也,无得而逾焉。人虽欲自绝,其何伤于日月乎?多见其不知量也。"(19.24)《论语》在最后的篇章,借子贡之口说出这句话,实在是极有历史预见性的。盼望今天之读者,放下所有成见与偏见,远离学界的所有喧嚣与争论,静下心来,翻看《论语》这部朴素而不加矫饰的小书,深深体味孔子真实的、活泼的生命,从他的气象、格局、远见与处世之道中汲取心灵之力量,悟得生命之方向与智慧。

后 记

《论语心归》成稿于二〇一四年十月至二〇一五年十月间,二〇一七年末又做了一点修订。此稿所引《论语》原文,以清刘宝楠《论语正义》(中华书局本)为基础,并参酌稍近一些的钱穆本、杨伯峻本、李泽厚本、李零本订成。这本小书的写作方法与前贤稍异,除了对各章节加以意译之外,全书分六十个主题,对孔子思想的各方面进行比较集中的探讨和阐释,系统梳理《论语》全书在不同主题上的观点,从而打破章节的限制,将散落《论语》全书的思想贯穿打通,比起前人针对各章节所做的零散解释,更具整体性和系统性,以便对《论语》全书有更全面而贯通的理解。刘宝楠《正义》所引历代注家之说,搜剔无余,可谓粲然大观,李零所作的《论语》主题摘录和《论语》人物索引,用功精勤,梳抉详密,是本书的重要参考。

小稿既非哲学层面的学术著作,又非文字训诂之作,而仅仅是笔者研索孔子思想、修习孔门心法的心得札记,修证未足,所见浅陋粗谬,望同道者有以教之。

王曙光

二〇一八年二月三日于善渊堂